民国学界

鳞爪

肖伊绯 作品

团结出版社
UNITY PRESS

图书在版编目（ＣＩＰ）数据

民国学界鳞爪 / 肖伊绯著 . -- 北京：团结出版社，
2023.4

ISBN 978-7-5234-0029-6

Ⅰ . ①民… Ⅱ . ①肖… Ⅲ . ①名人－生平事迹－中国
－民国 Ⅳ . ① K820.6

中国版本图书馆 CIP 数据核字 (2023) 第 002920 号

出　版：团结出版社
　　　　（北京市东城区东皇城根南街 84 号　邮编：100006）
电　话：（010）65228880　65244790（出版社）
　　　　（010）65238766　85113874　65133603（发行部）
　　　　（010）65133603（邮购）
网　址：http://www.tjpress.com
E-mail：zb65244790@vip.163.com
　　　　tjcbsfxb@163.com（发行部邮购）
经　销：全国新华书店
印　装：三河市东方印刷有限公司

开　本：170mm×240mm　16 开
印　张：30.75
字　数：381 千字
版　次：2023 年 4 月　第 1 版
印　次：2023 年 4 月　第 1 次印刷

书　号：978-7-5234-0029-6
定　价：88.00 元

前言：重探"现代"学者之印象

如今，人们提到过去的学者，大致有三种印象。一种是不问世事、埋首故纸的类型，他们蓬头垢面、不修边幅之余，免不了还要伤春悲秋、吟风弄月一番；另一种是忧国忧民、拍案而起的类型，他们慷慨激昂、大声疾呼之后，免不了终要遭受一番"木秀于林，风必摧之"的悲惨待遇；还有一种则是谨言慎行、随遇而安的类型，他们温和含蓄、宁静致远之外，免不了仍要为柴米油盐或是妻儿老小，在原本春风沉醉的夜里，辗转反侧、沉吟苦思好几个来回。

应当说，这三种类型的学者，基本都出自文科学者群体。相比之下，理科学者群体由于少有出现于国民大众的基层视野之中，没有那么多可以诉诸"公共"的谈资，人们一直对之都少有关注。况且，所谓理科学者群体的出现，或者这一群体开始出现于国内社会基层视野之中，也不过是近半个世纪的事儿。

因此，人们在拈提与表述所谓学者印象时，大多还是在说对文科学者的印象。究其原因，恐怕还是千百年来的科举制度遗泽之下，世俗理解意义上的"学者"，总与文科学术（文学、史学、文史之类）脱不了干系，往往与那些谋求功名的书生、秀才、举人、进士之类有所关联，或者常常与那些落魄无名的塾师、学究、师爷、宿儒有点瓜葛。

可见，这样的学者印象，还只是停留在"前现代"的时空追忆里，仅限于人们对于古代、近代的学者所产生的某种惯性经验。可见，人们习以为常、积习已久的学者印象，只能是在"前现代"语境中加以感知与表述的。

如果按照如今权威的说法，中国历史上的1919年是一个确切的时代界限，从这一年至1949年的这三十年，是可以被称为"现代"的，往后则为"当代"。那么，如果把前述这三种"前现代"学者印象，套用在这三十年间的"现代"学者身上，还适用吗？这三种根深蒂固的世俗经验关照之下的学者印象，在这一特定的时空界限里，在这联结"过去"与"当代"之间的特定区间之中，会不会有什么新鲜奇特的变化呢？

对于这一问题，恐怕有不少读者，觉得不成问题。鲁迅先生不是早就塑造出来了一个专门研究"回"字有几种写法的孔乙己了吗？这样的人物形象，不正是代表着科举制度取消之后，在进入"现代"社会之际，还沉浸在科举时代遗泽里的学者群体吗？这样的理解，当然大致是不错的。

不过，孔乙己可不是现代学者，他虽然生活在"现代"社会里（至少在鲁迅的笔下看似如此），可思想观念与生活方式，还停留在"前现代"阶段，实在是颇有"古学"或"旧学"传统的；只是可能因为人生际遇或智识水准不佳，方才由主客观环境造就出来了，这么一位看似有些滑稽，实则颇有些悲凉的"前现代"学者。

虽然孔乙己并不是现代学者，甚至还可以说孔乙己只是刻意运用世人对学者印象的某些"前现代"成见与偏见，而特意塑造出来的这么一位小说人物，却也由此可以管窥，人们对于所谓"学者"的印象，即便到了鲁迅那个时代，也还仍然停留在"前现代"。这一"前现代"印象，在以鲁迅为代表的现代学者与作家笔下，还得到了进一步强化与激化，并没有自然而然要"现代化"的意思。

特别有意思的是，小说《孔乙己》最早发表于《新青年》杂志第六卷第四号，时为1919年4月，时值五四运动前夕，恰恰处于"现代中国"的开幕之年这一时点之上。可以想见，当时的鲁迅，对国内现代学者的观感与印象，要么淡薄到几近于无，要么恶劣到不堪忍受，方才秉笔直书，在笔下造就出这么一个"前现代"里不受待见，刚到"现代"即饱受偏见的孔乙己来。这当然不是现代学者的形象，从某种程度上讲，也不完全是"前现代"学者的真实形象，只不过是在强化乃至激化了前述三种"前现代"学者印象之后的，高度抽象化了的小说人物形象罢了。

简言之，要想探究"当代"读者对"现代"学者之印象，究竟怎样，不应当揪着孔乙己津津乐道，孜孜不倦，却应该盯住那个写出了孔乙己的鲁迅好好琢磨，细细品味才对。因为，毕竟鲁迅才是货真价实的现代学者，而孔乙己并不是。

言及于此，如果仍然想重新面对乃至尝试解答前述那个问题，即世俗经验关照之下的学者印象，在1919—1949年这三十年间，在这一特定的时空界限里，在这联结"过去"与"当代"之间的特定区间之中，会不会有什么新鲜奇特的变化呢？那么，势必只能尽可能地抽身于鲁迅的视野之外，从更为广阔与宽泛的时空维度上，从更为丰富与充分的历史信息及其体验之中，去再度重新体察与探究一番了。在付诸行动之前，恐怕还得从何以判定1919年为"现代"之上限，1949年又何以为"现代"之下限说起。

1919年爆发的五四运动，其历史意义如何如何，自然不必多说。因为这一运动的爆发，而得以迅猛推进的，之前业已发动了的新文化与新文学运动，对于中国百年来文化、文学、思想、学术、教育等各个领域的影响力如何重大深远，似乎也不必再多费唇舌，广而告之了。问题是，即便新文化与新文学都在这一年里，在全国范围内确立起来了，就可以将这一年视之为"现代中国"的起点吗？如此这般，就可以将这一年视作中国正式进入现代的开端吗？

另外，新文化与新文学，究竟"新"在何处，究竟又是否即是现代中国的关键指征，这一系列问题如何应答与解答，恐怕也只得留给1949年之后当代学者群体去充分研讨与自圆其说了。笔者并非学界中人，对此所知不多，修为也不够，对当代学者群体在这一系列问题上的应答与解答究竟如何，也不甚了了。

概而言之，新文学与新文化运动，当年无论成功与否；新文化与新文学本身，当年无论确立与否，这两大运动一旦开启，就已然是文科领域"现代化"的基本标志与关键指征了。或许，文科领域的"现代化"，既没有过去时，也没有完成时，只有正在进行时——而这一正在进行时，并没有什么可以提前规划与预计完成的时间表可言。

简而言之，自1919年以来，中国文化与文学及所有文科领域，就已然进入现代，且一直在"现代化"，无论对此有没有预设的筹谋、计划与目标，也无论这一领域在国家社会里究竟是否事关紧要（与理科领域比较，究竟地位若何），至今仍处于"现代化"的历程中这一事实，似乎是无疑的了。因此，所谓"现代中国"的开启，乃至中国"现代文学"与"现代文化"的肇始，无论从哪个角度解析，都只能归功于当年的新文化与新文学运动了。

这里所谓的"当年"，不单单是指1915年，虽然这一年9月，陈独秀在上海创办《青年杂志》，次年2月，这份杂志即更名为大名鼎鼎的《新青年》，新文化运动确乎由此发端。这里所谓的"当年"，也不单单是指1917年，虽然这一年的头两个月，《新青年》杂志接连发表了胡适的《文学改良刍议》与陈独秀的《文学革命论》，标志着新文学运动的开启，也宣告了中国现代文学的来临。这里所谓的"当年"，往往是指国人大多周知的爆发了五四运动，对之前业已发动了的新文学与新文化运动予以整合式发力、总结式确立的那个1919年。

言及于此，可还没有言尽于此。话题仍然要返归到本文开首的那个问题，即在1919年至1949年的这三十年，这一特定的时空界限里，在这联结"过去"与"当代"之间的特定区间之中，国人对"现代学者"的印象，会不会有什么新鲜奇特的变化呢？

显然，对这一问题的答语是否真切，是否妥洽，自然就应当从新文化与新文学运动中的学者群体里，去考察与探究一番之后，方可有所效验。前边已经提到的，陈独秀与胡适，这两位新文化与新文学运动的双子星，对这俩人的印象，也就顺理成章地成为当代读者之现代学者印象中的"第一印象"了。随之而来的，对这俩人及《新青年》杂志的支持者、编辑者、撰稿人群体的印象，则又可谓"核心印象"了。再扩及周边，受到过这俩人及《新青年》杂志影响的学者，无论正面负面影响，都可以称得上"基本印象"。至此，从"第一"到"核心"，再拓延至"基本"层面，对所谓现代学者乃至现代学界的总体印象，就仿佛可以勾勒一二了。

当然，这里说"仿佛可以勾勒一二"，这是说笔者自以为的"仿佛可以"。笔者深知，应当还有不少人对这一"仿佛可以"之说，颇不以为然，也不屑一顾。诚然，所谓现代学者群体的划分与认证，本就形式多样，立场各异（事实上，即便对"现代"一词及其概念的认知，至今仍是歧义纷出，莫衷一是的），笔者的这一番推绎与猜想，自然还不配与市面上早已泛滥的许多"公论"与"共识"之类去平起平坐，继而坐而论道的。

别的不说，就说这笔者眼中的双子星，恐怕就有相当一部分人会认定那不过是"扫把星"罢了。因为至今还是有不少人把白话文与简体字的普及视作中国传统文化与文学的一次"灾难"，而带来这场"灾难"的"灾星"，他们以为就是那一对儿所谓的双子星，实质上的"扫把星"吗？至于"核心"与"基本"印象的界定，则更不必说了。

既然与市面上流行的一些"公论"格格不入，一时也定然达不成所谓"共识"，那么，这关于现代学者乃至现代学界的总体印象，还要不要继续予以探究与考索，还能不能持续尝试着予以呈现与表达呢？在各类现代学者年谱、日记、书信集、文集、选集、全集纷纷出版，频频面世之际，笔者自以为的这个"仿佛可以"，究竟可不可以呢？答案当然是见仁见智，不见仁不见智也行，笔者一力承担即可。

长期以来，笔者致力于重探现代学者群体之印象，乃至寄望终能"重构"与"重建"这一印象，并将之充分呈献给尚停留在"前现代"学者印象阶段的读者大众。一个人的志趣，虽由来已久，可真实践行起来，至今却也不过才十年光景。虽然明知短短十年的研学工夫，绝难"重构"与"重建"这一公共场域中的历史印象，但仍然凭借着自以为的那么一丝"仿佛可以"之信念，拼凑成了这么一部期望能给读者留下一点印象的书稿来。

至于此书究竟能给当代读者留下怎样的一点印象，这样的印象是否符合当代读者对现代这一概念的既有认知，则不是笔者能预期与预判的了。

肖伊绯

2022-5-29，草撰

2022-6-8，改订

目　录

辜鸿铭："中国的太谷尔"访谈记

◎ 小引：印度的泰戈尔与"中国的太谷尔"

1924年4月12日，印度诗哲泰戈尔到达上海，赴杭州、南京、济南等地后，于23日下午到达北京，下榻北京饭店。29日下午，与徐志摩等赶赴清华。泰戈尔原定在清华园驻留23天（4月28日至5月20日），实际停留时间为6夜5天。5月5日，泰戈尔离开清华返回京城，寓居史家胡同。

1924年5月2日，有"中国的太谷尔①"之称的辜鸿铭（1857—1928），专程从城里赶到清华会见初访中国的泰戈尔。这次会见虽然仅仅是带有礼节性质的初晤，但于当时的清华学子而言，还是颇感兴味的。事实上，当年6月22日，泰戈尔与辜鸿铭还有一次短暂会面，也在清华校内。这两次会面都有合影存世，是中印两国文化交流史上的佳话，亦是当年中国公共文化领域的热门话题。

---

① 太谷尔，即泰戈尔之名的另一种中文音译。

1924年5月2日，泰戈尔在清华期间与中国学者合影，左起：张彭春、徐志摩、张歆海、泰戈尔、曹云祥、辜鸿铭、王文显。

1924年5月2日，泰戈尔在清华园工字厅与中国学者合影。一排左起：王文显、张歆海、徐志摩、张彭春，二排左起：辜鸿铭、泰戈尔，三排右为清华学校校长曹云祥。

1924年6月22日，辜鸿铭与泰戈尔合影于清华园工字厅，原载《人间世》第十二期。

　　然而，在当年的清华园里，在众多争睹异国诗哲风采的涌动人潮中，有一位清华学生突发奇想，不去采访来自印度的泰戈尔，偏偏要去采访"中国的太谷尔"辜鸿铭，且就于辜氏与泰戈尔初晤之后的次日即行采访。这位学生名叫梁朝威，时年24岁。

梁朝威（1900—1975），字苍公，广东开平人。北京清华学堂、美国士丹佛大学毕业，获博士学位；后再入美国约翰·霍金斯大学学习，获政治学博士学位。1928年，任留美学生会会长兼留美学生季报编辑。1929年，归国后任国民政府考试院考选委员会编纂室主任，南京中央大学、中山大学和中正大学政治学教授。1932年至1939年间，投笔从戎，转而从事军政工作。1944年任湖南《国民日报》社长，后出任总统府参事。1948年当选立法院立法委员。1949年秋赴台湾，续任"立法委员"，直至病逝。

采访辜鸿铭时的梁朝威，当年被选举为《清华周刊》总编，是颇为活跃的学生编辑兼记者。自1920年发表《改良中文刍议》以来，他一直是《清华周刊》上的"常客"。此时又身为该刊总编，自然要拿出更有分量、更有特色的稿件以壮声色；于是，在泰戈尔清华逗留期间，当众多谈论或记录泰氏言行

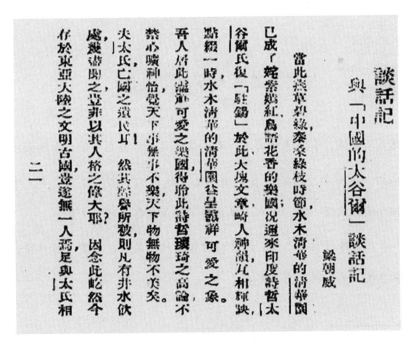

1924年5月3日，梁朝威采访辜鸿铭之访谈稿。

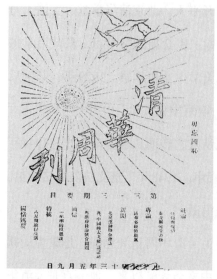

1924 年 5 月 9 日，《清华周刊》第 313 期，刊载辜鸿铭访谈稿。

思想的文稿纷呈之际，他就是要"反其道而行之"，转而采访"中国的太谷尔"辜鸿铭。又因其"近水楼台"之故，采访之后不久，其访谈内容迅即于1924年5月9日发表于《清华周刊》第313期之上。

◎ "中国的太谷尔"与《清华周刊》专访

因资料难得，笔者不揣谫陋，对刊载原文酌加整理，转录此次访谈记录稿全文如下[①]：

与"中国的太谷尔"谈话记

梁朝威

当此燕草碧绿，秦桑绿枝时节，水木清华的清华园已成了姹紫嫣红，鸟语花香的乐园；况迩来印度诗哲太谷尔氏复"驻锡"于此，大块文章，畸人神韵，互相辉映，点缀一时，水木清华的清华园益呈霭祥可爱之象。

吾人居此霭祥可爱之乐园，得聆此诗哲瑰琦之高论，不禁心旷神怡，觉天下事无事不乐，天下物无物不美矣。

---

① 刊载原文未分章节，为便于理解各个段落的表述主题，笔者为之加置了分段标题。

中印两个"太谷尔"皆获诺奖？

夫太氏，亡国之遗民耳！然其声誉所被，则凡有井水饮处，几尽闻之，岂非以其人格之伟大耶？因念此屹然今存于东亚大陆之文明古国，岂遂无一人焉，足与太氏相埒者？忽忆曾与太氏同得荣奖（Nobel Price）之辜鸿铭先生，其声望之远被四裔，殆不亚于太氏，盖太氏以诗著，而辜先生则不徒以诗文名也。印度与中华同为东亚文明之国，今印度不幸已亡矣。中华今虽屹然尚存，然其所处之境遇则与已亡之印度乃无天渊之隔。

1924年5月3日专访辜鸿铭

盖自欧美势力之如风起潮涌而来也，两国之经济的、社会的组织，与昔存之道德与宗教，皆如残云被卷，岸沙被淘，瞬息几尽矣。于此而有人焉，尚足以屹然独立，不为此外来势力所撼者，在印度则有太氏，在中国其殆辜氏乎！

故当月之二号辜氏访太氏于清华也，同学即盛传中国之太谷尔与印度之太谷尔相见云。威闻辜氏之名久矣。然仰止之情虽深，识荆之缘却浅，神驰丰采，每滋憾焉。乃决于三号进京趋谒此中国的太谷尔，冀一聆其伟论。

威虽素慕辜氏而常欲一见之，然心则惴惴焉常不敢往见之。何者？威尝闻之，辜先生德高性直，后辈之往谒者，辄试以经籍，如不中意，则督

辜鸿铭肖像，原载《人间世》第十二期。

责不容假借；见举止轻浮者则诃责尤严云。昔太白之欲见韩荆州也，曰"一登龙门，则声价十倍。"盖为誉也。威之惴惴于见辜先生者，则为毁。誉有二，而毁亦有二。庸夫俗子之誉，不值谪仙之一顾盼也。庸夫俗子之毁，威亦何介意焉。虽然，苟德操之士一言之微责，则终身之垢玷矣，是则威之所以惴惴者。

辜宅初观印象

威抵辜宅——在东城椿树胡同——已五点钟矣。以刺入，有顷，阍者出导入一室。室长约一丈，宽如之。置木椅四五，书桌一，置中西书籍数本，壁悬对联二，书"淡泊明志""宁静致远"等字。此外无长物，然甚整洁。甫入，则见一老者，年六十余，冠小帽——即俗之所谓瓜皮帽者，貌癯，两颊微入，颔下须长二寸许，已苍白矣；衣蓝袍，腰系黄带一围，履布鞋；右手携西文书一本，俨然由对室来。威心知其为辜先生矣，甚惴惴，鹄候以待。

访谈之前辜鸿铭对记者的"初试"

相见毕，先生即发其温和之声问曰："君来自清华者乎？"威然之，先

今年之留美学生会会长兼留美学生季报编辑梁朝威

梁朝威肖像及简介，原载于《良友》画报第卅期，1928年9月30日印行。

生即命坐，坐则距先生颇远，盖心犹惴惴也。先生忽起，扶威坐于彼最近之椅上，相距不过尺许。威乃大惴，先生似知之乃曰："予年迈，听观不如前，坐太远，恐言听费力也。"言时笑容可掬，威乃大安。

坐既定，即问威在清华之年级，及省贯县籍，威一一答之。彼忽作纯正之粤语笑谓曰："君粤之开平人乎！乡间朴茂之气犹存也。"

威方讶其所操粤语之纯正。先生续曰："君对于中文如何？"威闻此语，知将予试，然以先生温和可亲，已无畏心，遂从容对曰："威七年前颇肆力于中文，然自入清华后，心有所分，竟荒矣！经籍已多不能举其辞，然要义犹未尽忘。"先生曰："外国人善作事而不善为人，中国人反之。君盍将此译为英文？"予即译曰："Foreigners know how to work, but not how to live. The Chinese know to live, but not how to work."

辜鸿铭谈留学生应学什么

先生微颔；复试以《中庸》《大学》，后乃以其最近英译《中庸·大学》①一部见示，闻此书已有德、法、意等国文字之译本云。先生以将何所学问，则以历史政治对。先生曰：

"在外国最好是学实科，如工程、物理、化学等类，医学与文学亦好，英文诗美甚；至如经济、哲学则切不可学。欧洲日言经济，今则经济破产矣。予常深痛乎今日之留学生，有于人者庸，不论其当否也；存于己者云，不察其善

---

① 辜氏英译《中庸》，英文书名为 "The Conduct of Life or the Universal Order of Confucius"，意即"生活的行为准则"或"孔子的普遍秩序"，并未与《大学》同译同辑，故此处称《中庸·大学》一部见示"，疑误。

恶也。己先自悔，而求人之不我侮，难矣哉。今之留学生，多作输入外货之事业，至将本国文化宣传于外者，则几无人焉。夫吾人不必夸己之胜于人，然吾人不可不知，不可不承认，不可不表示己国文化之不在人下也。数十年前，中国时为外族所侵凌者，何也？以言文不通，有理难伸，故人以蛮族视我而我亦且以蛮族视彼。夫我果蛮族乎？彼果蛮族乎？服人之道有二，曰以力服人，以理服人。以力服者非真服，力不及也；以理服者，则中心诚悦而服，真服也；故理服尚焉。人类者，理性之动物，既谓之人而不可以理服者鲜矣。古时环处中国之蛮族，尚可以理服之，而况夫今世之列强，尽为文明之国家乎？君留学外国，当深通其文字，备将来为国家争公理之具，如顾维钧之在华府所为，则庶不枉此行也。若学成归国后，作外国银行之经理，及作外国洋行之书记或买办，则一洋奴耳！曷足贵乎？"

先生言下慨然。予敬聆之余，不禁热血磅礴，意志发皇，爱国之情，油然以生。孟子曰："闻伯夷之风者，顽夫廉，懦夫有立志，奋乎百世之上，百世之下，闻者莫不兴起也。"其信不诬乎！王统照君谓在太氏前，即觉自身之小；而威观辜先生之神采，聆辜先生之伟论，乃觉"身长虽不满七尺，而心雄万夫也"。印度之太谷尔，能令人怯，而中国之太谷尔则能令人壮。

辜鸿铭谈六经与圣经

先生既知威欲学历史，乃示以途径，及读西洋史宜与中国史比较读之之法，滔滔不绝，获益匪鲜矣。后谈及封建制度，先生谓中国当春秋时代，封建制度将坏，如大厦将倾。大厦将倾，而不能以缮葺，则当保全其土地，以作重建之图。土地者何？在中国则六经，在西洋则耶苏圣经也。先生极推重耶苏圣经，复略述六经与耶苏圣经之异同。其最重要者，则两者均教人为善，惟六经所言者五伦，而耶苏圣经则不言君臣焉。故两者虽均劝人为善，而六经则更进一层，教人作好的国民。A good citizen 作良好的国民，最为重要云。

辜鸿铭拟写《中国名人列传》

先生复教威注重中外名人列传，观其所以立身行道，处世历变，及求学修养之法。彼谓将著《中国名人列传》，传分五种：（一）名皇 Great Rulers；（二）名臣 Great Statesmen；（三）名将 Military Men；（四）名儒 Great Scholars；（五）大诗人 Great Poem。命威于每项下举生平所最心折者三人。举毕，先生复命威返校后作一唐太宗传，言太宗之所以大者，作后呈阅，盖威所举三名皇中有唐太宗故也。先生又指壁上"澹泊明志"联曰："诸葛亮亦中国之一大政治家也。"先生言此，以威所举三名臣中无诸葛亮故也。

辜鸿铭谈英文学习与读书会

威复问读英文如何始能长进之法。先生谓新闻纸式之英文非英文（The newspaper English is not English.）欲英文长进，非多读古籍 Classics 不可。耶苏圣经与莎士彼亚之书，则不可不读。先生谓极欲为青年学子开一英文书目云。先生且以极诚恳之态度谓威曰：

"结友共读，进步最易。夫方以类聚，物以群分，君诚有志向上，则不忧无益友，盍组织一读书团体，以互相研究。读书如此，则事半功倍矣。翻译亦长进，中英文之一法。贵校无翻译一科，如君或君之友欲习翻译而须予助者，予甚乐为之。予将于每一星期择中国优美之文学，交君等译为英文。予与君等讨论，则或易于进步也。"

辜鸿铭谈太谷尔不足以救中国之弊

威唯唯。且请先生为孔教会演讲，先生以疾后精神未复原，辞以异日。于是复谈及他事，威问太氏如何人？先生曰：

"太谷尔，印度人也。足以代表印度之文化。然其知中国之事少，且所言不足以救中国之弊；盖其理想太高，太谷尔其犹龙乎！"

先生盖以老子拟太谷尔也。复叹曰：

"堂堂乎太谷尔也！"

吾人于此，则先生对太氏之态度可知矣。所言多矣，先生疲矣，威遂兴辞欲出。先生亦不留，乃遗以近著二种。为拾冠，出门相送。时已六时半矣。

梁朝威等拟建议清华聘请辜鸿铭任教授

威别先生后，颇有所感，因书之如次：

（一）先生虽年逾耳顺，犹有童心；貌甚慈祥，语足启发。

（二）先生诚爱国之士，人言先生只知忠于清室者，不知先生者也。先生在其所著之 *Articles that all English-educated Chinese Should Read*[1] 中言："But my Loyalty is not merely a Loyalty in this case is a loyalty also to the religion of China, to the Cause of the civilization of the Chinese Race."（P7）[2] 则先生之为人

---

① 此书名中译或为《英文初阶必读文章》。
② 此句出自《英文初阶必读文章》第7页，为辜鸿铭所述，中文大意为，我的忠诚不仅仅是基于中国的某种宗教，而是源于对中华文明的忠诚。

可知矣。人言先生只知忠于清室者，不知先生者也。天地之正气，存于先生者当不少。

（三）先生之学，虽似不合时髦，然实足以代表中国一部分之文化。且时髦之学，未必即真理之所存；不时髦实不足以为先生病，乃足以明先生之学有操守。

（四）闻之吴君文藻，谓达茂大学之长处在于学术，思想上之自由。吴君眼光可谓敏锐，此负教育之责者，所宜三留意焉者也。辜先生既有其一派之学说，今苟不传，恐成绝学，甚为可惜。

咸颇闻有一部分同学，甚仰慕先生，拟乞学校设法敦请先生出掌教席；倘能办到，亦清华学子之幸也。若以先生之学为不时髦，而生门户之见者，则是否合教育上求学术思想自由之道，非吾人所敢知矣。

五月四号晚十一时半

高翰谈辜鸿铭著述

梁君作谈话记后，欲余写辜先生重要著作，附其骥尾；介绍于同学。惜浅学如余，何敢妄论前辈文章？姑就所知者如《春秋大义》《尊王篇》英译《大学》《中庸》诸书……（在北京饭店出售）其言则孔圣微旨；其文则美得天然。同学中当不乏博学之士，固不待余多言也。

（翰附识）

梅汝璈谈清华拒聘辜鸿铭之原因

前次我同二个朋友见辜先生时，他教我们一点多钟的翻译，后来对我们

辜鸿铭《春秋大义》（又名《中国人的精神》），1915 年初版。

辜鸿铭《春秋大义》德文版，1924 年印行。

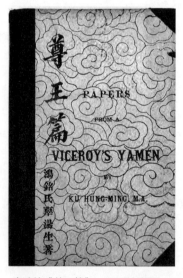

辜鸿铭《尊王篇》，1901 年初版。

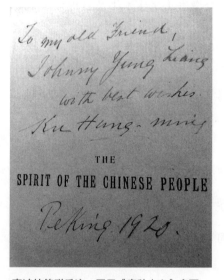

辜鸿铭签赠手迹，写于《春秋大义》扉页。

说："我要饿死了。你们学堂里如果给我一二百块钱，我愿意去教你们的翻译。"我以为这是辜先生的家常便饭——笑话——所以并没有大注意。回校后，听见同学说，本校去年原想请辜氏来教书，因为外交当局的反对，遂作罢论了。外交当局为何反对辜氏，我们不知道；大概总不外乎和他的主张不合便了。

辜氏对于政治社会宗教各种主张对不对，另是一个问题；不过我以为学校聘请教授应该纯拿他的学问及教授的能力为标准，不应该管他旁的主张：因为凡是一个大学者，他自己总有他的主张，而他的主张又常常与他人——尤其是政府当局——不合。如果凭他主张的异同而为聘拒的标准，那我们便只能得着二三等的平庸学者，永远得不着头等的渊博学者。学校应不应请辜先生来当教授，我不敢妄参末议。不过我对于这种因为与当局的主张（不是教授上的主张）不合而拒绝教授的原则，根本怀疑。我很抱歉，因为拒聘辜先生的事实我晓得不太清楚，不过我此处只希望把那聘教员的原则弄清楚，与辜氏个人当教授的事没有多大关系。（墩）

上述这篇三千余字的访谈稿，将辜鸿铭晚年的思想要点基本都一一呈现了出来。此次访谈半年之后，即当年11月10日，辜氏赴日本讲学三年，1927年10月方才返国，次年4月逝世。因此，从辜氏生平履历来考察，可以说，这篇访谈稿是辜氏晚年在国内最后一次比较完整表达自己思想观念的现场记录，其历史价值与研究价值不言而喻。

◎ "中国的太谷尔"专访记中的铭记与误记

这篇访谈稿虽记录语多简略，论述点到即止，但在这样一次由清华在校学生所作的访谈中，能透露与表达出如此丰富多元的历史信息，还是极其难得

"碩學 辜鴻銘氏來る

中華民國の碩學 辜鴻銘氏は十月十日朝鮮訪問
の序を以つて來朝した。六十八歳の高齢さも見
えざる程の大元氣であつた。（下）

Dr. Ku Hung-Ming. has visited Tokio in
high spirits on De October 10. (Below)

辜鸿铭访问朝鲜时存照，原载《国际写真情报》，
1924年11月号。

的。须知，这是一次由时年24岁的清华学生梁朝威所做，与时年已67岁的一代狂儒辜鸿铭的访谈——在双方年龄、资历、学识、背景都差异十分明显的情况下，仍为后世读者留下了这份三千余字的访谈记录，实属不易。

此次访谈自1924年5月3日下午5时开始，至下午6时半结束，耗时1小时30分。在这段时间里，梁朝威最初"惴惴"与"仰止"的精神状态，一直伴随着访谈全过程；访谈开始时，甚至还遭遇到了辜鸿铭"先声夺人"式的"初试"。初试通过之后，至访谈过半时，梁氏"敬聆之余，不禁热血磅礴，意志发皇，爱国之情，油然以生"。这是对辜氏初怀敬仰至衷心折服之后，青年学子逐渐感同身受其思想影响力的真切反映。访谈过程中，作为记者的梁氏的心理变化历程，由他本人忠实地记录了下来；应当说，这样真切生动的记录，实在是颇具一格的别样史料。

伴随着访谈的顺利进行，随之而来的是梁朝威多次将这位"中国的太谷尔"与"印度之太谷尔"本人相比较，曾得出结论称"印度之太谷尔，能令人怯，而中国之太谷尔则能令人壮"。可见，辜鸿铭的学识修为与人格魅力之强，在当时的青年学子心目中，实在已是当之无愧的"文化偶像"了。

此外，访谈稿文后附识的与梁朝威同龄的清华学生，高翰[①]与梅汝璈[②]都表露出对辜鸿铭的敬仰之情，亦足见其人当年影响之巨。

值得一提的是，在计划采访之前，梁朝威的记述中有"与太氏同得荣奖（Nobel Price）之辜鸿铭先生"云云，显系误记，辜鸿铭只是可能曾获诺贝尔文学奖提名，但并未获得过该奖。当然，获诺奖提名本身亦是相当有力的荣誉，辜氏也因之曾被誉为中国作家获诺奖提名的第一人（之后为胡适、林语堂、沈从文）。

然而，最近一段时期的考证与研究表明，辜氏有可能并未获得过诺奖提名。新近有研究者通过查阅诺奖官方网站，认为"辜鸿铭与泰戈尔同被提名为1913年诺贝尔文学奖候选人"这一传闻并不真实可信。因为"在1913年诺贝尔文学奖的角逐中，共从总计32项提名中产生了28位被提名者"，而在这32项提名中根本没有中国作家的名字，辜鸿铭获诺奖提名之说纯属无稽之谈。通过考察辜鸿铭获诺奖提名之说的文献来源，可知这一传闻主要来源于1990年代的一些"二手资料"，皆不足凭信[③]。

姑且不论辜鸿铭获诺奖提名之说是否就此"去伪存真"而"尘埃落定"，笔者也无意就此详加辨析，更无意对此表达赞成或反对意见。且看《清华

---

① 高翰（1904—1996），福建长乐人，哲学家、教育家、心理学家。

② 梅汝璈（1904—1973），江西南昌人，1946年代表中国出任远东国际军事法庭法官，参与了举世闻名的东京审判。

③ 相关信息可参阅《辜鸿铭与"诺贝尔文学奖提名事件"始末》一文，《中华读书报》2016年12月7日，第13版。

周刊》上这份刊载于1924年的辜鸿铭访谈稿中所提及的"与太氏同得荣奖（Nobel Price）之辜鸿铭先生"云云，虽然显系误记，难免导致日后误传，但另一方面，亦可据此推定，这篇访谈稿就极可能正是辜氏与诺奖诸种传闻的始作俑者。仅从这个意义上讲，这份近一个世纪之前的访谈稿，也因之别具一番研究价值。

章太炎：缘何不信甲骨文

◎ 66 岁大师与 21 岁青年通信，痛斥甲骨文与甲骨学

1935年11、12月，上海《唯美》杂志第9、10期，连载了一通国学大师章太炎（1869—1936）致青年学者金祖同（1914—1955）的信札影印件。如果仅仅是欣赏章大师的书法，或者观瞻一下二人的"忘年交谊"也就罢了，可细读信件的内容不难发现，这竟是时年66岁的章大师在向年仅21岁的小青年，长篇累牍地指斥其不应当相信甲骨文，进而痛斥甲骨文纯系伪造，痛责甲骨学误人子弟。

章太炎晚年存照

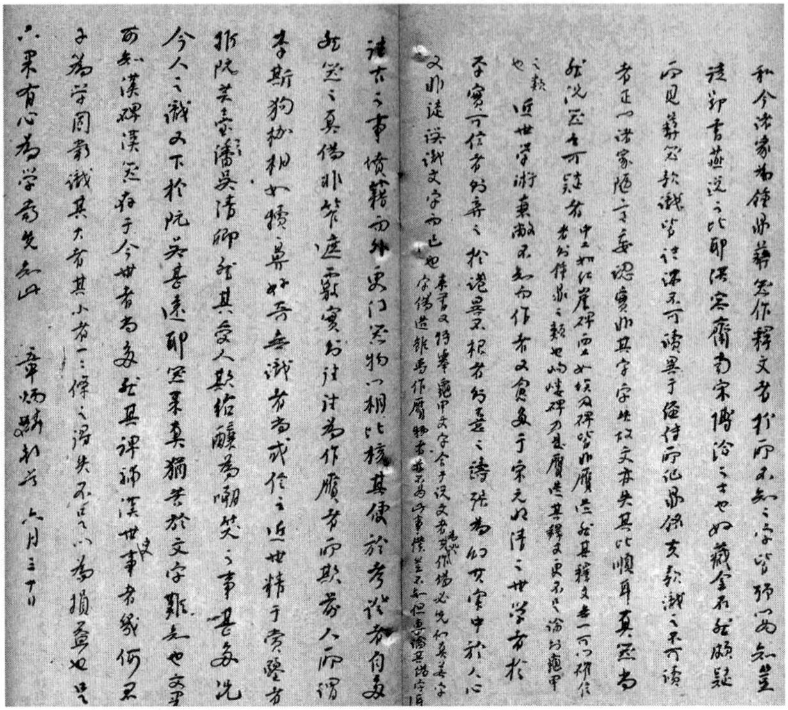

章太炎与金祖同论甲骨文书第二封第七、八页

　　原来，当时在上海真如镇求学的金祖同虽年纪尚轻，已对甲骨文发生浓厚兴趣；因自幼聪慧过人，在甲骨学方面已颇有涉猎，为此致信当时寓居于上海同孚路同福里十号的章太炎，以求研讨。章氏的首度回信开篇即语：

　　文字源流，除《说文》外不可妄求。甲骨文真伪且勿论，但问其文字之不可识者，谁实识之？非罗振玉乎？其字既于《说文》碑版经史字书无征，振玉何以能独识之乎？非特甲骨文为然，钟鼎彝器真者固十有六七，但其文字之不可识者，又谁实识之？

　　这一通写于1935年6月28日的回信，对矢志甲骨学的金氏，可谓当头一盆冷水，浇了个透心凉。在信中，章氏表示根本不相信真有甲骨文存在，更不屑于罗振玉等开创的甲骨学。章大师凭着年长近半个世纪的"殿堂级"经验，以连发四个反问的方式开篇，一封信全篇都在告诫这位初出茅庐的金小弟，"甲骨"之上，既不可能有"文"，更不可能从中治"学"，可谓斩钉截铁，不容置疑。

罗振玉（号雪堂，1866—1940）

不过，金氏并不甘心，随后又多次致信章氏，于是又有了第二、三、四通章氏回信（1935年6月至8月间）。这些回信，除第四通章氏回信因杂志停办未能刊发，其余都陆续发表在《唯美》杂志之上。其中，第二通章氏回信最为引人注目，因其将甲骨文纯系伪造，罗振玉等"伪造欺人"的个人观点全盘托出，毫不掩饰自己的愤慨与鄙视。

且看1935年6月30日的第二通章氏回信中，开篇即道出了所谓甲骨文乃"连环伪造"的推断，称：

函悉。考古之士，往往失之好奇，今人之信龟甲文，无异昔人之信岣嵝碑也。原其初起，刘铁云得之于北京西河沿药铺，以伪充龙骨者。当时药铺亦只言出于河南，不定云出于彰德、卫辉。罗振玉附会之，乃有殷虚之说。民国十七年中央大学研究院又派人往洹上一带搜求，得之村民屋檐下。展转发掘，

河南安阳发现古物

掘得古代甲骨甚多
展览在民族博物院

《河南安阳发现古物》，原载上海《时事新报》，1929 年 12 月 5 日。

所得遂多。且村民屋檐下物非有标识，亦不可排闼往取，搜求者何以知之？是必村民自告知耳。然则，此又洹上之人因殷虚之说而伪造者也。

章氏认定，最初药铺作伪（以普通甲骨伪充药材"龙骨"贩售牟利），之后罗振玉附会（以古书穿凿附会"殷墟"为河南安阳），最后当地村民作伪（因"殷墟"之说流行而以普通甲骨伪造刻制"甲骨文"牟利）的一系列"连环伪造"，即是当时"甲骨文"突然出现并不断被发现的主要原因。

甚至就连 1928 年中研院（章氏将当时新成立的中研院误认为南京中央大学研究院）委派董作宾等在安阳洹上村的首次官方考古发掘工作，章氏也予以否定，认为乃是当地村民自己事先伪造甲骨，之后又在自家屋檐下"预埋"了甲骨，然后再通知考古队发掘出的。章氏言下之意，先不必裁定甲骨文真伪及甲骨学是否成立，只看这一"连环伪造"案，就可知这种学术源起不正，路数不对，令人难以信服。

章氏的第二通回信，是其回复金祖同四通回信中篇幅最大的一通，足足写满了八个页面。此信不但对甲骨文的"来路"提出了强烈质疑，还引经据典，将从汉代到清代伪造远古文字的案例一一罗列出来，意即甲骨文乃近人伪造无疑，因为这类伪造向来是有传统的。且信中指名道姓地痛责罗振玉，称其"伪造欺人"早有案底，称罗氏先是在日本"多造古法帖或汉唐人手迹及元明以来札牍以欺彼中好古之人"，"后又转以欺中国"。

章氏的第二通回信，仍以全文影印的方式，于1936年1、2、3、4月依次刊印连载于《唯美》杂志第11、12、13、14期之上。连载的前两期（第11、12期）杂志，冠以《章太炎先生与金祖同论甲骨文书》的总题，与前述第一通章氏回信发表时的题目《太炎先生论甲骨文书》相类似；而连载至第13期时，杂志社为更大程度地博取读者关注，改题为《章太炎大骂罗三：见渠与金祖同论甲骨文书》，已经搞成煞是醒目的"标题党"了。

须知，《唯美》杂志原是一本文艺类的"轻阅读"类型的月刊，内容以各种艺术作品及大众文艺生活之展示，包括金石、书画、摄影、雕塑、旅游等各个方面图文并茂的介绍评述等为主，每期封面还以电影明星照片来招徕读者。试想，在这样一本杂志中，长期刊发《章太炎先生与金祖同论甲骨文书》这类学术性质较强的图文内容，恐怕不一定十分对路，与杂志本来的读者定位可能并不十分符合。

但考虑到作为国学大师的章氏之"名人效应"，以及当时甲骨文之发现与甲骨学之兴起的态势，已渐次呈现于都市大众视野之中，所以也就不惜连篇累牍地刊载了出来。当连载至章氏第二通回信第四、五页之际，杂志社编辑发现信中竟有直陈甲骨文纯系伪造，痛责罗振玉"伪造欺人"的内容，则如获至宝，实在按捺不住要改换题目，直奔主题了。

1936年8、9月，章氏第三通回信又分别连载于《唯美》杂志第17、18期之上。此时，其人已逝世两个多月了。第四通回信，因杂志停办，未能刊发。近三年之后，1939年3月25日，章氏在苏州创办的，其生前也曾任主编的章氏国学讲习会会刊《制言》第五十期之上，终于将这四通回信全部整理成文，冠以总名《答金祖同论甲骨文书》一并发表。以这样的方式将章氏"遗书"全文刊布出来，也表达着章氏阵营代言刊物《制言》的学术立场，仍然是坚持甲骨文纯系伪造，罗振玉等"伪造欺人"这一基本观点的。

◎ 郭沫若"读后感"写满八页　一边称赞一边反问章太炎

值得一提的是，章氏四通回信，金祖同均曾寄呈给当时尚在日本流亡（因抨击蒋介石而被通缉），后来成为"甲骨四堂"之一的著名学者郭沫若过目一读。1936年5月22日，郭沫若将"读后感"写出，用了八页纸。开篇即语：

余杭章太炎先生于甲骨彝器之学素所鄙夷，曩岁为《理惑论》，曾揭五疑以难吉金，断言"吉金著录，宁皆赝器"。而于甲骨尤深恶痛斥，谓"近有掊得龟甲者，文如鸟虫，又与彝器小异。其人盖欺世豫贾之徒，国土可鬻，何有文字？"言之声色俱厉。

郭沫若论章太炎、金祖同通信手书首页

这是郭沫若眼中的章太炎，向来就不认同、不屑于"甲骨彝器之学"，只不过待到金祖同去信研讨时，恰巧碰上了这个"钉子"。不过，郭氏竟认为章氏观念还是有所改进的，其"读后感"续有表述称：

> 比者金君祖同得其手书四通，其前二通均以甲骨文真伪为主题，所见已较往年大有改进。如谓"钟鼎可信为古器者什有六七，甲骨之为物，真伪尚不可知"。于鼎彝已由怀疑变而为肯定，于甲骨则由否认变而为怀疑，此先生为学之进境也。再隔若干年，余深信"甲骨可信为古物者什有六七"之语必将出于章先生之笔下矣。

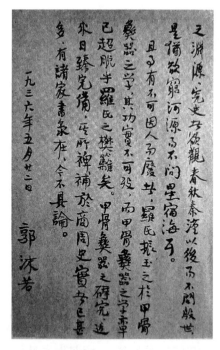

郭沫若论章太炎、金祖同通信手书末页

另一方面，郭沫若认为，章太炎看似因为"疑古"，才会始终质疑"甲骨彝器之学"，实则是疑"古物"而不疑所谓"古书"与"古文"。正是因为太相信"古书"与"古文"，但凡书上未载之物，就一概不信了，即便出土之"古物"也一概怀疑。郭氏这样写道：

> 窃观先生之蔽，在乎尽信古书。一若于经史字书有徵者则无不可信，反之则无一可信。实则古书之存世者几何，而存世者亦饶有真伪之别。如《尚书》仅存廿余篇耳，晋世伪古文，在阎百诗、惠定宇之前，其谁不以为乃唐虞三代之真书？然在今日，则虽初中学生亦能知其为伪矣。

今先生于刘歆所改窜之《周官》信之，于《龟策列传》所著之"略闻"信之，于邯郸淳《三体石经》信之，乃至荒唐如《红崖碑》之类者亦信之，而独于彝器甲骨则深深致疑而不肯多假思索，此实令人难解。至谓"文字源流除《说文》外不可妄求"，宁非先生自身所理之惑耶？

郭沫若一面为章太炎观念有所转变而感念其"大有改进"，一面亦直截了当地指出章氏因太信赖与推崇"古文"，因之忽视新近出土而"古文"又未载的"甲骨彝器之学"。郭氏一方面列举了当时"初中学生亦能知其为伪"的伪古文《尚书》；另一方面深感遗憾地反问章氏何以"独于彝器甲骨则深深致疑而不肯多假思索"？何以仍然认为"文字源流除《说文》外不可妄求"？这样偏执的学术观念，"宁非先生自身所理之惑耶"？这一系列的反问，可谓字字有据，句句有凭，发人深省。

时至1941年底，金祖同将章氏四通回信重新整理，以全文影印与释文的方式，并将五年前郭沫若的"读后感"手书影印，置于信文之前，视作"序言"，金氏自己又撰写了跋文，约于1942年初，将所有这些内容一并辑印为一本名为《甲骨文辨证》的小册子，在友人之间传阅。

可惜的是，当时已经逝世五年之久的章太炎，再也看不到也无法回应这样的意见。更因时值抗战最艰苦的期间，这本小册子的流传范围也因之有所局限，其影响力既不如章氏逝世之前印行的上海《唯美》杂志，也不如章氏逝世之后印行的苏州《制言》杂志。

◎ 金祖同曾登门请教，章太炎竟当面指斥

一般而言，通信研讨学术，乃是近现代以来中国学者的习惯，可以说是近现代学术研讨的一种通行方式。应当说，金、章二人当时在年岁、资历、成就方面，确实颇为悬殊，更兼在甲骨文研究方面的各自持论立场也全然不同，以通信往来研讨而非当面直接交流，似乎更为适宜。

金祖同 (1914—1955)

殊不知，这一番通信研讨学术的经历，竟然源自二人的一次面晤，正是这次当面晤谈的经历，方才使得金祖同后来有意要与章氏通信，希望将研讨持续深入。

关于二人的这次面晤，在金祖同自印《甲骨文辨证》的小册子之前不久，在其个人学术随笔集《青紫轩杂钞》中就有所忆述。随笔集中曾单列"章太炎先生论甲骨文书"一章，原文如下：

余杭章太炎先生论甲骨文真伪四通，时在战前暑间，予方肄业中国文化学院，从嘉应李续川先生往见之，执见太夫子礼甚谨。先生貌偃寒，而健谈惊四座，同行者五人，各叩所学，而各就其渊源宣发之，抉其利弊，导之先河，莫不叹服。及予，予时方从丹徒叶玉森先生言殷人礼制，乃告以甲骨文，先生蹙

然不欢者久之，曰："乌乎可研究文字之学，说文其总龟也，由此深入，可以见苍圣制作之源。今舍此外求，而信真伪莫辨之物，是不揣其本而齐其末，得无诬乎！为学宜趋正规，若标新立异，以自文饰，将终于无成也！"予尚拟有所申述，先生已顾而之他，自是终席不交一语，临别领首而已。

当时予甚怪之，觉以先生之博大，无所不容，何独于甲骨文拒之如恐不及，深究其故不得。又读其关于契辞之论文，如《国故论衡》之"理惑篇"，《簠斋藏器目》之题辞等，亦都语焉不详，不得已乃驰书询之，承其刊复，再询，再复，当予每复一书，必糜日籀绎，征引契文之可以与经史互证者，自谓已极博辩之能事，而先生复书，往往不及此，虽所答非所问，而相离太远，终无由接近为可憾耳。

即以罗振玉一人而论，予盖深知其为人，虽人各有志，彼之近事，吾辈何由揣测，而其为学方法之缜密，当代一人，可以无愧；而先生诋之不遗余力，甚且屠贾贩卒之所不为，而谓先生为之。噫！亦来矣！其次如言金石，其晋进者，终有疑思，而先生一承其说，谓吴荣光，陈介祺，吴大澂之书出，而支离谬妄为已甚矣。此等处每使人疑惑不解，然观其征引之博，一若深有研究者，又不容不信，且以大师之尊，小子何敢置喙，再逞意气乎？是时叶师洪渔，以损症病殁申寓，予亦以指导乏人，尽弃其所学……而庐江刘氏善斋，倩予为所藏契文考释，予以荒废久辞，而鲍师扶九，又来敦促，不得已，重理旧业，因得尽窥其清秘所藏契文五万片，朝夕摩挲，目挥手送，虽无系统地层之可言，而觉其文字之茂，契刻之精，史料之丰，决非当世所能为伪；予因捋撮关于殷人文献者，成《殷墟卜辞讲话》一书（中国书店代售）分目凡十：

世系的探讨、习语的发凡、称谓的补充、贞人的计数、风俗的推阐、文字

的解析、从合祭说到妣乙、方国的发现，书次的质疑、引证的问题

　　证以初民生活，及中央研究院之地层报告，契文之为殷人作品，殆无疑义；而太炎先生终不能已于言者，予始觉此不过先生以经古文家之立场，为护许运动而已。若叩其初意，此亦不免为违心之论，因又成书后二万余言，惟以征引卜辞拓本甚多，不易制版，他日拟与太炎先生手迹，另行单印，以与国人商榷之。发覆射疑，别俟他日。

　　上述约一千字的学术随笔，于1940年刊发于当时尚在上海印行的《说文月刊》第二卷上，可以将之视作金祖同后来于1942年初自行印制《甲骨文辨证》一书的"缘起"。

　　金氏忆述称，曾与章太炎当面研讨过甲骨文，"时在战前暑间"。联系到章氏已于1936年6月逝世，这里提及的"战前"，应当是指1932年"一·二八"淞沪抗战之前。据此推算，金、章二人会面的时间，应当是在1931年夏。

　　当时，金氏随学者李续川前去拜见章太炎，因提及甲骨文研究，章氏即"蹙然不欢者久之"，当场还说了一句带有训诫之意的话，大意是研究文字学，以许慎所著《说文解字》为总纲即可，如果"舍此外求"，"而信真伪莫辨之物"，实在"是不揣其本而齐其末"。末了，更有类似警告之语，称如果坚持要去研究甲骨文，"将终于无成也"。金氏虽然还想有所"申述"，章氏却已不再理会，"自是终席不交一语"，"临别颔首而已"。

　　不难想象，这样一次难得的面见章太炎之机缘，企望能当面请教甲骨文的愿望，金氏虽满怀热诚，却终究错失机缘，可谓失望至极。实际上，当金氏刚刚开口相询之时，即刻就招致了章氏不快，也随即终结了此次学术研讨的可能

性。应当说，在一旦触及甲骨文即中止研讨的情形之下，不单单是金氏对此毫无办法，恐怕即便在座诸位学者，也爱莫能助了。

不过，在内心的不解与不甘驱使之下，金氏是不会轻易作罢的。此次会面之后，金氏仔细翻检研读了不少章氏著述，希望能从中找到其人始终不相信甲骨文的根本原因所在。但因为这些章氏著述里的相关表述皆语焉不详，依然无法为之解惑答疑。因此，"不得已乃驰书询之"，金氏开始尝试与章太炎通信研讨；"承其刊复，再询，再复"，章太炎竟然也有回复，于是乎，这一来二去，两人遂以通信研讨的方式来各自表述对甲骨文真伪的见解了。

金氏对章太炎复信很是重视，自称"当予每复一书，必赓日籀绎，征引契文之可以与经史互证者，自谓已极博辩之能事"。金氏很快就发现，章氏复信的内容，"往往不及此"，"虽所答非所问，而相离太远，终无由接近为可憾耳"。也即是说，二人看似在通信研讨甲骨文，实则各说各话，一方始终不遗余力地列举与表述甲骨文真实存在的各种证据；另一方则完全不理会对方列举出来的这些证据，仍然坚持甲骨文实为伪造之物的立场，也一直毅然决然地加以表述。

这一章"章太炎先生论甲骨文书"的学术随笔发表之后不久，过了一年多的时间，金祖同又在1942年初自行印制《甲骨文辨证》一书末尾，于1941年11月自撰的跋文中，再次提及了这段与章氏当面研讨甲骨文的"缘起"。不过，在拜会章氏的一些细节表述上略有不同。在此，也将跋文中的这部分内容摘录如下，以作比较研究。且看金氏这样写道：

岁庚午，予从镇江鲍鼎师游。读段注说文，始有志训诂。明年问业于叶蓁渔先生，得见殷虚卜辞。知吾乡沈子培所谓"字原"之说，当上溯诸殷周古文者，盖指此与两周金文辞言也，因稍稍习之。其年蔗渔先生以瘵疾下世，予亦未废所业，成《殷虚卜辞讲话》一卷。未几侍先大人走历下，访古齐鲁之间。归谒余杭章先生，执后进礼甚谨。先生貌寒古，而健谈惊四座，同行者五人，各叩所学，而就其渊源导发之，抉其利弊，启以先河，莫不叹服。及予，予时方治殷人礼制，乃告以甲骨文，先生蹙然者久之，曰："乌乎可研几文字之学，说文其总龟也，由此深入，可以见苍圣制作之源。今舍此外求，而信真伪莫辨之物，是不揣其本，而齐其末，得无诬乎？为学宜趋正轨，若标新立异，以自文饰，终于无成而将以自误也。"予方拟有所申述，先生已顾而之他，自是终席不交一语，临别一揖而已。

据上述跋文摘录可知，金氏于1930年开始，立志要研究古文字学。1931年，初次接触到了甲骨文。这一年，金氏认定中国"字原"，即是商代甲骨文与两周（东西周）金文，并撰成《殷虚卜辞讲话》一卷。

金氏初学甲骨文，师从叶蔗渔先生，即江苏镇江人叶玉森（字蔗渔），曾于1925年购得千余片甲骨，开始从事研究甲骨文。不过，天不假年，仅仅八年之后，1933年3月，叶氏即因病逝世，享年仅仅54岁。虽然金氏就此痛失良师，可"未废所业"，还是撰成了《殷虚卜辞讲话》一卷。叶氏病逝之后不久，金氏又"侍先大人走历下"，"访古齐鲁之间"，归来时就去拜会了章太炎。

据跋文所述的这段人生经历，可知金氏与章太炎的会面时间大致应在1933年夏，而非本章前述所推测的1931年夏了。据金氏本人的学术随笔与自著跋文，推算出来的金、章二人会面时间有所差异，出现这样的情形，可能还是源于对随笔中所云"时在战前暑间"一语的理解有所偏差所致。如果认定金氏跋文里的表述更为确凿可靠的话，那么，金氏随笔中所云的"战前"，就只能理解为"八一三"淞沪抗战之前，而非"一·二八"淞沪抗战之前了。然而，"八一三"淞沪抗战爆发，时为1937年8月13日，若以"战前"一语指称此战之前的某段时间，理应指称1936年间最为合宜，将之溯至1933年而谓之"战前"，似不甚妥洽。事实究竟若何，还有待寻获更为充分的文献记载之后，方可确证。

◎章门"旧说"与"新证"，师徒三代质疑甲骨文

无论如何，金、章二人通信研讨甲骨文这一事件所反映出的二十世纪上半段所谓甲骨学的发展态势，也可见一斑了。不难发现，此时的甲骨学发展虽然可称迅猛，但并非从一开始就名正言顺，其发展历程还不那么一帆风顺。

实际上，章太炎并非晚年时才公开质疑与抨击甲骨文；诚如金祖同、郭沫若都已指出的，其早年名著《国故论衡》（1910年日本东京国学讲习会初版）中即有"理惑论"一篇，明确表达了对甲骨文的质疑，文中称：

近有掊得龟甲者，文如鸟虫，又与彝器小异，其人盖欺世豫贾之徒。国土可鬻，何有文字？而一二学者信以为真。斯亦通人之弊。假令灼龟以卜，理兆错迎，墨裂自见，则误以为文字，然非所论于二千年之旧藏也。夫骸骨入土，未有千年不坏，积岁少久，故当化为灰尘。……龟甲何灵，而能长久若是哉！鼎彝铜器，传者非一，犹疑其伪，况于速朽之质，易蛊之器，作伪有须臾之便，得者非贞信之人，而群相信以为法物，不其慎欤？

上述这一段话，出自时年41岁，刚过了不惑之年，被清政府通缉而流亡日本的章太炎。当时，章氏正值壮年，精力充沛，意气风发，讲学多有一己创见，观点锋芒毕露。此时，《铁云藏龟》等图录性质的甲骨文拓本集，已经在国内印行，罗振玉等探访殷墟、购藏甲骨之事，也早已流传开来，追寻甲骨文的风尚，正渐趋热烈。章氏这番言论，显然是针对国内这一风尚的。

章氏认为即便古代人骨都会朽坏，"龟甲何灵"，如何能长久遗留至今？言下之意，龟甲本身不是古物，乃是伪造者的"新材料"，所以比之青铜器作伪，"作伪有须臾之便"。章氏这一质疑看似有力，实则后来也为郭沫若对龟甲在刻字前后可能经过药水浸泡、防腐处理的设想所化解。至于声称"得者非贞信之人"，乃是直指罗振玉等人本即"非贞信之人"，自然脱不了伪造的嫌疑了。这样的指摘，与二十余年后，在回复金祖同信中"大骂罗三"的心态是一脉贯通的。因为对某位学者个人无好感，遂成了批驳其学术的理由，恐怕也是其自始至终不认可甲骨文的重要原因之一罢。

不难想象，如章太炎这样的国学大家，都始终质疑甲骨文的真实性，且对参与其中的甲骨学开拓者群体抱有极不信任的态度，那么，众多章氏门徒以及一向推崇与敬重章氏的传统学术阵营中，对此有所认同与默契，应当不在少数。即便章氏逝世之后，这种门户之见上的认同与默契，仍在继续。

章氏门下徒孙辈，黄侃弟子徐英（1902—1980，字澄宇），就曾著有《甲骨文字理惑》一书（1937年2月初版），承续章氏观点，继续阐扬师说。其著跋文中自称：

……皆以甲骨谬文穿凿而傅会之，不贤识小，为害日尊，余杭章太炎闻其说而病之，尝力辟其妄而说未能尽，蕲春黄季刚亦欲辨其伪而未皇操觚，今二君相承谢世，而予书适成，九原可以偿尔，相视而笑，莫逆于心乎。

跋文末尾，还附有一条关于甲骨文确系伪造的"新证"，公开声称：

西人考古学者谓殷世在石器时代，世人不知用铜铁，而所谓甲骨刻画宛然，刀钢之痕此亦伪，弥之彰彰者。

关于这一"新证"，后来为安阳殷墟妇好墓出土的刻制甲骨文工具——几十件和田玉刻刀，不言自明地推翻了。且后来在安阳大司空村出土的数件青铜刻刀，也证实了商代早已能制造出锋利的刻制甲骨文的工具，并非徐氏所采信的"西人考古学者谓殷世在石器时代，世人不知用铜铁"之说。

不过，要推翻这一"新证"乃至这一"新证"背后的普遍质疑，还要等到数十年之后的考古发掘才能予以实现。章门弟子还在普遍质疑甲骨文的那个时代，是无法即刻加以有力反驳的。因此，当时要对这些来自章氏师徒的"旧说"与"新证"一一予以明确的回应与否定，的确是很难办到的。

可以想见，以前有罗振玉，后有郭沫若等为代表的近现代甲骨文研究者群体，及其后来的追随者们，还有如金祖同那样的年轻学者，当年都会不同程度地受到各式各样的质疑与责难。在他们的治学历程中，注定还有很多仅凭书斋研读难以确证的疑点与难点。甲骨学要一跃成为中国学术里的"显学"，还需要"一锤定音"式的证明——那就是持续规模的、系统科学的考古发掘。

◎ 董作宾"一掘定音"，疑古学者纷纷转向

事实上，正是在章太炎与金祖同通信前后，国内甲骨文研究群体中的四位代表性学者已然声名鹊起，在学界有了所谓"甲骨四堂"的称誉。这四位中国近现代以来研究甲骨文的著名学者分别为：罗振玉（号雪堂，1866—1940）、王国维（号观堂，1877—1927）、董作宾（字彦堂，1895—1963）、郭沫若（字鼎堂，1892—1978）。

彦堂董作宾出生于河南南阳，1923

董作宾（字彦堂，1895—1963）

1928 年，董作宾（右）与李春昱，在安阳殷墟第一次发掘中测量绘图。

年至1925年在北京大学研究所国学门读研究生，开始研习甲骨文。1928年初，已在中山大学任副教授的董氏，因要照顾卧病在床的母亲，不得不返乡在南阳第五中学任教。也正是在这一年暑假，去安阳考察时，竟发现当地村民在殷墟挖掘并出卖甲骨，即向正在筹建中央研究院历史语言研究所的傅斯年（1896—1950）建议，由中央研究院主持进行系统发掘。

同年10月13日，董作宾首次发掘获得甲骨残片800余件，这即是前述章太炎提到的"民国十七年中央大学研究院又派人往洹上一带搜求"的事件。（章氏误将新成立的"中研院"认作南京中央大学的机构。）

极富戏剧性的是，被章太炎认定"连环伪造"的这一次考古发掘，乃是我国历史上第一次对安阳殷墟的科学考古发掘，也标志着中国现代考古学的诞生。此次考古发掘，董作宾在事前已拟出发掘计划和方法，把小屯遗址分为三区，采用平起、递填的方式，探得甲骨在地下的大致轮廓后，分三步实施大规模的发掘。通过系统科学筹划，此次在殷墟的"心脏"地带——小屯，挖掘了40个坑，面积达280平方米，出土了陶、骨、铜、玉等各种器物近3000件。其中，甲骨残片近800件。

这一考古发掘的结果，以实地出土甲骨的方式确证了甲骨文的真实性，为

土方征涂朱卜骨刻辞，罗振玉旧藏，今藏中国国家博物馆。

王宾中丁·王往逐兕涂朱卜骨刻辞（正面），这片卜骨是罗振玉旧藏著名的甲骨大版之一，曾著录于《殷虚书契菁华》。

1937 年，殷墟发掘现场。

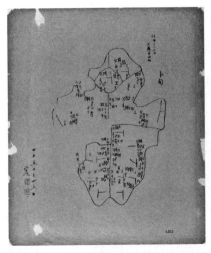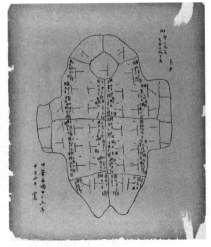

董作宾摹绘殷墟出土甲骨（大龟七版之四、之五）手稿

当时正在勃兴的甲骨学奠立了无可辩驳的考古学基础。可以说，董作宾于近百年前首掘安阳殷墟，为确立甲骨学的主流学术地位有着"一掘定音"之功。当时，傅斯年的豪言也因之掷地有声，在学界内外公开宣称：

就是最善疑古的史学家，也不敢抹杀这批材料。

其实，就在此次发掘两年之前，可能是当时"最善疑古的史学家"——古史辨学派领军人物顾颉刚（1893—1980），也已经公开表示确信甲骨文的史料价值，并且已然与其早年推崇的章太炎学说保持距离，转而追随王国维的学术路径。在其1926年撰发的著名的《古史辨自序》中，坦陈自己治学理念的转变，评述章氏学说的积弊，确认甲骨文研究的价值，文曰：

又过了数年，我对于太炎先生的爱敬之心更低落了。他薄致用而重求是，这个主义我始终信守，但他自己却不胜正统观念的压迫而屡屡动摇了这个基本信念。他在经学上，是一个纯粹的古文家，所以有许多在现在已经站不住的汉代古文家之说，也还要替他们弥缝。他在历史上，宁可相信《世本》的《居》篇、《作》篇，却鄙薄彝器钱物诸谱为琐屑短书；更一笔抹杀殷虚甲骨文字，说全是刘鹗假造的……所以他看家派重于真理，看书本重于实物。他只是一个从经师改装的学者。

显然，仅此一段评述，即可知不但"最善疑古的史学家"顾颉刚早已不会"抹杀"先前传世与新近出土的甲骨文，且还首当其冲地批评了"一笔抹杀殷虚甲骨文字"的，曾为其颇为"爱敬"的一代宗师章太炎。这一段评述，也迅即为国内学术界所关注，对顾氏观点颇有同感者应不在少数。

譬如，1928年11月15日，也就是董作宾等在安阳首次发掘一个月之后，青年学者闻宥（1901—1985）就曾撰发《从章太炎到王静安，从王静安到科学的国故学》一文（刊于上海《时事新报》的"中国学术周刊"），表示完全赞同与支持顾颉刚的观点，并预言王国维的学术方法及甲骨文的研究，必将是国故学未来的主要发展方向。

而另一位疑古健将，自五四运动以来崭露头角的著名文字学家钱玄同（1887—1939），本是章太炎门下得意弟子，位列"章门四王"之南王（其余为东王汪东、西王朱希祖，北王吴承仕），虽早年笃信师说，以篆文为宗，可也早在1923年前后开始转变观念，逐渐认可并接受了甲骨文及其相关研究成果。

据钱玄同1923年元旦这一天的日记可知，其在与友人马衡①的谈话中提到"近人研究甲文、金文之得失"，"我以为吴大澂、罗振玉、王国维三人最精"；又称"现在我们应该在甲文、金文中求殷代的历史，以匡正汉儒（兼今文家、古文家）之胡说"。这样的说法，已然将其向来推崇的近世今古文两大家——康有为与其师章太炎，排斥于研究上古历史（尤其是商代之前的历史）的学术体系之外了。

至于章太炎的另一位弟子，没有在学术界大展身手，却在国内文坛独当一面的鲁迅（1881—1936），思想上本也有着强烈的疑古立场，但对甲骨文的关注，却是无比热烈。早在1917年前后，即已开始接触甲骨文，并着力搜罗各类相关文献。直至1933年，《鲁迅日记》中仍有大量购置甲骨文拓本及相关图书的记录。据不完全统计，这类拓本与图书，鲁迅在十余年间购置了十六种之多。从1917年1月28日购置罗振玉所著《殷商贞卜文字考》，至1933年5月12日购置郭沫若所著《卜辞通纂》，"甲骨四堂"的著述，基本搜罗齐备。

---

① 马衡（1881—1955），字叔平，金石学家、鉴藏家，在甲骨文鉴藏与研究方面亦有建树，曾任故宫博物院院长。

◎郭沫若"一言定鼎"甲骨学终成显学

话归正题。且说在首次发掘殷墟初获成功的激励之下，从1928年到1937年，董作宾、李济、郭宝钧、梁思永分别主持了多次后续发掘，共计十五次，出土甲骨总数近两万五千片。其中，董作宾曾八次主持或参加安阳殷墟的发掘（前七次和第九次发掘），随后充分吸取各次考古发掘之成果，专门从事甲骨文字的研究。

1931年，董作宾撰发《大龟四版考释》一文，首次提出由"贞人"可以推断甲骨文的时代。1933年，撰发《甲骨文断代研究例》，全面论证了甲骨断代学说，确定了甲骨文的十项断代标准，并将殷墟出土的甲骨文划分为五个时期，创立了甲骨断代学，为甲骨学开辟了新的学术路径。抗战期间，随历史语言研究所相继迁往长沙、桂林、昆明、南溪等地，并主持该所工作，继续研究殷代历法。抗战胜利之后，又汇集历次考古发掘的丰硕史料，集合已有学术成果来专门探讨殷代年历之学，于1945年编著出版《殷历谱》，此书被誉为甲骨学纪念碑式著作。其后主编的《殷墟文字甲编》《殷墟文字乙编》二书（分别于1948年与1953年初版），共选录抗战之前十五次殷墟发掘出土的有字甲骨一万余片。1948年，出任中央研究

郭沫若（字鼎堂，1892—1978）

郭沫若《卜辞通纂》，1933 年日本文求堂初版。

院历史语言所研究员，并因其在"甲骨学"方面的卓越成就当选为中央研究院第一届院士。

值得一提的是，与彦堂董作宾一道，原本也可以荣居"中央研究院第一届院士"之列的，还有鼎堂郭沫若。当时由胡适提议，郭沫若原本位居"考古学及艺术史"院士候选人首位，排在李济、董作宾、梁思成等人之前，且已获表决通过。之所以位居候选人首位，主要原因还是鉴于其在甲骨学领域内的非凡成就。虽然因种种原因，郭氏本人最终没有领受这个院士头衔，可其人其学在甲骨学领域内的地位，也由此可见一斑。

1930年1月，郭沫若所著《中国古代社会研究》，由上海联合书店初版。这一部运用"新兴科学的观点"对包括甲骨文在内的新见史料加以系统研究的历史学、社会学著述，一经面世，即大获好评，读者十分踊跃。同年2月、4月、6月三次再版，仍供不应求。一部学术著述，能在当时的中国都市大众读者中产生如此大的反响，实在是难得一见的。书中有言：

为中国之旧学自甲骨出而另辟一新纪元，自有罗、王二氏考释甲骨之业而另辟一新纪元，绝非过论。

此言上承雪堂与观堂，为甲骨学正名而发声，与彦堂在安阳殷墟的"一掘定音"遥相呼应（郭、董二人确曾因研讨学术而有过书信往还），可谓"一言定鼎"，自成"鼎堂"。甲骨文与甲骨学，甲骨四堂之学，就此定论定调，在中国学术界初露"显学"光芒。

随着1950年武官村大墓发掘，新时代的殷墟发掘也拉开序幕。1976年，小屯西北地发现商王武丁配偶妇好之墓。至1986年，已经进行了二十多次考古发掘，获得了刻字甲骨十五万片左右，极大地丰富了甲骨文样本数据。由中国社会科学院历史研究所工作组集体编辑，郭沫若主编的《甲骨文合集》，也随之应运而生。

此书是中国现代甲骨学方面的集成性资料汇编，于1978—1982年由中华书局陆续出版，选录二十世纪八十年来已著录和未著录的殷墟出土的甲骨拓本、照片和摹本，共计四万余片之多。此书将甲骨文发现八十年来，除《小屯南地甲骨》一书所收和后出的材料外的现有甲骨文资料基本收齐，并经过辨伪、去重、断片缀合、分期、分类的科学整理，去伪存真，去粗取精，遂成甲骨学发展史上集大成之作。

至二十一世纪初，殷墟的发掘仍在继续，关涉甲骨文的考古发现与学术研究不断向纵深发展。至此，甲骨文是汉字的前身、世界三大最古老的文字体系之一的学术观点已为定论，毋庸置疑。甲骨文的真实存在，不仅证明古老的汉字是独立起源的，还提供了中国古代独立的文字造字法则，对三千年来的中国文化产生了根本性的影响。

蔡元培：代理"俄款"之难
——以《世界日报》报道及胡适通信为中心

◎ "俄款"之争与北大"挽蔡"

话说清光绪二十六年（1900），北京爆发了庚子之乱，又称庚子国变。这一年，八国联军攻占北京，慈禧太后避乱西巡。1901年，李鸿章被迫与德、法、俄、英、美、日等国签订《辛丑条约》，同意赔偿白银四亿五千万两，分三十九年付清，这即是所谓庚子赔款，简称"庚款"。

1908年，美国国会通过法案，授权罗斯福总统退还中国庚子赔款中超出美方实际损失的部分，用这笔款项资助中国办学及选派中国学生赴美留学。1911年初，利用庚款而专门为培养赴美留学生的清华留美预备学校正式成立。

1917年，俄国"十月革命"后，新生的苏维埃政权也主动提出退还部分庚款，经议定这笔钱，除了偿付债务外，其余悉数用在教育上。1924年5月底，苏联政府声明放弃俄国部分庚款，清偿所担保债务后，完全充作中国教育款项。

1925年，法、日、英、比、意、荷等国，都先后声明退回赔款余额，并订立协议，充作办理对华教育文化事业，或充作外国银行营业费用和发行内债基金之用。这种退回庚款的实际使用，大多由中外合组的管理委员会主持。以上各国退还的部分庚款，在当时的国内报道或相关文本中，为简便起见，依据国别，分别又简称为"美款""俄款""英款"之类。

时至1926年，以北京大学为首的"国立九校"的办学经费，已经大部分依赖于所谓"俄款"。而当年的"俄款"因为各校分配比例，以及教育部行政经费是否应从"俄款"支出的争议，迟迟无法分割下放，导致各校教职员薪金积欠问题，日益突出。各校内部及与教育部当局的冲突，也日益激烈。

在这种情势之下，已赴欧洲考察三年，刚刚返国却迟迟未返校的北大校长蔡元培（1868—1940），再次成为社会舆论的焦点。因为蔡氏虽于三年前宣布

1920年3月14日，胡适与蔡元培、蒋梦麟（左一）、李大钊（右一）合影于北京西山。

辞职，但实未获允，还是名义上的北大校长；另外，更因为其人还时任"俄款"委员会委员，且早在1924年即被推为委员长。

此刻，北大师生完全将蔡元培视作独一无二的"救星"，因为蔡氏不但是北大校长，更是"俄款"委员长，还曾任教育部总长，且为声望颇高的国民党元老级人物，无论从哪个层面上讲，都是能左右大局的领袖人物。

一时间，北大教职员请愿奔走，北大校方致电发函，对暂寓上海的蔡元培发动了一轮又一轮的"挽蔡"运动。蔡元培的北大友人，如胡适、周作人、刘半农、钱玄同等，均极力"挽蔡"，迫切期望他能尽快返京治校，稳定局面。其中，胡适"挽蔡"力度最大，持续时间也最长，二人的交流也最为充分。

◎《世界日报》聚焦"俄款"问题

与此同时，胡适已辞去北大教职，专门从事"英款"工作。事实上，早在1926年2月，胡适即接到丁文江来信，称英国庚款咨询委员会已经决定聘请其为中国委员。3月至5月间，胡适为陪同英国庚款咨询委员会英方委员调查访问，辗转于汉口、南京、杭州、天津、北京等地。

6月13日，胡适暂寓北京期间，接受了《世界日报》记者的一次专访。次日，胡适专访的内容摘要见载于该报"教育版"；与此同时，占据这个版面头条的乃是一篇题为《各校教职员薪金分文未发》的简讯，还有一篇《俄款支配问题昨晚仍未解决》的报道。胡适专访的内容摘要，则以《胡适谈维持北大》为题，随之发表。这三篇报道的主次先后关系，一目了然，有着明显的承续关系。

在此，不妨先细读当日"头条"，报载原文，转录如下：

各校教职员薪金分文未发

昨日各校教职员薪金因俄款支配问题未解决，致各校教职员薪金分文未发。北大职员因积欠过久，尤为困难。女师大方面虽由易培基借有一笔小款，然亦只了零星债务，及六十元以下之薪金可借一部分云。

紧随其后的那篇《俄款支配问题昨晚仍未解决》之报道，则将"俄款"支配问题之重大与以北大为首的"国立九校"之窘迫，更为清晰地呈现于公众面前。报载原文，转录如下：

俄款支配问题昨晚仍未解决
部校当局仍各持一见
昨晚深夜双方仍在奔走
今早或可解决

部校对俄款十五万元分配之争执，已志昨日见报。兹闻此项问题，至昨晚本社发稿时止，尚未解决。兹将所得报告详志于下。

▲国务院之支配经过

九校以俄款本应分给各校，部方之行政经费不应由此中分给，故早已开清单呈国务院。院方亦以九校意见为然。当即将清单转税务司开发支票。正在将开支票之时，适教部会计科长戴修鹭往税务处见国务院公函确无教部薪金在内，即回部报告。部中即召集会议，分推代表八人赴税务处力争。税务

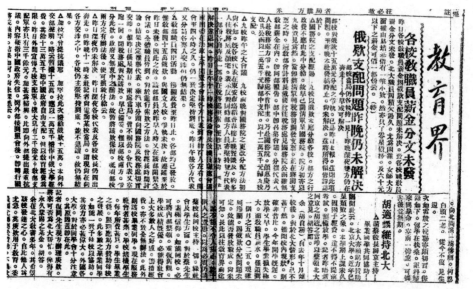

北平《世界日报》，1926年6月13日报道，《俄款支配问题昨晚仍未解决》《胡适谈维持北大》等。

处不肯作主，乃赴国务院。颜惠庆乃改具公函以二万五千元归部中支配，以十二万五千元归九校支配。

▲九校昨午之大会议

九校前晚对国务院之更改分配方法初尚不知，既各校代表在东安市场稻香村楼上谈及，约多人往税务处及颜宅，表示反对。同时，部方人员亦坚持。双方代表一部分各自奔走，一部分在税务处座索。至昨早一时尚无法解决，遂退回。昨日上午十一时，校务讨论会及教职员联席会议两团体，在法政大学开紧急会议，各方代表到者约百人左右，开会至四小时之久，仍一致决定坚持到底。昨日午后，各方代表又分访各要人交涉，但仍无结果。

▲教部职员四出活动

节关政费至昨日止，各部均已发放。惟教部因十五万俄款，与国立九校争执未决，故迁延至于昨日未发。因此之故，该部部员于昨早九时又在该部开紧急会议，全体职员皆到。对于进行索款之方法，曾经长时讨论，结果决定推举代表，乘汽车分头向国务院及税务处切实交涉。惟昨日系星期日，两处当局，皆不办公。各代表又空跑一回。闻税务处对于该款，早已备妥，惟以部校两方，争分此款，政府又无折衷之办法，故暂将该款保留。只须部校两方定有办法后，便可照数付给云。

▲昨日深夜仍未解决

昨日深夜各校代表及各校校长仍四出奔走，但昨晚十一时本社记者尚电询某校当局，谓现尚在向各方交涉之中。各校仍主张坚持到底，并不退让，故仍无结果。

▲加拉罕曾提抗议耶

加拉罕此次拨给俄款十五万，本向外交部声明，略云暂拨十五万，应以一万五千拨作中俄大学经费，其余十三万五千听中国政府自由支配，但以教育经费为限。昨日外闻宣传九校支配单，俄大只有二千余元，教部支配单亦只有三千余元，加甚为扫兴。此即向外部提出严重抗议，内容硬指中国政府失信。闻外部接到照会后，即转行国务院核办，结果如何，尚未探悉云。

这篇近千字的报道，将十五万元"俄款"何去何从的问题，清晰地摆在了北京乃至全国公众面前。一方面是"国立九校"与教育部当局争夺配额，甚至闹到了国务院；另一方面是俄国方面事先提出的分配方案亦遭更改，已经向中国外交部提出严重抗议，这分明是一场在国内国际都引起严重争端的重大事件。

◎ 胡适谈"挽蔡"与维持北大

接下来，同版第三篇报道，即《胡适谈维持北大》，乃《世界日报》记者专访胡适之内容摘要。专访内容并不专门针对当时已引发社会各界关注与争议的"俄款"问题，却是关于如何整顿北大与维持北大的问题。

欲辞北大校长之蔡子民先生，原载《国闻周报》，1926年第三卷第三十六期。

当然，在胡适的答语中，却也必然提及"俄款"，甚至涉及"英款"。换句话说，《世界日报》在同一天同一版面紧邻的这三篇报道，其实互为表里，都围绕"俄款"展开表述。只不过，胡适的答语，将"俄款"问题之解决，引申到了"挽蔡"的问题。说到底，不把蔡氏挽留下来，代理"俄款"的问题，乃至"维持北大"的问题，都将是无法彻底解决的难题。且看报载原文，转录如下：

胡适谈维持北大

· 请蔡校长回京主持

- 毕业同学共同协助
- 本人亦愿竭力赞助

国闻社云，北京大学近年已呈颓败之象，本学期上课未久，因困于经费，遂不得不提前考试，预备放学。记者昨晤新回京之胡适，当叩以整顿北大之意见，胡答谓：

余（胡自称）自去年十月离校后，对于北大情形，已不甚了然。惟闻校内现状，确非昔比。今年开学既迟，放学又早，学生学业损失极大。而教员薪水，仅领到一个之五成或二五成。现虽届节关，因俄款分配问题未定，故能否发放数成，尚未可知。长此以往，教育界前途，诚不能不令人痛心。就于个人之意思，以为必须仍请蔡校长回校主持一切。缘社会及学生方面，对于蔡先生，素极信仰。如能回校，必可将内部整顿，重复旧观。学校成绩既优，必能得社会上大多数人之好感。筹措经费，亦不致全无办法。此外，则该校毕业同学，现在服务社会者甚众。学校培养学生，每年所费甚巨。学生毕业之后，照理应竭力赞助母校之发展。此多数之毕业同学，如能一致予母校以协助，其效力亦必甚伟大。外国各大学，对于同学会十分注意，其原因盖即在此。

记者复问先生现方办理庚款，将来可否为北大帮忙，俾得有一永久巩固之基金。

胡答：余在北大教书多年，自比他人为尤急。英庚款用于教育，委员团尤属乐于赞助。学校至少须有在水平线以上之成绩。譬如平时不缺课，考试须按期严格举行。如此人方愿以款项为之补助，若常常如最近之现象，毫无成绩可言，又谁愿予以补助耶。以美款先例言，其款项分配，必择学校成绩之优良者辅助之，则将来英款之分配，当亦不外如此办法。余对英庚款补助北大，虽极愿从中尽力，然学校内部如不改良，窃恐未必即能遂愿。故余深盼蔡先生回校力加整理云。

这篇报道关涉胡适接受采访之事及其言论，《胡适年谱》等基础性文献中均未载录。且又因1926年的《胡适日记》仅存从当年7月开记的所谓"欧行日记"，之前的半年日记也无踪迹可寻——因此，这篇报道的史料价值，不言而喻。

◎ 蔡元培为何三年不回北大

北大第一院大门旧影，原载于1921年印行的《北大生活写真》。

据报道内容可知，胡适在访谈中表达了两个重要观点，一是要维持北大，非蔡元培回校主持一切不可；二是北大现状不容乐观，"俄款"分配未定诚然是目前之大问题，即使将来想申请"英款"来勉强维持也希望渺茫。想理解胡适当时的这两个观点，或者想了解胡适何出此言，就还需约略了解一下当时北大究竟出了什么问题，时任北大校长的蔡元培为什么没有在校履职。

事实上，蔡元培第一次出任北大校长，为1916年12月至1927年7月，任期近十一年之久；第二次出任北大校长，则为1929年9月至1930年12月，任期则只有一年多一点的时间。据考，蔡氏两次出任北大校长期间，曾有七次请辞之举，由于深受广大师生与教职员的爱戴，出现屡辞屡挽的状况，发生过多次北大师生发起的"挽蔡"运动。

胡适接受采访之时，正是蔡元培第一次出任北大校长的末期，当时其人并不在北京，而是身在杭州的浙江病院养病，早已不涉足管理北大的具体校务工作了。在此之前的三年时间里，蔡氏也不在北京，一直都只是名义上的北大校长而已。

原来，早在1923年初，因不满北洋政府教育总长彭允彝破坏法制的行为，蔡氏即已提出辞职，离京南下。同年秋，转赴欧洲，从事研究和著述，并参与要求英、法等国退还庚子赔款兴办教育的外事活动。1924年1月，在国民党第一次全国代表大会上，经孙中山提名，当选为候补中央监察委员。同年11月，又被任命为俄国庚子赔款委员会委员，并推为委员长。直至1926年初回国，仍暂居上海，并没有返归北京，也没有再参与管理北大的事务。当时的代理校长蒋梦麟，成为蔡氏"名义"上仍执掌北大的重要辅助者，也是随时传达蔡氏治校基本意见，及时反馈北大师生意愿的一位重要领导者。

就在蔡元培从欧洲归国之际，北大评议会及代理校长蒋梦麟等，均曾致电请其速归北大，但蔡氏回电均称"亟思来校，惟现在尚难于脱身"云云[1]，并没有重新执掌北大的意愿。周作人于1926年4月25日，亦曾致信蔡元培，详述北大现状，力陈请其速归治校之缘由，恳切表示称："作人在北大将及十年，

---

[1] 电文摘自《北京大学日刊》，1926年4月13日。

除教课外，于教务素不过问。今因先生不来北京，与北大前途关系至大，偶有所见，不敢缄默。"

蔡氏回信也表示了一番由衷歉意，称"弟对于北大，既不能脱离，而久旷职守，慊愧万分"；接着仍以身体健康状况为由，述及暂不能回京的理由，称"惟现因胃病大发，医生禁为长途之旅行，一时竟不克北上"。

在此之后，5月至6月间，蔡元培与北大校方及同仁之间，函电纷驰，均是以胃病发作为由婉拒回京。5月25日，蔡氏还有一封回复胡适的信，被《北京大学日刊》（1926年6月4日）摘录发表；蔡信中称收到胡适5月16日的来信，"惟近日因胃疾大发，决不能北行"云云。胡适的这封信，目前未见有相关文献予以公开披露，但内容大抵也不过是陈述北大现状，切盼蔡氏归校重振之类。

◎ 北大切盼蔡元培解决"俄款"问题

时为1926年5月18日，北京大学评议会致蔡元培公函，再次详述北大现状及请其速归治校之理由，其中最重要、最迫切需要其解决之问题，仍是学校经费短缺、教职员薪水积欠的问题。而且这一问题，乃是当时北京所有国立学校都面临的问题，所以企望蔡氏能以俄国庚子赔款委员会委员长身份出面，争取"俄款"来接济包括北大在内的北京各校。公函中称：

本校经费，积欠已达十五月之久，最近三数月，校费之枯竭，尤为历来所无。所以本校目前最大困难，仍是经费问题。现时本校同人之恐慌，亦即在此。但俄国庚子赔款，为数甚巨，大可接济北京国立诸校。俄国使署近亦较前容易商洽，先生为俄款委员会之委员长，如能及时北来，进行此款，益以蒋梦麟先生及其他本校同人之辅助，大概可望成功。此事所关甚巨，因为北京政府现在既已毫无经常收入可言，则本校以及北京其他国立学校，如果不能向俄款方面设法，其将完全停顿，殆极难避免。所以此间企盼先生早日返京者，尚不以本校同人为限。①

本文前边已经提到，时至6月13日，胡适接受《世界日报》专访，再次表达了请蔡回京主持北大的强烈愿望。胡适在访谈中，也首先提到了北大经费短缺问题，也提及"因俄款分配问题未定，故能否发放数成，尚未可知"云云。

可见，当时北京各校都在高度关注"俄款"，都十分关切这笔款项最终能否解决学校经费短缺的问题，而解决这一问题的关键人物正是蔡元培。从这个意义上讲，蔡氏早一天返京主持大局，包括北大在内的各校经费，就有早一天解决的希望。

◎ 胡适向蔡元培痛陈北大人才流失

6月17日，胡适再次致信蔡元培，也是回复蔡氏于5月25日的复信。这封信今存底稿残件，原文转录如下：

子民先生：

前得手书，知先生因刺激过甚，胃病复发，甚以为念。不知近日好些了没

---

① 公函内容摘自《北京大学日刊》，1926年5月20日。

有？蔡夫人已恢复健康了吗？

北大事，弃之甚可惜，而救济非先生不能。故前回不畏嫌疑，作披肝沥胆之长书。适十年来对于先生，始终……[1]

信稿残件存字虽不足百字，可胡适切盼蔡元培速回北大之意，表露无遗。据查，此信寄出至同年7月之前，胡适可能还有数次致信蔡氏，且还向友人致信申述"挽蔡"之意，7月2日晨，蔡氏又收到胡适来信，遂决定写一通长信，再答胡适。此信开篇即提道：

前日又奉惠函，知于新六兄处知弟近状，而仍促弟北行。昨在南洋大学晤丁在君，言接兄一函，嘱彼促弟北行，且有不行则"资格丧失"之警告（弟实以毫无资格为由，方且求失之而不得也。然尔时在君未携尊函，亦言之不详，恕不详答）。今晨又奉惠函，报告各难得教员纷纷他就之警讯，而且知钢君非即得六千元欠款之偿还，则亦将一去不还；虽承先生向新六商借，而尚无把握。先生对于北大，对于学者，对于弟，均有尔许热诚，弟佩服感谢，非言可表。然弟竟无以副先生之厚望，死罪！死罪！[2]

虽然蔡元培于7月2日晨收到的那一通胡适来信，至今未见有相关文献披露，但据这一通蔡氏复信约略可知，胡适来信的主要内容，应当是向其报告北大教职员"纷纷他就之警讯"——因为薪金积欠太久，众多教职员不得不准备

---

[1]　信文至此中断，摘自《胡适遗稿及秘藏书信》，第20册，黄山书社，1994年。
[2]　信文摘自《胡适来往书信选》，中华书局，1979年。

离开北大，另谋出路。

值得一提的是，2016年9月19日至23日，由北大人文社会科学研究院与北大图书馆联合举办的"胡适与北大"文献展，将胡适遗留在中国大陆的部分藏书及书信精选展出，使普通读者能够近距离观瞻这些历史文献实物，实在是极其难得的一次机遇。笔者观展时，意外发现了两通胡适致蔡元培书信，均是首次公开披露，其中一通正是此信原件（约写于1926年6月底）。此信只有两页展出，或为"残件"，虽然如此，亦颇具参考价值。信文转录如下：

子民先生：

今天忍不住，又写此信与先生。

现在学校的好教员都要走了。

北大最好的是物理系，但颜任光兄今年已受北洋之聘，温毓庆君已受东北

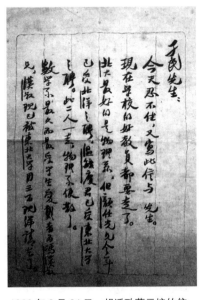

1926年6月24日，胡适致蔡元培的信。

1926年6月24日，胡适致蔡元培的信。

大学之聘。此二人一走，物理系便散了。

数学系最久而最受学生爱戴者为冯汉叔兄，汉叔现已被东北大学用三百现洋请去了。他的房子帖"招租"条子了。他的教授的本领是无人能继的。

钢和泰为世界有名学者，我极力维持他至数年之久，甚至自己为他任两年的翻译，甚至私人借款给他买书。（前年有一部藏文佛藏，他要买，学校不给钱，我向张菊生丈借了乙千二百元买了一部《论藏》，此书为涵芬楼所有，但至今借给他，供他研究。）但他现在实在穷的不得了，要卖佛像过日。现在决计要……①

据此可知，蔡元培离职之后的北大教员流失问题，与学校经费短缺、教职员薪金长期积欠的问题，一直如影随形，已然愈演愈烈。胡适对此，深感痛心，虽苦心筹措，但终归"独木难支"。为此，不得不多次致信恳切劝挽，切盼蔡氏能及时返校治理，力挽北大危局。

◎蔡元培秘信披露辞职动机

然而，蔡元培去意已决，坚辞北大校长之事已无可挽回。为此，在7月2日给胡适的回信中，非常详尽地披露了其辞职动机与无法复职之理由。首先，

---

① 此信前两页内容至此中断。据查，《胡适全集》《胡适文集》《胡适书信集》均未收录此信，是为"佚信"。笔者曾将此信整理录文，辑入拙稿《胡适致蔡元培书信之新发现》之中，于2017年12月12日发表于《南方都市报》。2018年5月21日，台北《胡适全集·胡适中文书信集》编者在网上获见拙稿，并据报载原文转摘了胡适此信信文，将之辑入《胡适中文书信集》第2册第36页。唯拙稿录入胡适信文时，将第二页倒数第三行"……乙千二百元"的"乙"字，录作"一"字，不够规范；末行"……要卖佛像过日"的"卖"字，刊发时又被误植为"壹"字。这两处误录误植，《胡适全集·胡适中文书信集》自《南方都市报》所刊原文转摘时，完全照录，亦从其误。今特纠正，并说明之。

明确告知胡适：

　　六月二十八日午前十一点，弟已致一电于国务院及教育部，辞去北大校长及俄款委员之职。

　　这一答复，无异于宣布包括北大在内的北京各校经费问题，蔡氏实在是无能为力，再无法为之操办了。至于为何要连辞两职，信中概括理由有三：其一为"预料教育公债由弟参与之无效"；其二为"怀疑于现在是否为取消不合作主义之时期？又否有从井救人之必要"；其三为"认辞职为较善于被免职"。

　　蔡元培认为，"俄款本已可全由吾国政府支配，从前借俄使之压力，作成俄使得有专用于教育之要求而设委员会处理之"，但近期"俄委员对于维持国立各校之提案，屡屡梗议"，俄方态度突变的用意与缘由，究竟如何，当时都还不甚明了。而如果以为"弟若与俄委员一谈，彼必照行，谈何容易"，"若果如此其易，则彼必有利用我之条件，弟岂能受之"。

　　蔡信中如此这般的解释，可以简单理解为，蔡氏在北洋政府当局与俄方之间，已无回旋余地，成左右为难之势，陷入进退两难之境了。因为担心北洋政府拿到"俄款"之后，并不将其用于教育经费之支出，故先是借俄方之力，促成"专用于教育之要求而设委员会处理之"，即有"俄国庚子赔款委员会"之成立。蔡氏既已被推为该会委员长，理应顺利推进"俄款"用于北京各校教育经费的事业了，可谁也没想到，这时俄方委员"屡屡梗议"，又开始抵制蔡氏的提议与意旨了。蔡氏以为，此时俄方态度突变，恐怕"彼必有利用我之条件"，作为中方代表的最高层级，蔡氏表示决不会任其利用，受其摆布。因此，不得不以辞职了结此事。

同时，蔡氏还认为当时的北大代理校长蒋梦麟，比他更适合从事"俄款"商洽工作，信中有这样的表述：

> 惟梦麟对于此事，知之较详，而平日办事之手腕又远胜于弟，或者有促成此事之方法。闻内阁已有别派委员之议，不如弟先让出，而梦麟或可补入，则办理较为顺手。

此外，蔡元培在信中还重申，"弟三年前出京时，本宣布过'不合作'之意见"，"今之北京状况，可以说是较彭允彝时代又降下几度，而我乃愿与合作，有是理乎？"且当局早已预谋改组北大，自己将被调离北大另有任职的传闻，蔡氏也早有耳闻——这样一来，只能是要么坐待免职，要么主动辞职。所以，蔡氏认定与其坐待被动免职，不如主动辞职。

此信内容较长，蔡元培将自己坚辞北大校长的苦衷与缘由详尽论述，因涉及当局意旨及人事调整细节，个中内幕在当时极为私密，不宜公开，故于信末郑重向胡适嘱示：

> 此函承阅后请付丙，请勿示外人。弟对于先生不敢不求谅解，而其他毁誉听之，不愿与辩也。

所谓"付丙"，即"付火"之意，是让胡适读过此信后即刻烧掉，绝不能外传泄露。然而，或出于对蔡氏个人的尊崇，或出于对史料文献的珍视，胡适当年收到此信后并没有将其烧掉，而是将其秘藏于家中。直至1949年离开中国，流寓美国之际，不得已将此信与大批藏书及书信都遗留在了北京家中，此信又得以继续存留于世。1979年被整理出版之后，遂为后世读者及研究者所周知。

诚如蔡元培信中所言，他之所以坚辞北大校长，无非是时局动荡之下，当个人理想与政府意旨发生激烈冲突之时，做出的极为决绝的个人抉择而已。面对胡适等北大同事与友人的劝说、挽留，他一方面深感歉疚与不安，信中接连自称"死罪"即是表达此时心意；另一方面也明确表达辞职之举实属主客观因素皆备，无可更改——信中所述各种须阅后"付丙"之内幕，已足以印证。为此，对胡适在信中所抱怨的北大教员流失状况，他只能说：

诸位重要教员之耐苦而维持，弟自然佩服万分。但弟不能筹款以供之，则即不能为继续维持之要求。对于别有高就之教员，自然为北大惜之；然弟既以"不合作"律己，宁敢以"合作"望人？

因胡适即将取道西伯利亚赴英，商洽"英款"应用于中国教育事宜，蔡元培认为此事或许比代理"俄款"稍有希望，遂于信末寄望于胡适，信中这样写道：

先生将以本月十七日由西伯利亚赴英，不能面别，一罄所怀，良为怅惘。惟望先生对于庚款，有良好之影响，使此款之应用，不致受国内多数反对，与日本庚款相等，使此款至少等于美国。

◎ "俄款"与"挽蔡"的艰难互动

就在蔡元培的秘信发出前后，"俄款"问题终于有了一些局部解决的迹象。政府当局决定向"国立九校"先行发放四成左右，用于解决各校教职员薪金积欠的燃眉之急。然而，杯水车薪，无济于事，终难以彻底解决各校经费困难，加之对外商业欠款亦巨，各校办学情况仍不容乐观。一方面，各校教职员薪金仍无法全额发放，只能继续拖欠；另一方面，各校对外商业欠款也只能暂以百分之五还欠，无法再行赊欠，校园内外，仍是怨声载道。

据1926年7月1日《世界日报》"教育版"报道，因"现值暑假，各校又须招生，需用甚急，若不设法筹款，势将无以周转"，于是，"国立九校"校长又将召开紧急会议，商讨救济办法。同时，同版头条却又刊出《任可澄忽不肯见九校代表》报道，说明"国立九校"与教育部当局的僵持，又进入了另一阶段。

7月6日至8日，《最近国立九校之状况》的报道开始连载，"国立九校"经费困难，经营惨淡之状逐一公开披露。7月7日，《世界日报》"教育版"头条刊发《蔡元培优游江南》，次条刊发《蔡元培亦不满学潮》，又给身处如火如荼"挽蔡"运动前沿的北大师生当头浇了一盆凉水。这两篇报道，分别刊载了一通蔡氏致友人电报与一次讲演内容摘要，因二者皆未辑入《蔡元培全集》，可称佚文，颇具研究价值。为此，酌加整理，转录报载原文如下：

蔡元培优游江南

▲不愿爱之者再加挽留

蔡元培辞职后，及北大方面挽留情形，曾见各报。京中教育界某私人，昨复接蔡于歌（五日）晚自沪来电，报告业已辞去北大校长诸职，并谓此后当优游沪杭，甚望爱我者万勿挽留云云。原文探录如左：

（衔略）弟因身体多病，已致电国务院及教育部辞去北大校长及俄款委员职。此后当优游沪杭，静养顽躯，甚望爱我者万勿挽留。请转告京中教育界诸君子为祷。弟蔡元培叩。歌（五日）酉。

蔡元培亦不满学潮

▲在上海南洋大学讲演

▲希望此后不再发生学潮

交通部南洋大学于本月二日，举行本届大中学及附属小学典礼。前该校经济特科主任蔡元培氏，亦到会演说。即述二十余年前主持经济特科之情形，并比较当时学潮与现在学潮之异同。结论谓两者相同之点，即一，学潮发生之原因多数在乎青年对于眼前政治不满足而气愤所致。二，学生接受时代思潮较

北平《世界日报》，1926 年 7 月 7 日报道，《蔡元培优游沪杭》《蔡元培亦不满学潮》等。

速，常不满于思想较旧之教员。于是发生问题。至于两者不同之点，一在于从前学潮结果，皆学生一部分或全体退学，甚至出于自办学校。现在则学生认学校为公共机关，如办理不善，应改换当局或教员，自己不肯去而之他。二在于从前学潮分管事与不管事二派，现在分意见不同、争谋操纵二派，但其结果则相同。盖因学潮而退学或转学者，均较不退学者不如。至少就大多数讲如此，故甚望现在勿再有学潮发生云云。

7月8日的《世界日报》"教育版"头条，则刊发了《教部已慰留蔡元培矣》的专电电文，并同时刊发《北大教职员挽蔡会议》的报道。这一安定人心、稳定局面的消息发布，似乎仍未起到太大的效果。关于"俄款"的支配问题，仍在引起各种争端。

两天之后，7月10日，《中俄大学生代表赴教部请愿》的报道，又登上了《世界日报》"教育版"。时任教育部总长的任可澄"请财部急备两万元俾资接济"，但又表示"惟能否通过，尚难预料"。同版刊出，《北大评议会坚决挽蔡》，报道称"蔡若坚决言去，实速学校之亡"。7月12日，《任可澄表示倚重蔡元培》报道见诸"教育版"头条，"挽蔡"运动势头不减，北大校方与教育部当局都还在努力之中。

7月15日，《世界日报》"教育版"头条刊发《蔡元培无意回校矣》，刊载其复北大某教授的一封信，仍是明确表达不会返归北大之意，称"弟辞意已决，无论如何，决不回校"云云。同版此条之下，《九校呈请多发经费》发布；报道称教育部方面"一面转咨财部，一面又节录原呈，提交昨日特别阁议解决"。7月30日，《外部代北大德国教授索欠》发布，因"俄款"迟迟未能分配，追索欠薪事件竟已引发"国际争端"。7月31日，《国立九校急待救济》的报道仍在出现，这已然表明，"俄款"部分发放，终究不能彻底解决"国立九校"的经费困难问题。至8月5日，有《九校代表昨议决七项》与《任可澄昨见九校代表》报道；8月7日，有《九校校长访杜任无结果》与《九校代表请拨交通附捐》报道；8月10日，有《教育经费两三日后将有办法》与《教联会请速设庚款协商机关》报道；8月22日，有《教部主张俄款不作库券抵押》与《教部进行教育费之三途径》报道；说明"国立九校"与教育部就"俄款"问题仍在谈判，进展依旧艰难。

1926年9月16日，《世界日报》"教育版"头条刊发《俄款二十万今早始能领出》报道，标志着"俄款"问题终于告一段落。报道原文，转录如下：

俄款二十万今早始能领出

▲部校两方各不相下……以是迟延至今

关于二十万俄款交付手续，前日本经查良钊、余文灿商明教长任可澄、次长胡汝麟，决定由税务司交委员会，由会交部支配。教部当即照此致函财部，不料财部昨日发训令时，顾维钧将教部数字删去事，被教部部员闻知，大为愤慨，当即电告胡汝麟，严加诘问。胡亦莫明其妙。比又电向查、余两代表查询虚实，结果如何，尚未探悉。同时该部又开大会，决定款项部中尽可不分，但支配权再难挪让，否则该部誓不转账。惟据他方消息，此款昨晚今早可到委员会。查、余二人为尊重信义计，决定照数交部转发各校，以免争执云。

在同年11月左右，"国立九校"争取"俄款"全部发放事宜，基本完结。

围绕着教育部与"国立九校",持续了近半年,社会各界高度关注的"俄款"问题,至此终于画上了句号。随后,各校对分配数额的理解仍然各有参差,各执一辞,争议依旧在以何种方式延续,各校的索薪运动还不时见诸报端。与此同时,北京中小学校追索教员积欠薪金以及争取"俄款"的运动迅速涌现,大有前赴后继,"后来居上"之势。当然,这已不是本文所要研讨的内容了。

◎尾声:张作霖"合并北大"与蔡元培"恢复北大"

就目前可以看到的公共文献来考察,可知1926年7月7日,时任教育部总长的任可澄电致蔡元培,未准其辞去北大校长之请求,请其"刻日命驾入都,共策进行"。7月12日,蔡致电任,再请辞职。7月24日,任准其辞去"俄款"委员之职,但仍未允其辞去北大校长之请求;为此,蔡复又致信任,再请辞职。

同日,蔡致信北大全体教职员,称已"函请教育部速觅替人,俾得交卸。惟替人未到以前,培自当与诸先生得以晤商"。[①]这算是在北大校长接替者未到任之前,蔡表示可以参与商洽"维持北大"大计的承诺。至此,在北大校方及各界的恳切挽留之下,蔡的校长名义终得以继续存留。

直至一年之后,1927年8月,奉系军阀张作霖(1875—1928)将包括北大在内的"国立九校"合并为"京师大学校"之后,以当时的军政府教育总长刘哲(1880—1954)兼任校长,蔡元培的校长名义才就此终结。

"京大"的存在时间短暂,不到一年,便宣告"寿终正寝"。"皇姑屯事件"之后,张作霖被日军炸死,"京大"便随之解体。蔡元培于1929年9月第二次

① 以上史事细节,可详参《蔡元培全集》第十一卷,浙江教育出版社,1998年。

出任北大校长，着力于"京大"拆解之后的"恢复北大"工作。不过，这一次出任北大校长，蔡氏仍然没有返归北大，仍是"坐南朝北"的"遥控"式执掌。当时，蔡氏这样的掌校方式，又被时人称为"遥领"北大；与之前"名义"校长的象征意义相仿，并不实际参与校务管理，校内具体事务的操办，乃是由代理校长陈大齐等着手。

这里所谓的"遥领"北大，即指不参与北大具体管理工作，只是做"恢复北大"时期广大师生的"精神领袖"而已。"东北易帜"之后，南京国民政府已在名义上统一东北地区，北平的教育界也正在逐渐恢复重组，"恢复北大"工作也已渐入正轨。且当局规定政府官员不得兼职大学校长，在这种情势下，时任国府委员与中研院院长的蔡元培，遂又于1930年9月辞去北大校长一职。其后在北大校内外又多次发生"挽蔡"运动，屡辞屡挽的状况复又重演。当然，这都是后话了。

◎余韵：北大电催蔡元培返校与"俄款"增费

1930年4月7日，也即"遥领"北大的蔡元培，最终仍然请辞北大校长的五个月之前，北大师生依然锲而不舍地请蔡氏返校，并且发出了一通公开电报，公开催促其尽快返校，两天后（4月9日）刊发在了《世界日报》之上。报载原文摘录如下：

北大学生请增加经费
并电催蔡元培返校

北京大学学生会，前晚七时，在第二院开第六次执行委员会……议决案如下：

（十一）欢迎蔡校长返校案，议决由学生会去电欢迎返校，并请学校当局，致电敦促，散会后，当即致电蔡氏速驾，并电俄款委员会请求增加经费，兹分录原电如左：

致蔡元培电

南京教育部蒋部长，转蔡校长钧鉴：客岁蒙允于本期内返校，福音传来，阖校欢腾，今已开学数月，全校师生，云霓载望，迩来迭闻先生北来消息，千余同学，无日不在引领翘望之中。敬恳早日命驾北来，主持校务，不胜盼祷。国立北京大学学生会叩。

致俄款委员会电

俄款委员会钧鉴：本校现正筹备增设俄文、天文、地理、社会学等系，及研究各门，原有预算，不敷甚巨，客岁本会曾电请国府及教部，于北平国立各校增加经费时，本校亦须按照比例增加。近北平大学已由钧会每月增拨五万元，应请钧会一视同仁，每月增拨经费五万元，俾本校各种计划得以实现，不胜感祷之至。国立北京大学学生会叩。

应当说，将催促蔡元培返校的电报与致俄款委员会请求增费的电报，同时公开刊发，二者之间或许本没有什么必然联系。可是，由于长期依赖于蔡氏代理"俄款"，更兼长期期盼蔡氏返校主持，于是乎，这两通电报也就鬼使神差地同时公开刊发了出来。那个时代，安危兴衰皆系于蔡氏一身的北大，仅由这一篇报道，两通电文，也可见一斑。

五个月之后，北大师生在日夜期盼中等来的，却是一通蔡元培请辞北大校长的简短电报。这一通9月13日的电文，次日即刊发在《世界日报》的"教育版"头条。电文旁边，还刊发了一篇当局有关部门专门说明"俄款"已根本不够敷用于平津各学校的详尽说明，且有公开声明，称"因中俄委员会，现不存在，俄款支配，完全在南京政府"云云。

可想而知，即将失去能主持大局的蔡校长，又被明确告知"俄款"运作权已全部收归南京政府，当时的北大师生是何等的彷徨无助。当然，随之而来的"挽蔡"运动，仿佛就是北大的"自救"行动，毫无疑问地成为全校的当务之急，一幕幕屡挽屡辞的场景，又将迭次上演。

蔡元培：科学佛法，并不冲突

——从一通佚信谈起

◎ 晚年蔡元培的题签与佚信

近现代佛学理论著述中，王季同（1875—1948，号小徐）所著《因明入正理论摸象》一书，在佛教因明学研究领域有着重要地位与特殊意义。当然，此书初版至今，能够全书通读一遍，明晓书中利弊者，并不多见。毕竟，此书内容之专门冷僻，仅从书名即可见一斑。

蔡元培（1868—1940）

所谓"因明"，乃指古印度的逻辑学。它与声明（语言文字学）、工巧明（工艺历算学）、医方明（医学）、内明（各学派自己的学说，对佛教来说则指佛学）合称"五明"，为古印度的五门学科。而《因明入正理论》乃因明学之根本论典，由唐玄奘于贞观二十一年（647）在长安弘福寺译出。《因明入正理论摸象》一书，正是以因明学为研究标的，对《因明入正理论》展开的解析与评述之作。因书中所据研究底本乃年代久远的异邦文本，虽经唐代中译，仍文法古奥，义理深晦，即便有相当佛学修养，读之亦不易。

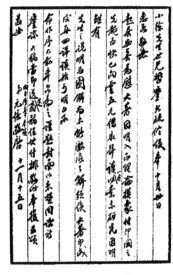

蔡元培致王季同之"佚信"

此书封面题签者为蔡元培，这一细节难免引起注意。因蔡氏鲜有为宗教理论著述题签之举，故此书触目之际，笔者颇感兴味，便随手翻阅了一番。孰料，在是书正文之前，竟还发现印有一页蔡氏手迹，为蔡氏致著者信札一通。信文转录如下：

　　小徐先生：世兄哲鉴。久疏信候，奉十月卅日惠函，敬谂起居安养，甚慰。大著《因明入正理论摸象》付印，闻之先睹为快，已向云五兄借来拜读一遍。以素未研究因明，虽有先生之说与图解，尚未能澈底了解，须俟大著印成后再四详读始可明白。承命作序，不敢率尔为之，谨题封面，以表赞同，诸所鉴谅。大稿当即送还商务，俟其付排。敬以奉复，并颂教安。

弟元培敬启（内子属笔奉顾）

十一月十五日

据查，这一通信札，两种版本的《蔡元培全集》①均未辑入，可称"佚信"，独具补证历史与学术研究的双重价值。

王季同著《因明入正理论摸象》，蔡元培题签。

《因明入正理论摸象》一书，于1940年9月由上海商务印书馆初版；那么，据此推测，这一通信札写成时间至迟应为1939年11月15日。查《蔡元培全集》第十四卷②，可知这一推测是成立的。因为，这一天蔡氏曾致信当时主持商务印书馆的经理王云五，表达了"因弟平日未曾研究因明"，遂无法为此书撰序的歉意。

另据《蔡元培全集》第十七卷③可知，当天蔡氏还在日记中写道：

读《因明入正理论摸象》一过，不易了解，又无暇详读，不能作序。

至此，可以基本明确知悉，因蔡元培对因明学研究领域本无涉足，加之晚年事冗多病，无暇详读这部书稿，更无从深究因明学理，自然无法在书稿正式出版之前，为此书撰序介绍了。这一事迹，因有1939年11月15日当天蔡氏分致出版人王云五、著作人王季同的两通信札存世，已然完整印证；更兼当天还有蔡氏个人日记载录，就更无疑问可言了。

---

① 中华书局与浙江教育出版社，分别于1984—1989年与1998年出版《蔡元培全集》。
② 《蔡元培全集》第十四卷，浙江教育出版社，1998年。
③ 《蔡元培全集》第十七卷，浙江教育出版社，1998年。

◎ 蔡元培曾"折衷"佛法与科学

另一方面，蔡氏致王季同的这一通佚信之发现，不禁又让人联想到王季同还曾著《佛法与科学比较之研究》一书，此书蔡氏倒是确曾为之撰写过一篇序言。这篇序言，蔡氏作于1932年1月15日，王氏自序开篇即称"蔡先生的序交卷了。我这一本小册子就预备出版了"，虽未明言，实则有久候蔡序的言下之意。

事实上，自王氏请序之后，蔡元培至少耽搁了两年之久方才撰成此序。查《蔡元培全集》第十二卷①，可知早在1930年6月20日之前，王氏已向蔡氏表达过请序之意，当天，蔡氏曾致信胡适，就曾提及王氏请序一事，并有所计划，信中这样写道：

小徐先生之《佛学与科学》，久搁弟处弟尚未暇摆脱一切对此问题一研究，特将全稿奉上（于原稿外又有补充的几页）。先生写哲学史，正涉印度哲学输入时期，或顺便作一首较便。小徐说："反对尽不妨"。将来弟或者作一折衷说。

胡适接到蔡信后，当天即撰序一篇，但对此书通篇皆是反对意见，明确指出王氏的思想立场是迷信，无任何价值。近两年后，蔡序撰成，果然如其信中所言，"作一折衷说"。蔡序开篇这样写道：

①《蔡元培全集》第十二卷，浙江教育出版社，1998年。

王小徐先生六十歲紀念冊　蔡元培敬題

小徐先生精研理工尤信佛法之
為佛法與科學兼行而悖之一證
先生六十歲紀念冊中有電網計算
新法吕厂代表
先生對於理工之貢獻有焉克思
主義之批判吕厂代表
先生對於佛法之貢獻已往之成
績業已恭見未來之大業更無限
量謹贅數語以介眉壽
蔡元培

蔡元培为王季同 60 岁寿辰题词，为纪念册题签。

自孔德分人类进化为三级：由神学，而玄学，而科学；认现代为科学时代，于是有实证哲学的建设。未几，美国詹姆斯亦有实用哲学的标榜。这两派哲学，都把玄学上的问题，存而不论；把哲学作为现代科学的综合；并非再进一步，把科学所不能解决的问题，设法解决它。然而科学所不能解决的问题，如精神与物质究竟是怎么一回事？绝对的真理有没有？是人人所切望有一个答案的，于是不得已而由一部分的科学家来答复它：就说精神是物质的作用，而宇宙不外乎物质；绝对的真理是有的，就是唯物论。这种说法，现代科学家与非科学家附和它的很多。而吾国科学家中，有不以为然而别寻出路的，就是王小徐先生。

显然，蔡元培对王季同的研究，是持宽容与同情态度的，没有流露出反对与反感之意。接下来，蔡序更着力介绍王氏生涯与成就，表达了对其研究工作的支持态度，序中有如下的微妙措辞：

小徐先生有数学的天才；二十岁左右，即有关于数学的著作，为前辈所推许。小徐先生以数学家治科学，尤长于电机工程，承认科学之所长，而又看破他能力的限度。以数学家治逻辑，认西洋之逻辑，仅能应用于科学，而哲学上非采用印度之因明不可。以数学家治玄学，认为佛法中相宗的理论，非特与科学不相冲突，而可以相成。既已认科学与佛法不相冲突，则科学家如有不能解答的问题，而可用佛法解答的，何妨利用佛法？此小徐先生所以有佛法与科学一书。

序言末尾，蔡氏再度表达了乐观其成的期望之意，文中这样写道：

小徐先生既以科学家的资格，为佛法与科学一篇，以开其端绪，尤望积极提倡，促成种种科学的工作，以完成自度度人的弘愿，这是一个信仰小徐先生所要求的！

◎ 佛法与科学，同仁与同道

那么，蔡元培为什么要在百忙之中，耽搁两年之久仍不得推脱，最终还是坚持为王氏所著《佛法与科学比较之研究》撰序，且在序言中处处表现出支持与乐观的态度呢？

再者，蔡元培早已预计到胡适对王著的反对态度，为什么又乐于先让胡序撰成，再去"作一折衷说"呢？对于另一部王著《因明入正理论摸象》，为什么在晚年多病，根本无暇详读书稿的情况下，虽无法再为王著撰序，却仍于逝世前四个月既为王著题签，还同时郑重复信，仍要"以表赞同"呢？

总之，蔡元培对王著的这些举动，既令人感到费解，也很容易让人归结出一个总的疑问来，即蔡氏何以对王氏如此重视？这就需要约略了解一下，王氏的家世背景，及其与蔡氏的深厚交谊了。

王季同，又名季锴，字孟晋，号小徐。他是安徽芜湖人，客居吴县（苏州）。其父王颂蔚，乃蔡元培会试时座师，对其有知遇之恩。当然，蔡元培与王季同的交谊，也并非全然因此渊源，与王氏自身的才干及志趣，也有很大关联。

王季同于清光绪二十一年（1895），毕业于北京同文馆，自幼喜爱数学，早在1902年前后，即已编制出版《积较补解》《泛倍数衍》《九容公式》等著述，这些著述乃是国内早期介绍西方数学的重要书籍。

自1902年起，王季同在以蔡元培为总理的爱国学社担任教员，二人近四十年交谊由此开始。1903年，追随蔡氏组织"拒俄同志会"，任《俄事警闻》日报主编。1906年，在爱国学社参加炼制炸弹，向秘密小组教授制作炸药之法，从事反对清政府的革命活动。1909年，被清政府派赴英国任驻欧洲留学生监督署随员，后转入英吉利电器公司及德国西门子电机厂研究实习，曾发明转动式变压器。1911年，在英国爱尔兰皇家学会会刊上，发表有关四元函数求微分法的论文，被后人称为"王氏代数"，已然跻身近代中国数学家行列。归国后，先后在镇江大照电气公司、吴淞中国铁厂，出任主任及顾问工程师，在上海创办大效机器厂，从事科学实业相关工作。

辛亥革命之后，1912年，蔡元培出任中华民国南京临时政府教育总长，邀请王季同与蒋维乔、鲁迅、许寿裳等人为筹备员，从事教育部组织、学制改革，以及学校登记等事项。1927年，王氏应蔡氏之聘，参加中央研究院筹备会及各专门委员联合成立大会，后被聘为中央研究院工学研究所专任研究员。1929年出席万国工业会议世界动力协会东京会议，任中国代表。1930年前后，研究新的电网络计算方法，成果载入中央研究院的《科学记录》。也正是在此期间，当其科学理论与应用研究方面成果迭出之际，王氏却突然转向佛学研究，抛出了《佛法与科学》一书，后经增订，又完成了《佛法与科学之比较研究》书稿。

应当说，王季同的思想转向，乃是一位科学家向哲学领域深入，继而再向神学场域探索的历程。这一历程，即便至友亲朋也未必全然明晓，更不足为外人道。然而，无论是学术探究中佛学与科学之间的互动互进，还是多年交往中情谊与思想之间的相惜相契，蔡元培对这样的思想转向，是有着深切的理解与同情的。

在为《佛法与科学之比较研究》一书撰序时，开篇即表达了这样的理解与同情之意。较之刚刚所届不惑，正值学术壮年时期的胡适之激烈批评，已过花甲之年的蔡元培，对王著则表达了一种"折衷"意见——其"兼容并包"的一贯立场，以及二人多年的革命同道之情、科学同仁之谊，都使得他自然而然地去包容这种思想转向，去维系并支持这种探索精神。

不过，因这一学术领域未有涉足，本着慎重与郑重的态度，蔡元培希望自己所撰序言尽可能既合乎学理又合乎情理，表明思想立场的方式，不能失之草率，更不能决然武断。于此，也就不难理解，王著原稿送至蔡氏案头已近两年，蔡序迟迟不能撰成的根本原因所在了。

耽搁近两年之后，蔡氏终于为王著撰成序言，王著也随即于1932年当年，交付上海佛学书局出版。因为有当时文教界声名鼎盛的蔡、胡二人为之撰序，加之胡序的明确批评与蔡序的微妙"折衷"，使得这样一本内容艰深冷僻的小册子，却忽然间具备了引起公共文化领域注意的"看点"，一度颇受社会各界读者关注。同年9月，迅即"修正再版"。不到一年之后，1933年4月，已第三版印行。至1937年6月，已第九版印行。

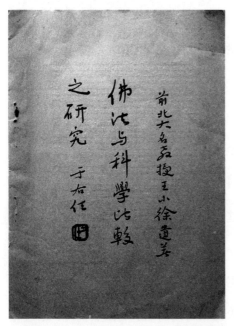

台湾版《佛法与科学比较之研究》，于右任题签。

在此期间，还有国光印书局的"新版"，也一直与上海佛学书局的初版本并行不悖，几乎同步印行。直到1954年，台湾仍有此书的重版印行；当时，国民党元老、一代书法名家于右任，还曾为此书题签。据查证，到了二十世纪七八十年代，此书在台湾还有大量翻印，流传颇广。

◎ "兼容并包"又一注脚

时为1935年6月，王季同迎来六十岁寿辰，又自印了一部《王小徐先生六十岁纪念册》。此册将其两篇新作，也是其晚年在哲学与科学研究领域的代表作纳入其中。

由于是自印本，并非公开出版物，《王
小徐先生六十岁纪念册》流传不广，存世无
多，知者寥寥。此册的影响力，自然远不及
《佛法与科学之比较研究》。四年之后，王季
同又撰成《因明入正理论摸象》，仍请蔡元
培撰序。这一次，却未能如愿。虽未如愿，
可蔡氏题签与信札还是及时送至，此举仍是
将友朋情谊置于首位，思想立场列于其次
的罢。

王季同晚年著述《佛法省要》

时至1940年9月，《因明入正理论摸象》
一书在上海初版之时，蔡元培却早在半年之前，已在香港猝然病逝。蔡、王二
人近四十年的情谊，也就此画上了令人唏嘘的句号。不过，蔡氏在北大首倡并
广为后世称颂的"兼容并包"之思想，至此却又多了一处耐人寻味的所谓"科
学与佛法不相冲突"的独特"注脚"。

陈独秀：为飞行家谭根作传
——以《时事新报》《青年杂志》相关报道为线索

◎ 1911 年：谭根创制水上飞机及洪美英 "首乘"

据考，二十世纪初，水上飞机率先在法国研制，并于 1910 年 3 月在马赛海面上试飞成功，世界上第一架浮筒式水上飞机因之诞生。随后，德、美、英等国相继研制，投入实验。至二十世纪三十年代，欧美各国远程和洲际飞行几乎为水上飞机所垄断，还开辟了横越大西洋和太平洋的定期客运航班。譬如，德国道尼尔公司研制的 DoX 是当时世界上最大的水上飞机，曾创造一项载一百六十九名乘客飞行的世界纪录，这一纪录一直保持了二十

谭根，在飞行课上。

多年。

中国的水上飞机研制，几乎与欧美同步，其研制历程也颇富传奇色彩。早在1911年前后，旅美华侨谭根（1889—1925，原名谭德根）在华侨资助下自行设计并制造出一架船身式水上飞机，参加万国飞机制造比赛大会并获奖。该机是在寇蒂斯F型基础上加以改装设计的，如将副翼移至上翼后缘处，其动力装置则是仿莱特飞机用链条带动螺旋桨转动。在此之后，谭根又曾在"中华飞船制造公司"担任要职，并多次举行飞行表演，并曾飞越菲律宾境内海拔两千多米的马荣火山，创造了当时水上飞机飞行高度世界纪录。

谭根与寇蒂斯的合影

话说谭根的传奇生涯，在国内传诵一时，国人为之振奋。早在1912年3月28日，上海《民权画报》第一期即刊发谭根驾机的画像，应为国内最早报道谭根事迹者。1912年末，上海《大同报》第十八卷第十八期，刊发《国内紧

《民国之新飞行家》，谭根事迹的最早国内报道，原载上海《时事新报》，1912年12月4日。

要新闻：飞行家谭根之成效》，应为谭根事迹的国内最早文字报道。同年冬，时任稽勋局局长冯自由就曾向临时大总统袁世凯荐举谭根，请政府邀其归国组织飞行队，为国效力。这篇呈文于1912年12月4日，被冠以《民国之新飞行家》的题目，摘要刊发于上海《时事新报》之上，应为谭根事迹首见于国内都市主流报刊者。

近半年之后，时至1913年4月11日，《我国飞行家谭根氏回国》的讯息，再度见诸《时事新报》。报道称：

旅美华人大飞行家谭根君，于往年武汉军兴即欲束装从戎，出其所学，为国效力。因一时缺乏川赀，未能遽返祖国。迨南京政府成立，曾电召归国，在美华人为之筹款，资助一切，旋以和议告成，行遂中止。惟前任美洲同盟会支部长伍平一君，以中国外患频来，欲巩国基，首重军备，故与谭君发起，创办飞船公司，为他日归国，组织飞战队之预备。开办之日，即蓝君天蔚抵美之期，谭君演其凌空绝技，偕蓝君乘坐空中，蓝君称美不置。盖谭君操飞行术有年，为亚洲人最先得万国飞行照者。该公司之成立，赖赵鼎荣等之臂助，现赵等以蒙事日急，特集资多购水陆通用新机，赶速返国，以备效力疆场，拟于三月首途归国。先招人学习，编练成队，为对待俄蒙之准备，探其行程。先经檀香山，然后赴上海、广州等埠云。

据此报道可知，谭根早在武昌起义期间，"即欲束装从戎，出其所学，为国效力"。只是因为旅费未能筹得，暂缓归国。不久，与伍平一（1888—1962）在美国发起创办中华飞船公司。伍氏原名澄宇，广东台山人，乃中国国民党创始人，是早年追随孙中山的革命元老。伍氏曾任同盟会美洲支部长，主持美洲《少年中国报》《大同日报》，为革命募款筹饷。从辛亥革命前后到反袁护法运动，可以说是无役不与。一方面任孙中山秘书，传达重要指示；另一方面在侨界发展组织，扩大革命运动影响力，为革命工作倾尽全力。1914年在日本东京成立的中华革命党（中国国民党的前身），就是伍氏以一己之力在日本侨界倡议推动的。

可想而知，以伍氏这样的革命元老身份发起，与谭根共同创办的中华飞船公司，从诞生之初即有着强烈浓厚的革命基因，也必然是从军事而非民用角度加以筹划的。

中华飞船公司在美国开办之日，革命将领蓝天蔚（1878—1921）适逢其盛，乘坐谭根驾驶的飞机，在美国的蓝天之上，见证了这一壮举。至于当天谭根驾驶的是否为水上飞机，报道中没有明确说明。所以，一时还无法确定蓝天蔚是否为乘坐水上飞机的第一位中国男性乘客。

《我国飞行家谭根氏回国》，原载上海《时事新报》，1913 年 4 月 11 日。

不过，报道中随之提及"特集资多购水陆通用新机，赶速返国，以备效力疆场"云云，可知谭根归国将要带回的正是水上飞机及其驾驶技术。而报道末尾所云"先招人学习，编练成队"之语，则可以据此推知，如果谭根归国，即将有一支水上飞机组成的飞行战队。

1914年，谭根被孙中山先生委任为中华革命军飞机队队长，后又受龙济光（1868—1925）邀请，就任广东航空学校筹备处飞行部主任。1915年8月7日，谭根归国时，首选香港进行飞行表演，又邀请尚志女校教员洪美英女士乘机试飞，洪女士也因之成为第一位乘坐水上飞机的中国女性。

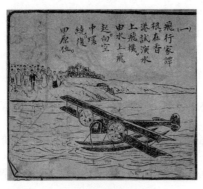

时事画：飞行家谭根在香港试演水上飞机，由水上飞起向空中环绕复回原位。原载于上海《少年》，1915年第五卷第九期。

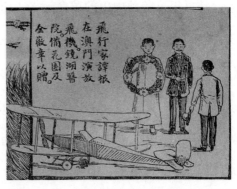

时事画：飞行家谭根在澳门演放飞机，镜湖医院备花圈及金徽章以赠。原载于上海《少年》，1915年第五卷第十期。

这些事迹，俱见载于数日之后的《时事新报》，迅即为国内读者及民众所周知。1915年9月、10月，上海《少年》杂志第五卷第九、十期，即以"时事画"的形式，对此予以形象生动的图文报道。而洪美英女士代表中国女性乘客"首乘"的事迹，也迅即于1915年10月，由《中华妇女界》杂志第一卷第十期以"洪美英女士乘飞机时摄影"的图文介绍方式，公开发布了出来。

洪美英女士乘飞机时摄影（机身中坐者为谭根，右侧悬腿而坐者即为洪氏），原载《中华妇女界》，1915年第一卷第十期。

关于洪美英女士是否为第一位乘坐水上飞机的中国女性乘客，至今尚有一些概念上的混淆与争议。有研究者表示，谭根妻妹此前不但搭乘过飞机，而且自己也学过飞行，应该算是第一位华人女飞行员。这一观点，源自1919年11月7日的美国《三藩市号角邮报》报道。在报道谭根奉中国政府之命，赴美检查订购的飞机这一新闻事件时，记者又捎带介绍称，著名飞行家谭根的妻妹佐治卢夫人（安娜·彼·卢）是"中国第一位女飞行员"。据此报道，当然可以推定，谭根妻妹应为第一位乘坐水上飞机的中国女性。

然而，上述这一观点，乃概念混淆。须知，女飞行员与女性乘客，是两个完全不同的概念，飞行员无论男女，自然都比普通乘客要先接触到飞机，他们虽然确实也是乘坐飞机者，但其主要行为乃驾驶飞机。对于飞行员而言，驾驶飞机自然包含乘坐飞机这一行为，但对于普通乘客而言，乘坐飞机才是其唯一行为。

所以，一般而言，关于中国女性"首乘"者的认定，实际上只是针对普通乘客而非飞行员而言的。因此，作为没有接受过飞行训练，仅为普通乘客的洪美英女士，不但是第一位乘坐水上飞机的中国女性，恐怕也应当是中国第一位乘坐飞机的女性乘客。

◎ 1916 年：陈独秀或为谭根作传

1915年12月，新文化与新文学运动的主导刊物《新青年》之前身《青年杂志》第一卷第四号，在"国内大事记"栏目中，大篇幅报道了谭根研制水上飞机成功且飞行高度创世界纪录的事迹。

1916年2月，《青年杂志》第一卷第六号，更以谭根肖像置于封面中央，并于同期刊发《大飞行家谭根》一文，大力宣传与表彰其为国争先的卓越功绩。七个月之后，1916年9月，《青年杂志》改名《新青年》，印行第二卷第一号，刊物封面也不再采用人物肖像。因此，这一期封面印有谭根肖像的《青年杂志》，乃是继卡内基、屠格涅夫、王尔德、托尔斯泰、富兰克林这些世界名人肖像登上该刊封面之后的"压轴之作"，也是唯一一位登上该刊封面的华人肖像。

《青年杂志》封面上的谭根肖像，1916年第一卷第六号。

联系到《青年杂志》创刊初期，完全是陈独秀以一己之力在上海开办，每期杂志中的固定栏目"国内大事记"的作者，虽然只署有"记者"二字，但此"记者"应当即是陈独秀本人。或者说，"国内大事记"虽未必是陈氏亲自采访而后写成的报导性质的文章，但至少应当是通过其本人采集各大报刊信息之后，重新甄选改编而成的，符合《青年杂志》旨趣的那么一组时事评述类的重要文章。如此一来，署名"记者"的《大飞行家谭根》一文，可以视作出自陈氏手笔的一篇文章。于此，亦可见当年"新青年"阵营以及新派学者，对谭根事迹的关切与重视。

陈独秀，任北大文科学长时存照。

　　在此，不妨略微研读一下《青年杂志》上刊发的《大飞行家谭根》一文，对于这篇陈独秀亲撰的谭氏传记，有初步的了解与认识，对进一步探研谭氏其人其事迹不无裨益。为披露与分享这一珍贵文献，亦为便于后文据此略加考述，笔者酌加整理①，转录原文如下：

大飞行家谭根

记者

试演水面飞机居世界第一高度之谭根君，原籍隶广东省开平县道祥乡，生

---

①　原文仅以句点断句，今施以通行标点符号。

长于世界最大共和国亚美利加California省之Sam Franoisco市。幼嗜机械之学，毕业高等学校后，贫不能得赀，复不愿求助戚友，遂傭工于某机器厂，秘究飞机之理，年余颇有所得。旋以California省高等学校校长某君之介绍，至军用飞机实验家某君处，任司机之职。谭君之实验飞行，自此始。嗣后，任士打飞机公司之机师。年二十有一，毕业于某飞机实习学校，时一九一〇年也。自是募集巨赀，制造飞机，实行飞演，成效卓著。亚美利加人多称之，侨民交相庆贺，引以为吾族之荣。是年，万国飞机制造大会，请各国飞行家携自制之飞机，赴会陈列。与会者，西洋有英法德美四国，而代表亚洲者，惟中华谭君一人而已，日本犹无与也。是役也，谭君携自制之水面飞行机赴赛，竟获首选。当时列强中，能发明水上飞机者，只英法德美数国，而谭君竟夺首席！欧美报纸，哄传殆遍，咸谓谭君非特中华飞行界第一人，且应执全世界飞行家之牛

《大飞行家谭根》次页，原载《青年杂志》，1916年第一卷第六号。

《大飞行家谭根》首页，原载《青年杂志》，1916年第一卷第六号。

耳。呜呼，荣矣！无何吾国革命军起，南京政府欲聘君返国，值君正发明一种特别军用飞机，未获藏事，辞之。一九一二年，留美华侨发起中华民国飞船公司，聘君主其事，造就飞行人材颇夥。California省飞行会，请君入会，美政府曾聘君乘坐各种飞机，施放炸弹，并教练军队施放炸弹之法，均著成效，遂任为California省飞机队后备军司令官。嗣又亲携飞机，以次试演于檀香山、日本、小吕宋等处。在檀香山时，察度形势，认该处为飞机军营重要地点，乃陈诸华盛顿政府，派军用飞机一队，驻扎该处，以固国防。美政府从之。在日本时，朝野均礼遇有加。君之在小吕宋也，试演水上飞机，直过米翁火山，称为世界第一高度。该地官民欢迎爱护备至，吾国侨民尤狂喜，若迎凯旋。君遂于小吕宋设飞船分公司一，学校一，制造飞机厂一。初拟由小吕宋飞至香港，适因欧战事起，英政府以戒严，故拒入其领地。美政府为严守中立计，特由海军部聘君布置港口险要，并驾驶飞机赴领海边界，侦察一切。时菲律宾苏路山生番倡乱，小吕宋总督请谭君携乘飞机炸弹，至该处施放，生番惊为神人，乱事遂息。美国邮政局，请君以飞机传递邮件，亦著成效。今君慨念祖国，国势阽危，飞行乏材，国防不固，特返广东飞演。且筹划航空学校，为国人倡。伟哉谭君，盛名盈海内外，年只二十有七之青年也。吾青年诸君其继起，毋以国防巨任，委诸肉食者而高枕也。（参看四号本杂志国内大事记）

◎《青年杂志》与《时事新报》上的两篇谭根传记

上述这篇千字文，主体内容与三个月之前，《时事新报》于1915年11月7、8两日连载的《飞行家谭根之历史》，大致相仿。这一前一后刊发的两篇文章，主题一致，皆为介绍谭氏其人其事迹，后者参考借鉴前者是无疑的，故

《飞行家谭根之历史》，此为国内最早见诸报端的谭根简传，中有谭根与冯如交往之记载，原载上海《时事新报》，1915 年 11 月 7 日。

《青年杂志》上只署以"记者"二字，表明确系采编而非创作。

另外，也应当意识到，一为较早刊发的报道介绍性质的文章，一为稍后刊发的杂志推介当期封面人物的文章，文字细节上也必然存在相当差异，这些差异本身，即可从中体味出《青年杂志》的旨趣与立场。

譬如，报载文章中原有谭根与冯如（1884—1912）的交往事迹，称谭氏"比闻冯如君欲习飞机学，结识之。然冯君不谙英文及物质学，君劝其研究学问，然后考究飞机，不听，君惜之，恐其终不能卫国"。这一记载，《青年杂志》中没有出现。

又如，报载文章中还有谭根向所谓"通灵家"学习的事迹，称谭氏"于夜间造通灵家太宁博士学习飞机原理，凡毛羽之伦，翔举之势，昕夕而考求之，学乃日益精进"。这一记载，《青年杂志》中同样没有出现。

不妨揣摩一下，作为二十世纪二十年代即被写入小学国语教材，中国第一位飞机设计师、制造师和飞行家，被誉为"中国航空之父"的冯如，在《时事新报》所刊谭根个人生平介绍中，却被描述成了一位不会英语，不懂物理或化学（即物质学），谭氏劝学还"不听"的无知青年。试想，这样的"无知青年"，如何当得起后来家喻户晓的"中国航空之父"之盛誉呢？

须知，早在1908年即开始试制飞机，至1910年10月至12月，冯如驾驶自制飞机在美国奥克兰进行飞行表演获得成功，并受到孙中山先生和旅美华侨的赞许，同时获得美国国际航空学会颁发的甲等飞行员证书。时至1912年8月5日，冯如在广州郊区表演飞行时，因飞机意外失控，不幸机毁人亡。同年11月16日，政府当局下令褒扬冯如始创中国飞行的贡献，将其事迹宣付国史馆，并拨款千元抚恤其家属。冯如后人及其飞机助手等遵照遗嘱，将其遗体葬于黄花岗。墓上建一座花岗石的方形碑塔，将冯如事迹及政府褒扬、抚恤令等，一并镌刻在了碑塔之上。

这些确凿无疑的历史事迹，都让《时事新报》上所描述的情形显得非常可疑，实在难以令人置信。再者，冯如下葬后不久，1912年12月9日，我国期刊史上首屈一指的大型综合性学术期刊，被誉为"杂志的杂志"之《东方杂志》第九卷第五号之上，也郑重刊发《中国飞行家冯如君行状》，向全国读者与民众介绍冯如的生平事迹。在这一重要历史文献中，冯如敏而好学、勤奋实干的早年行迹，令人印象深刻，读者无不为之动容，这与《时事新报》所述无知青年的形象，也大相径庭。

事实上，冯如研制与驾驶飞机时间都略早于谭根，只是当后者成功研制水上飞机并获得种种国际荣誉之际，前者因飞机失事而英年早逝，无法再投入到

《记飞行家谭根演放飞机事》，报道谭根在香港飞行表演及洪美英女士"首乘"事迹，原载上海《时事新报》，1915年8月15日。

水上飞机这一特殊机种的研发之中罢了。当《时事新报》长篇累牍，大肆宣扬谭根功绩之际，却以都市公共媒体惯用的宣传手法，通过刻意打压、矮化同行精英更为先驱的冯如，来达到进一步塑造、拔高谭根个人形象之目的。因而出现了这样一段实在是匪夷所思的，所谓"谭根劝学，冯如不听"的记述。

当然，对冯如生平事迹稍有了解的国内读者，尤其是案头有一本《东方杂志》的读者，对《时事新报》的记述不会盲从，更不会以此为"信史"看待。对谭根其人其事迹的推崇，并不能以歪曲甚至败坏冯如的社会声誉为代价。于此，也就不难理解《青年杂志》的"记者"，为何要在谭根传记中，将关涉冯如的部分内容完全删除了。

至于《时事新报》中将谭根向所谓"通灵家"学习的事迹，更是语涉玄幻，欲再为这位大众偶像增添几分神秘色彩。此事是否属实姑且不论，以昂扬科学民主精神为创办初衷的《青年杂志》，绝不会允许丝毫关涉"迷信"的内容付诸其上，自然是要将这一部分内容完全删除的。

最后，《时事新报》文末有言，寄语当代青年曰："谭君者，造诣既精，用心良苦，一般后起青年亟宜急起直追，无徒令谭君专美于前也。"

而《青年杂志》文末同样也寄语当代青年，却是这样表述的："伟哉谭君，盛名盈海内外，年只二十有七之青年也。吾青年诸君其继起，毋以国防巨任，委诸肉食者而高枕也。"

同为寄语青年，前者乃属空泛勉励之语，虽看似鞭策青年进步，但进步之后何去何从并无所指；后者则直接明确，号召青年进步自强，不要让军阀（肉食者）再掌控国家命运（国防巨任）。两者相较，同一篇谭根传记，材料大致相同，《时事新报》这样的都市公共媒体，以虚张声势博大众热情为能事；而《青年杂志》这样的思想文化类期刊，则以求真务实发青年深省为己任，二者旨趣与立场是截然不同的。

◎ 《青年杂志》上的谭根"前传"

值得注意的是，《青年杂志》所载《大飞行家谭根》一文文末，以括号附注的形式，提示读者"参看四号本杂志国内大事记"。诚如前述，早在《大飞行家谭根》一文刊发两个月之前，也即1915年12月，《青年杂志》第一卷第四号在"国内大事记"栏目中，已经大篇幅报道了谭根研制水上飞机成功且飞行高度创世界纪录的事迹。

此次报道，实为《大飞行家谭根》一文之先声，称其为"前传"，亦不为过。只不过，这些内容是附于一篇题为《航空事业前途之希望》的文章中，并不是一篇专门编撰的谭根传记。此文主旨，乃是警示国人航空事业之重要与迫切。文章开篇即语：

自欧战发生以来，空中激战，无异海陆。飞行机之功用，于是大著。而各国扩张飞行队之计画，亦日形繁剧。我国航空事来，自设学校与工厂于北京南苑，为发轫之始，但当时试办之目的，只在能修损坏之飞机。初未尝望能制造也。

谭根在美国洛杉矶飞行课上，摄于 1911 年。

在落后于列强的飞机制造与驾驶的国情之下，忽而出现一道曙光，乃是"我国近闻飞行家谭根，应龙将军之聘，在粤筹办航空学校"。继而开始详加介绍谭氏生平，其大体内容仍与《时事新报》基本一致。其中，删除了关涉冯如的内容，谭氏早年向"通灵家"学习的部分内容则尚保留。文末总结，仍有寄语青年之意，文曰：

谭君者，可谓吾国飞行界之先觉矣。记者对于我国航空事业之前途，抱无穷之希望，并深慕谭君之为人。拉杂叙其经历如此。洵足为我国青年之模范也。

通观全文，行文匆促与热烈之态是显而易见的，兴奋与激动之情溢于言表。如此及时迅速，可谓争先恐后地撰发出来的文章，在谭氏生平事迹上的甄别及行文上的考究，也就难免有些粗疏——主体内容基本完全照搬《时事新报》所刊内容。篇末这样的寄语，以谭氏为青年楷模，也是仅就航空事业而论，并没有借题发挥去寄望青年扫除军阀。

当然，无论"正传"还是"前传"，为谭根作传，乃《青年杂志》为华人飞行家首次作传，两次接连撰发刊布，足见其郑重其事与深为感佩之意。而谭根作为水上飞机创制与驾驶的首位华人，也势必因这样一本影响深远的杂志，为后世读者所铭记。

陈独秀：上海滩两逢黄金荣
——以沪上旧报及相关文献为线索

◎ 小引：初次被捕因五四

众所周知，陈独秀于1919年6月间在北京被捕，根本原因在于五四运动。此时的陈独秀，曾为北大文科学长，更是《新青年》创办者与主编，新文化运动的导师与领袖，这样一位令社会各界瞩目的焦点人物，自然为当时深受社会舆论抨击而濒临政治破产的北洋政府所忌惮与敌视。其一举一动，皆深为当局所不满与不安，必欲伺机陷害，必欲除之而后快。

毋庸多言，陈独秀因其鼓吹新文化、推崇新思想的学界声望，更因其刚正不阿、光明磊落的品格，深受那个时代青年及新派知识分子的敬仰与爱戴，此次被捕入狱之后，社会各界积极参与营救，声势一波强过一波，这些社会力量迅即形成"合围"之力，对已然丧失民心、虚张声势的北洋政府当局，施加了强大的社会舆论压力，使之一时难以强硬镇压与公然迫害。终于在陈氏被捕入狱近百日之后，北洋政府不得不以安徽同乡会提出的"陈在狱中患有胃病"为由，悄然于同年9月16日，将陈氏开释。

因陈独秀入狱，被迫中断编辑印行半年之久的《新青年》杂志，终于在其出狱一个多月之后，于同年11月1日印行了第六卷第六号。这期杂志，几乎成了"欢迎陈独秀出狱专号"，李大钊、胡适、刘半农等纷纷撰写诗文，纪念这一事件；反封建"老英雄"吴虞所撰最为惊世骇俗的名篇《吃人与礼教》，也刊发其上。

◎ 1921—1922年：在上海两次被捕

应当说，五四运动之后不久发生的陈独秀被捕入狱事件，在中国近现代历史上，乃是有着独特意义的标志性历史事件。

当时，已成为各种新思潮的试验场之中国，传统与旧的社会架构、思想

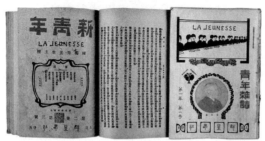

陈独秀主编的《新青年》杂志，1915年9月15日，《青年杂志》
第一卷第一号正式出版发行；1922年7月出至第九卷第六号终刊。

（三观）乃至政治、文化各个层面，均受到普遍的质疑和冲击。在这样的历史背景之下，以陈独秀为代表的新派知识分子及其追随者，高擎"德先生"（民主）与"赛先生"（科学）两面大旗，大张旗鼓、粉墨登场之际，势必遭到社会保守势力的忌惮与反击，两股势力的对抗与纷争在所难免。在这样的历史情势之下，陈独秀等在大受"新青年"及社会各界"先锋"追捧推崇的同时，遭到来自以北洋政府当局为统领的社会保守势力之合力"夹攻"与"围剿"，也是势所必然，无可避免。

陈独秀被捕入狱，正是这两股势力纠缠纷争的一个阶段性结果。诚然，因为南北各地进步人士及社会团体的通力营救，迫于社会舆论之沉重压力，北洋政府当局最终还是不得不开释陈氏。然而，当局对新思想与新文化的敌视与打击，却并未因之有所缓和，反而变本加厉，加快加强了相关举措。就在1919年8月及次年5月，《每周评论》《新社会》（郑振铎等所办）等刊物先后被查禁。至1922年冬，当局还进一步通过了"取缔新思想"的议案，矛头仍然直接指向以陈独秀为代表的新派知识分子群体。

正是在此期间，1921与1922年间，已经被迫将《新青年》编辑部转移至上海，且据传已化名"王旦（坦）甫"（详见后文），隐姓埋名、行事低调的陈独秀，竟又遭到了两次逮捕。先是被法租界捕房探员从其住所逮捕，并抄没文稿书籍若干，几经周折之后以判处罚金结案；及至再次被捕，连带住所中存有的所有文稿书籍、印刷品乃至用于印刷的"纸版"，皆被抄没并当众焚毁，以示警诫，仍以判处罚金结案。

这两次被捕，也是因为友朋积极营救，更兼确实未有可予定罪的法律依据，陈氏并未遭到长时间关押，旋即开释。不过，在这样的频繁打压与强力封杀之下，《新青年》的编辑发行工作屡被破坏，终受重创，原本每月印行一期的刊物，在1922年全年仅于7月勉强出版一期（第九卷第六号）之后，即不得不宣告停刊。

◎ 黄金荣秘捕陈独秀，褚辅成意外露身份

仅据笔者所见百年之前的旧报报道，可知时为1921年10月4日，刚刚从广州返回上海的陈独秀，即遭法租界密探逮捕。两天之后（10月6日），这一消息见诸《民国日报》报道，报道原文如下：

陈独秀被捕与初审

联合通信社云，《新青年》杂志主撰，前任北京大学文科学长之陈独秀君，昨年以来，任广东省教育行政委员长。迩因身患胃病，请假来沪就医。星期二日（四日）午后二时许，法捕房特派探捕多人，赴环龙路渔阳里二号陈君住宅搜检，将积存之《新青年》杂志，并印刷品多种，一并携去。同时将陈君及其夫人，暨拜访陈君之友人五人，一并带入捕房，研询一过。除陈君夫妇外，外来之褚邵诸人，当即交保出外候讯。昨晨九时，捕房将陈君夫妇，并传齐案内诸人，解送公堂请究。被告陈君，延请巴和律师到堂辩护；奉判陈独秀准交五百两，人洋铺保，候展期两礼拜再讯。其余诸人，均交原保云。

上述两百余字的报道，简明扼要，篇幅不大，刊登的版面位置也不十分显著，予人以常规案件报道而非涉政大案要闻的观感。然而，据当天同时被捕的，已于1921年7月受陈独秀委派出席了中共第一次全国代表大会的包惠僧（1894—

◎陳獨秀被捕與初審

聯合通信社云。新青年雜誌主撰。前任北京大學文科學長之陳獨秀君。昨年以來。任廣東省教育行政委員長。邇因身患胃病。請假來滬就醫。星期二日(四日)午後二時許。法捕房特派探捕多人。赴環龍路漁陽里二號陳君住宅搜檢。將積存之新青年雜誌。並印刷品多種。一併携去。同時將陳君及其夫人。暨拜訪陳君之友人五人。一併帶入捕房。研訊一過。除陳君夫婦外。外來之褚邵諸人。當即交保出外候訊。昨晨九時。捕房將陳君夫婦。並傳齊案內諸人。解送公堂請究。被告陳君。延請巴和律師到堂辯護。本判陳獨秀准交五百兩。人洋鋪保。候展期兩禮拜再訊。其餘諸人。均交原保云。

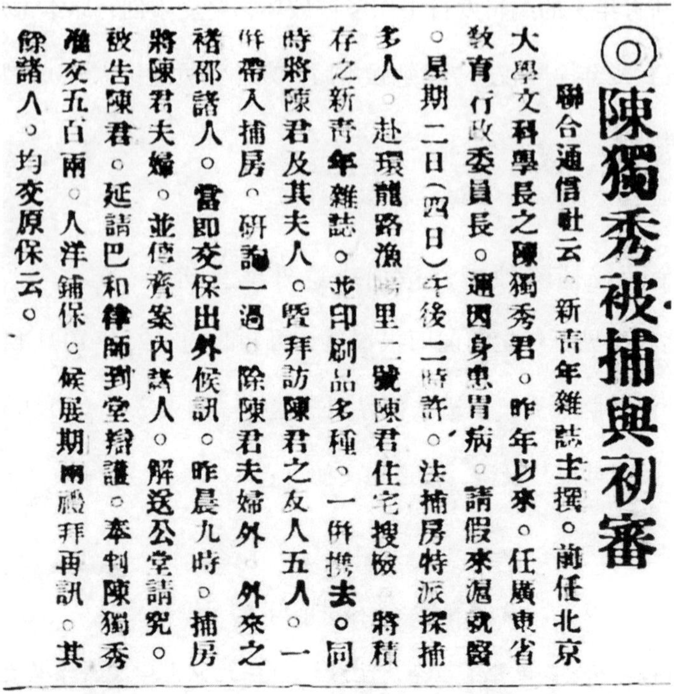

《陈独秀被捕与初审》，原载于上海《民国日报》，1921 年 10 月 6 日。

1979）后来忆述，当时的情形十分艰险——本来从广州潜归上海秘密工作的陈独秀，在没有暴露真实身份的情况下，仍被密探逮捕；拘留期间，却因另一被捕友人无意间的一句对话，暴露了真实身份而被收监关押。包氏忆述如下：

回到上海后，有一天我和周佛海、杨明斋到陈独秀家里，柯庆施（团员）也去了。陈独秀正在楼上睡午觉。高君曼让我们陪她打牌。我们刚打了两圈，可能是下午两三点的样子，有人拍前门。当时上海一般习惯是出入后门。我去开门，进来两三个白相人，说要见陈独秀（因报纸上刊登过陈回到上海的消息）。我说他不在家，高君曼也说陈先生不在家。那几个人又说要买《新青年》，我说这里不卖，大自鸣钟下有卖的。这时，周佛海就走了。那几个人边说着话边跨进门里来，指着堆在地上的《新青年》说，这儿不是有吗？（《新青年》在上海印，印量很大，陈独秀家里四处都堆放满了）这时陈独秀穿着拖鞋下楼来了，见这情形想从后门出去，到门口一看有人把守，就又回到前庭。我们和那几个人谈话中显得有点紧张，但谁都没有说出陈独秀来。不一会儿来了两部汽车，我们五个人（我、杨明斋、柯庆施、高君曼和陈独秀）被捕了。到巡捕房已经四点多钟了。巡捕房问了我们的姓名、职业、与陈独秀的关系等，陈独秀报名王坦甫，我报名杨一如，其他人也报了假名字，接着打了指纹，这时已经五点多钟了。不久，褚辅成、邵力子也先后被捕。褚辅成一见陈独秀就拉着他的手说："仲甫，怎么回事，一到你家就把我弄到这儿来了。"这一下陈独秀就暴露了。褚辅成和邵力子在弄清身份后就释放了。我们被送进了牢房。……陈独秀是个有影响的人物，被捕后上海闹得满城风雨。第三天，褚辅成、张继等就将他保释出去了。……人放出来，但要随传随到。二十多天以

法租界入口存照，原载《新亚》杂志，1943 年第九卷第一期。

后又会审，说陈独秀宣传"赤化"，最后定案是《新青年》有过激言论。经过马林的种种活动，结果罚款五千元了事。①

　　通过上述近七百字的忆述可知，陈独秀被捕当天的情形，俨然如一部险象环生的谍战剧，并不像报刊报道上那样轻描淡写，一笔带过。当时的逮捕现场，在密探持续讯问、监视两三个小时的情形之下，即便已然被带至巡捕房内，陈独秀等人始终没有暴露真实身份，始终以化名身份与之周旋。孰料，因后来被拘捕至此的褚辅成②无意间的一句对话，偶然道破"玄机"，方才暴露了真实身份。当然，包惠僧的忆述中，恐怕也有不十分确切之处，譬如罚款具体金额等细节，后文还将述及。

　　且说既然陈独秀身份已然暴露，那么，同时被捕，但又即刻被保释的邵力子（1882—1967），当时乃上海共产主义小组成员，亦为《民国日报》副刊《觉悟》主编，对此事自然不会坐视不管。事实上，报社方面对陈氏被捕一事自然更为关注，跟踪报道也是层出不穷，其中所透露的历史信息，亦复不少。正是循着这一思路，笔者在《民国日报》上陆续搜寻到相当数量的相关报道，基本可以将陈氏此次被捕至最终判决的二十余日历程，较为完整地展现出来。

　　其中，1921年10月20日的首次开庭公审报道，备受公众瞩目，《民国日报》《时事新报》各自的"本埠新闻"栏目头条，皆有此事之报道。在此，谨以前者报道原文，转录如下：

_____

① 上述内容均摘自《包惠僧回忆录》，人民出版社，1983年。
② 褚辅成（1873—1948），字慧僧，一作惠生，时任北京众议院副议长，上海法学院院长，后来的九三学社发起人。

陈独秀案七日后宣判

巴和律师之辨①（辩）护……陈君辨（辩）正"仇父公妻"之谣言……余人均已省释

本月四日下午二时，法捕房中西探至环龙路渔阳里二号陈独秀家中搜查。查得《新青年》《劳动界》《共产党》各杂志。当将陈君夫妇及先后访陈之邵仲辉、牟有德、杨一生、胡树人、褚慧僧等一并带回捕房。五日解讯，陈延巴和律师辨（辩）护，奉判陈交五百两，人银并保，余人各交寻常保出外，展期两礼拜再讯在案。昨晨届期，堂上优礼陈君，命其坐而听审。

先由巴和律师代辨（辩）。此次捕房控陈二端，一，违背公堂本年二月间禁售《新青年》之堂判；二，违犯新刑律二百二十一条之罪。然此二端皆无确实证据。查《新青年》自奉谕禁以后，即移至广州出版，并未在法租界出售。此次捕房虽在陈家查出，然并无证据指明其有售卖行为。至以前定阅未满期之户，陈为顾全信用计，备其来取，当然与售卖不同。至《劳动界》亦系

《陈独秀案七日后宣判》，原载于上海《民国日报》，1921 年 10 月 20 日。

---

① 报道中"辩护"一词大部分印作"辨护"，"辨"字误，应为"辩"，录文用括号加以纠正标示。

以前出版。自奉公堂谕禁，即已停止。《共产党》乃以前二房客留下，现已迁去，非陈所有，有包封纸可证。中国约法，规定人民有思想自由、言论自由、出版自由等项，实足为陈辨（辩）护。虽此种自由亦受法律限制，然如刑律第二百二十一条，亦必"公然煽惑他人"，方能构成罪名。今捕房不能指出陈有煽惑他人犯罪之证据，故所控二端皆不能成立。查阅陈氏署名各著作，知其赞成工人集会，询之陈氏亦自承认。惟此种主张，无非怜悯工人困苦，望其自结团体，取得政治上权利，俾可改善地位，其性质极为和平。现社会不良，人所共认，工人果能合群，亦与改良社会有益，且陈为大学教授，研究哲理，罗致各种书籍，尤不足怪。本案所控各节既无证据，应求准予注销，并将被告及牵涉各人，一并开释。

堂上问陈君，报纸载尔在广东曾倡言"仇父公妻"，尔是否有此主张？并以报示陈。陈答：此为绝对造谣，我并未有此主张，曾作文辨正，登载《民国日报》。惟此等谣传，稍有常识者必不之信。故我以后亦即置之不理。堂上今可电询广东官厅及省教育会。堂上谓尔无此主张，甚好。旋又询陈住渔阳里已有几年，《新青年》现在何处出版？陈答：住渔阳里已两年余，去冬赴粤，家眷仍住原处。曾将余屋转租与人。《新青年》现在粤出版。捕房呈上图书（章）两颗，证明编辑部设渔阳里。陈谓：此系从前之物。法领事德君云，中法同属民国，我为法人，亦爱自由。唯共产主义在理论上甚好，而实行常不符合。现在俄人异常困苦，须英法美各国加以救济，尔宜知道，即宣布辩论终结。陈仍交原保，候七天后宣布堂谕。

其余五人，均判无关系省释。惟前在捕房时，捕房竟有令各人盖印指模、摄存照片等举动，故由褚君起而请求撤销。法领事谕谓本公堂本要令其撤销云。

报道中提及，法租界密探将"陈君夫妇及先后访陈之邵仲辉、牟有德、杨一生、胡树人、褚慧僧等一并带回捕房"，这里的"邵仲辉"，自然即是邵力子（原名闻泰，字仲辉，笔名力子）；那么，后边的牟、杨、胡、褚诸人，究竟系指何人呢？

据包惠僧忆述，可知"牟有德"实为杨明斋化名，"杨一生"实为包氏化名，"胡树人"实为柯庆施化名；而"褚慧僧"即是褚辅成。此外，同日（10月20日）由《时事新报》刊发的庭审报道，题为《陈君独秀案开审旁听记》，对被捕者"化名"亦有所报道，但又与《民国日报》所报道者略有不同。这一报道开篇这样写道：

法捕房探目黄金荣等，前在法租界环龙路渔阳里二号门牌陈独秀家，抄出

《陈君独秀案开审旁听记》，提及黄金荣为首的法租界捕房抓捕行动，原载于上海《时事新报》，1921年10月20日。

社会主义、共产主义等书籍多种，认为有过激行为，将陈及妻林氏，并牵涉人褚辅成、牟有德、杨一生等传解法公堂，判交保候讯。

　　这一报道中，除了没有提到"褚慧僧"与"胡树人"的化名之外，陈妻高君曼的化名"林氏"也出现了。不过，这一报道所透露的历史信息中，更为重要的是确切指出了逮捕陈氏诸人者，乃"法捕房探目黄金荣等"。

　　这里提及的黄金荣，就是那个曾与杜月笙、张啸林并称"上海三大亨"的黄金荣（1868—1953）。据考，黄氏出身寒微，以学徒身份混迹洋场，后入青帮做起了上海南市与法租界交界处的流氓小头目，自被法租界当局招入巡捕房当差之后，由华人探员做起，直至升任督察长，遂一跃而为颇具地方势力之代表人物。

黄金荣（中）与杜月笙（右）、张啸林（左），"上海三大亨"合影，原载《天津商报画刊》，1935年6月15日。

关于黄金荣的法租界探员生涯，据1951年5月20日《文汇报》《新闻报》所刊"黄金荣自白书"可知：

立坦白悔过书人黄金荣，小时候，在私塾读书，十七岁到城隍庙姊夫开的裱画店里学生意，二十岁满师，五年后考进前法租界巡捕房做"包打听"，被派到大自鸣钟巡捕房做事，那年我二十六岁，后升探长，到五十岁时升督察长，六十岁退休。

黄氏自述中提到的初入捕房做所谓"包打听"，即是当年上海人对便衣侦探（探员）的俗称，沪上报刊又称之为"包探员"；而探长一职，亦被称作"探目"，一如前述《时事新报》报道中所谓"法捕房探目黄金荣等"云云。如其自述可信，那么，黄氏自1894年开始，即已成为法租界的华人探员了；工作近三十年之后，或于1921年前后，升任探长。也正是在这一年，黄氏竟亲办了秘捕陈独秀这样一桩"大案"。

据考，陈独秀此次被捕次年，也即1922年，黄金荣从探长升任督察员（同年8月再次参与逮捕陈氏行动，后文将述及），之后更升任督察长，达到了租界华人探员职衔所能抵达的顶级。至于因何迅速晋升，竟能连跳两级，历来众说纷纭，可至今尚未见研究者提及黄氏曾主办的此次陈独秀被捕案（以及后来再次参与的捕陈行动）。

笔者以为，"黄金荣两捕陈独秀"这一历史事件，理应有更为深入与充分的探研，相关史料档案的开放、发掘、整理、辨析、研究还亟待进一步开展。

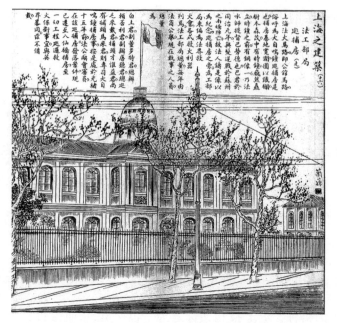

法工部局巡捕房旧影，原载《图画日报》，1909 年第 16 期。

◎ 《新青年》出版地由沪迁粤之辩，一则"特别启事"或致陈
独秀被捕

值得一提的是，庭审中陈氏的辩护律师巴和，对陈氏住所中搜查出大量
《新青年》杂志，有这样的解释与开脱之辞，为之辩解如下：

查《新青年》自奉谕禁以后，即移至广州出版，并未在法租界出售。此次
捕房虽在陈家查出，然并无证据指明其有售卖行为。至以前定阅未满期之户，
陈为顾全信用计，备其来取，当然与售卖不同。

事实证明，这样的辩解之辞，当时确为法庭所采信，否则绝无可能仅仅罚

金一百元结案了事。应当说，辩护律师的措辞确切得当，为陈氏最终脱险开释提供了强力保障。

那么，1921年间的《新青年》出版地，是否真的是由上海转移至广州了呢？答案是肯定的。诚如巴和律师当庭所言，有"公堂本年二月间禁售《新青年》之堂判"云云，此官方禁令一经颁布，《新青年》杂志的印行活动即刻就有了重大调整。

据查，当1921年1月《新青年》第八卷第五号印行之后，次月上海当局即明令禁止印行发售，本是月刊性质的《新青年》原应于同年2月即印行新刊，却不得不因之暂停。三个月之后，即同年4月，方才转移至广州，始印行第八卷第六号。此期刊物封面下端，原来标示为"上海新青年社印行"的字样，已明确更改为"广州新青年社印行"；且还于刊物末页，印发一则"特别启事"，这应当也是陈独秀亲自拟定的，原文如下：

本社特别启事

本社以特种原因，已迁移广州城内惠爱中约昌兴马路第二十六号三楼，一切信件，均请寄至此处；所有书报往来办法，仍与在上海时无异，特此奉闻。

同年5月1日，《新青年》第九卷第一号仍在广州印行。这期刊物之末的"编辑室杂记"栏目中，陈独秀专门撰文声明，向读者正式通告了第八卷第六号杂志延期三个月的实情，原文如下：

本志八卷六号排印将完的时候，所有稿件尽被辣手抓去，而且不准在上海印刷；本社既须找寻原稿重编一道，又须将印刷地点改在广东，所以出版便不能如期了。劳爱读诸君，屡次来信询问原由，本社非常抱歉——这也许是中国应该替我们抱歉！

直至1921年9月，即陈独秀返归并被捕于上海的前一个月，已编至第九卷第五号的《新青年》杂志，其出版发行工作仍是在广州开展的，确实没有违反上海当局的所谓禁令。

不过，此次陈氏被捕时在法租界的住所，仍是当年《新青年》尚在上海办刊时的编辑部所在处，这就难免令捕房探员认定，陈氏此次突然返沪，必有重操旧业之意，定有东山再起之时。应当说，这样的预判，并非纯属捕风捉影；毕竟自1919年10月新青年社自北京重返沪上以来，其社会影响力之巨，早令当局忌惮不已，对之频加干涉、阻挠直至明令禁印与禁售，必欲除之而后快。

实际上，早在上海租界当局禁令正式颁布约半年之前，1920年5月至8月间，《新青年》杂志的出版发行工作，就已然受到来自上海租界当局的干扰与破坏，一度陷入困局。自5月1日"劳动节专号"印行之后，6、7、8月间均无新刊印行，为向已等待三个月之久的读者有所表示，不致产生杂志停刊的误会，陈独秀还曾亲拟启事一则，广而告之，以正视听。时为1920年8月9日，《新青年社启事》就刊于《时事新报》头版，全文如下（原文本无标点，笔者酌加整理标点）：

本报（刊）八卷一号，准于九月一日出版。出版编辑部同人照旧，编辑事务仍由独秀担任。以后关于投稿及交换告白报章等事与"上海法界环龙路渔阳里新青年社编辑部"接洽，关于发行事件（务），请与"上海法大马路大自鸣钟对面新青年社总发行所"接洽。报价邮费一切照旧，惟特别号不另加价的权利，以直接向本社总发行所定阅者为限。特此预先声明，以免误会，此白。

上述这一则寥寥数语的公开启事，于8月9、10、11日，三次刊发于《时事新报》之上；刊期虽不算长，但皆刊于该报头版及二版之上，还是比较醒目，便于读者周知的。启事虽未明确提及三个月无新刊印行的缘由，可当年明了新青年社重返沪上之艰险情势的读者，应当对此心知肚明，也是心照不宣的罢。

最后，特别值得注意的是，为了便于上海订阅者能够及时、安全地拿到《新青年》每期新刊，又能有效规避当局禁令所带来的"违法"风险，陈氏自粤返沪之后不久，即采取变通之法，将广州印制的大量刊物寄存于自己的住所中，并分别按期封存起来，以便订阅者来此自取。

陈氏以为，此举自然不属公开发售之举，并无"违法"之嫌，当可广而告之，以便订阅者周知。为此，还特意在《民国日报》的"觉悟"副刊上，刊发了一则《新青年社特别启事》，原文如下（原文本无标点，笔者酌加整理标点）：

本杂志自移粤印行以来，上海定阅自取之报因无地址可寄，均按期封存法界环龙路渔阳里二号，望即持定据向该处索取可也。

这一则"特别启事"的首次刊发时间为1921年10月3日（4、5日连载），恰为陈独秀被捕前一天。或可据此推测，正是这则"特别启事"，暴露了陈氏返沪之后新青年社活动近况，也由之进一步暴露了陈氏返沪行踪所在，法租界捕房完全可以据此实施监视乃至逮捕行动。

前述《包惠僧回忆录》中已然提到，"进来两三个'白相人'，说要见陈独秀（因报纸上刊登过陈回到上海的消息）"；在包氏与高君曼俱称陈氏不在家之后，"那几个人又说要买《新青年》"，之后"那几个人边说着话边跨进门里来"，"指着堆在地上的《新青年》说，这儿不是有吗？"

从包氏忆述的这些现场情形来看，当时以华人探长黄金荣为首的法租界巡捕房探员组，极可能正是看到了登报的这一则"特别启事"，方才决定来此加以试探并实施抓捕计划的。

在此，还有必要加以提示的是，这一则"特别启事"，以及前述刊发于《时事新报》的那一则启事，以及另外两则《新青年》内附印的启事，皆为《陈独秀文集》①失收之"集外文"。若非格外关注《新青年》社由沪迁粤这段史事，又对旧报刊屡有翻检、有所留意的读

---

① 《陈独秀文集》，人民出版社，2013年。

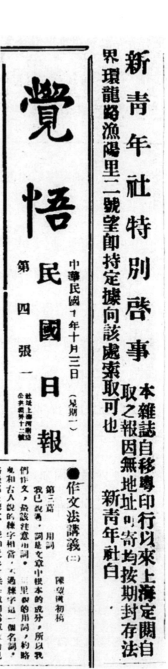

《新青年社特别启事》，或因此启事暴露了陈独秀由沪返粤行踪，以至次日即被捕，原载于上海《时事新报》，1921年10月3日。

者与研究者，对此恐稍有觉察，亦知之甚少罢。

◎ 黄金荣升任督察员参与再次逮捕陈独秀行动

时至1921年10月26日，陈独秀案最终宣判。《民国日报》《时事新报》等均于次日刊发了此案宣判简讯。报道原文如下：

陈独秀案昨日宣判
罚洋一百元

法捕房控《新青年》杂志主任陈独秀一案，昨日十二时半法公堂宣判，陈偕巴和律师到堂候示，由法副领事宣读法文堂谕，约十分钟始毕。大意以搜获书籍虽多，尚无激烈言论，惟查出《新青年》，有违前次堂谕，中西官会判罚一百元了案。

应当说，判罚一百元（而非包惠僧忆述的五千元）的宣判结果，可谓有惊无险，算是顺利脱险了。孰料不到一年之后，1922年8月9日，陈独秀再次被捕的消息又从上海滩传来。仍以《民国日报》《时事新报》次日刊发的简讯为底本，转录报道原文如下：

《陈君独秀案昨日宣判》，原载于上海《时事新报》，1921年10月27日。

陈独秀被捕

陈独秀氏寓居法租界环龙路铭德里二号，昨（九日）被法总巡捕房特别机关西探目长西戴纳，会同督察员黄金荣，华探目程子卿、李友生，包探曹义卿等捕获，带入芦家湾总巡捕房，候请公堂讯核。

令人颇感意外的是，陈氏再次被捕，并没有如上次被捕那样，一波三折——此次被捕，陈氏没有被羁押太长时间，仅仅九日之后（8月18日），即行宣判，判罚四百元结案。除了罚金比上次被捕所判数额更高之外，别无其他。

《陈独秀被捕》，提及黄金荣为首的法租界捕房抓捕行动，原载于上海《时事新报》，1922年8月9日。

8月31日，法租界捕房抄没的陈氏藏书，在逐一清点核查之后，当众悉数焚毁。这一公开焚书事件，也是当天一条不大不小的新闻，次日即见诸《时事新报》报端。且看报道原文如下：

陈独秀书籍已焚毁

新学家陈独秀被法捕房拘捕后，并抄得宣传过激书籍两箱，解请法公堂讯究，奉判罚洋四百元，其余书籍暂存捕房候核。兹悉西探去戴萨克昨奉公堂命令，饬探将此项书籍逐一点记，当众在法总捕房焚毁完案。

应当说，除了罚金较重与焚书损失之外，陈独秀在上海法租界的第二次被捕，因各方营救得力，律师辩护得当，并没有遭受太多牢狱之苦。只不过，《新青年》杂志在上海的发行与传播却因此遭受重创，一如前述在1922年全年仅于7月勉强出版一期（第九卷第六号）之后，即不得不宣告停刊。

虽然次年6月，《新青年》季刊在瞿秋白等人的鼎力襄助之下，仍不屈不挠，冲破重重阻力，在广州再度创刊（仅维持四期即告停刊），但毕竟与先前每月一期的、实为新文化运动理论根据地之《新青年》杂志，无法相提并论了。因为两本刊物虽然同名，但无论是从传播广度与力度，还是就其持续的社会影响力而言，皆不可同日而语了。

如今，在上海市档案馆中，还收藏着一张陈独秀的刑事记录卡，并附有一张被捕时的照片。这份旧档也在佐证，陈氏确于1921年10月、1922年8月两次被上海法租界当局拘捕，理由都是宣传"过激主义"。这份弥足珍贵的旧档，与本文所搜采、征引的沪上旧报报道，有着相互印证的关系。

笔者以为，在这些尘封已久，黯然搁置百年的点滴史料中，诸如"黄金荣

《陈独秀书籍已焚毁》，为法租界捕房当众焚毁已抄没的陈独秀书籍之报道，原载于上海《时事新报》，1922年9月1日。

黄金荣，1935年存照，时获南京国民政
府三等采玉勋章。

1921年10月，陈独秀在法租界被捕时存档
旧照。

两捕陈独秀"这样的惊世大案，还有待于更多有志于探寻近现代思想史、政治史的研究者，加以更为深入细致的发掘与考察，以期更为充分地还原与解析这一特殊历史事件的诸多细节。

胡适：清华校长，干不了
——以《华北日报》等相关报道为线索

◎ 1910—1947：胡适与清华的因缘际会

稍微了解中国近现代史的读者，大多知道清华原是清政府设立的留美预备学校，其建校的资金源于1908年美国退还的部分庚子赔款。

时至1909年，清政府在北京设立游美学务处，负责直接选派学生游美，同时着手筹设游美肄业馆。次年11月，游美学务处向外务部、学部提出了改革游美肄业馆办法。其中提到，因已确定

国立清華大學年刊

胡適敬題

胡适 1931 年存照及《清华一九三三年刊》题签

清华园为校址，故呈请将游美肄业馆改称为清华学堂。

1911年4月29日，作为留美预备学校的清华学堂在清华园开学。后来，清华校庆日即定为公历每年4月的最后一个星期日，每年的具体日期都随当年年历有所变化，并不固定。

清华大学旧影

话说游美学务处成立之初，共有六百名学生报考，最终录取四十余人，这第一批考生之中，考取庚子赔款而留美深造者，便有后来成为著名教育家、清华大学校长的梅贻琦（1889—1962）。而后来同样成为著名学者、教育家，更成为新文学、新文化运动代表人物，北京大学校长的胡适（1891—1962），则是1910年第二批考取庚子赔款而留美的中国学生。

梅、胡二人，皆为清华的资深校友。在清华校友群体中，梅、胡二人，更是业绩斐然、成就显赫的"双子星"。在教育理念与学术思想方面，在后来的几十年间，可以说在二十世纪上半叶，梅、胡二人通过他们个人的身体力行与言教身教，通过他们曾经任教与执掌的清华、北大两所世纪名校，影响了一代又一代中国青年学子。

胡适向以清华资深校友自诩，在清华尚未开办大学之前，就曾到校讲演与接受校刊记者专访，为留美学生拟具国学必读书单，对清华校内活动颇为热心。及至清华筹划开办大学部之际，胡适也有不少建言；且还为清华国学研究院引荐后来成为四大国学导师之一的著名学者王国维，在清华早期的学术、学科建设方面，皆有所贡献。可以说，胡适以庚款留学成就了自己，也将这份成就反馈给了清华，在相互成就中不断推进、升华彼此的成就。

时至1931年4月，清华建校二十周年之际，胡适为纪念刊题词曰：

如今我们回来了，你们请看，要换个样子了！

当英国"牛津运动"初起时，纽曼取荷马此句题他和几个同志的诗集，我现在也用这句话来祝清华二十周年纪念。

同年10月，梅贻琦果然"回来了"，接替当时因徇私违规而激起校内师生强烈不满的、任期仅两个月的前任校长吴南轩，临危受命出任清华校长，整顿清华校务。在此之后，胡适与清华的联系更为紧密，对梅氏治校之下的清华，更寄予厚望。当时的清华，确实是"要换个样子了"！

胡、梅二人同为庚款留学生，学成归来后又皆投身于国内高等教育领域，教育理念层面上颇有默契，可谓志同道合，私人交往也较密切，于公于私都可称同志挚友。梅氏掌校期间，多次邀请胡适参与校内活动，出席学术会议，举办学术讲座与即兴讲演等等。

值得一提的是，全面抗战爆发之前的1937年4月至抗战胜利复校之后的

如今我們回來了，你們
請看，要換个樣子了！

當英國"牛津運動"初起"時，紐曼
取荷馬此句題他和几个同志的詩集，
我現在也用這句話來祝

清華二十周年紀念

胡適

1931年4月，清华建校二十周年之际，胡适为纪念刊题词。

1947年4月，这十年间，梅氏掌校期间的清华，曾举办过两次隆重的建校纪念会。这两次盛会，均以资深校友名义邀请了胡适出席，胡适也均到场致辞并讲演，并与校长及嘉宾合影留念，当年均有报道记载存世。

然而，也正是梅氏继任清华校长前后及其正式掌校期间，曾有数次传闻说，胡适将出任清华校长，胡适本人虽在公开场合或直接或间接地对此予以了否认，可坊间传闻依然并未彻底断绝。如果将这一"传闻"视作某种"呼声"的话，那么或许也可以说，当年清华校内支持与接受胡适出任校长的"民意"，还是达到了相当程度的。否则，不会一直"空穴来风"，更不会"树欲静而风不止"。

◎ 1934—1947："干不了，谢谢"的电报掌故

关于清华有意请胡适掌校，而胡适本人拒绝出任的传闻，后来还演绎成了一个胡适推崇白话文的掌故。

据说，时为1934年秋，一直推崇白话文，并于1928年就写成《白话文学史》的胡适，在北大授课时曾遭遇学生对白话文的质疑。有学生以发电报为例，认为白话文语言不精练，打电报用字多，花钱多，这个例子就可以说明白话文不如文言文实用。胡适则以本人早年拒绝受聘清华校长一事为例，请在座

学生用文言文代拟拒聘电报，而他自己则以白话文来拟写电报，看看究竟哪种文体用的字数多。最后，从所有学生代拟的电报中挑选出来一份用字最少的文言电稿，电文"才学疏浅，恐难胜任，不堪从命"，计十二个字。而胡适所拟的电报"干不了，谢谢"，却只用了五个字。显然，胡适推崇白话文，在拍电报这个环节上，给在座学生算是上了极其生动的一课。

国立清华大学

胡适所题"国立清华大学"，辑自胡适为《清华一九三三年刊》题签。

直至胡适晚年，寓居台湾时，还跟秘书胡颂平提及"干不了，谢谢"这个掌故，对自己这一应用白话文的典型案例，颇有自得之意。这一事迹，后来被编入《胡适之先生晚年谈话录》①一书。一般而言，后世读者知悉胡适早年这个拍白话文电报拒聘的掌故，阅读此书应当是较早的途径。

不过，因为此书初版在台湾，印行数量与早期传播范围有限，这一掌故的周知度，恐怕并没有想象的那么高。时至1996年6月，这一掌故被编入用于外国留学生普通话测试的汉语教材，可能因此得到了一次持续广泛的传播机遇。原来，由北京语言学院出版社印行的《实用汉语中级教程》，将这一掌故改编为作为普通话朗读测试篇目之一，题为《胡适的白话文电报》，视作中国现代汉语应用方面的一个重要例证。这套教材从初版以来，不断重印新版，至今仍在使用，其传播力度与广度，可想而知。

---

① 《胡适之先生晚年谈话录》，台北联经出版事业公司，1984年。

不过，也应当注意到，后世据此书记载而来的种种类似情节之"改编"，无论是通俗读物，还是影视剧，所吸引读者与观众者的，往往都只是"干不了，谢谢"这一用白话文拍电报实例本身，而往往忽视这通白话文电报乃是胡适拒聘清华校长时，确实发出过的实拍电报。

值得一提的是，关于这通拒聘电报，胡适个人向外界提及，有明确记载并公开发表出来的历史文献，时间最早者并不是《胡适之先生晚年谈话录》一书，而是1947年4月28日的《华北日报》之报道。因为当时坊间还有"胡适将出任清华校长"的传闻，为表明态度，澄清真相，胡适遂在清华大学建校三十六周年纪念会上，公开披露了当年用白话文拍拒聘电报的掌故，同时再度表明了自己决无出任清华校长之意。胡适在会上的讲演辞，次日即见诸《华北日报》报端，报道中这样转述胡适的这一公开披露与表态：

二十年前有人推荐我作清华校长，我已回电"干不了，谢谢"。可见早无意作清华校长，由此可知年来之不到清华，绝非"避嫌疑"。

无独有偶，同年11月1日，北平《天明》杂志第一卷第二期，刊发了一篇题为《胡适之先生的趣事》的文章，文中也明确提到了这个用白话文拍拒聘电报的掌故。文中这样写道：

他在南方的时候，清华曾打电报请他到北方来当清华的校长，他立刻回了一个电报，是这样的五个字：

"干不了。谢谢！"

一时传为士林佳话。

显然，除了胡适本人之外，当年对这一掌故记忆犹新者，还不乏其人。这里提到的"他在南方的时候"，应当是指胡适1925—1930年暂寓上海这段时间。

须知，胡适自出任英国庚款委员会中方代表之后，先是于1925年10月赴上海暂居，后于1926年3至5月陪同委员会一行赴国内各地调查时，在此期间即已辞去北大教职，并于同年7月赴英国伦敦考察；次年（1927）又赴美国讲学，6月归国之后即定居上海。直至1930年11月末，方才重新回到北平定居。

应当说，胡适这五年"在南方的时候"，正是国内政局十分动荡、时局颇不明朗的阶段。这个时候，请胡适出任清华校长的呼声自北平传来，也可见当时的北平文教界混乱不堪，群龙无首，亟待如胡适这样既具学术水准更兼具公共领域影响力的精英新锐来加以引领与重振。关于这一事件，后文还有进一步的考述，在此先略过不表。

毋庸多言，"干不了，谢谢"这个掌故的意义，在本文里所突显的意义，并不在于这一掌故对当年白话文与文言文之争的生动体现，而更在于十分形象地表达出了胡适与清华的整整半个世纪的渊源。毕竟，面对清华校长这样的席位，能以一句干脆利落的"干不了，谢谢"辞谢，却又始终乐于为清华发展献计献策，尽力贡献一己之力者，实在是令人追怀无尽的罢。

在此，不妨就从当年的旧报刊中溯源忆往，追思纪念一番。为此，谨以笔者所见所得，集中以胡适出席于1937年与1949年两次清华建校纪念会的史事细节，对胡适与清华的"半生缘"来加以"窥豹一斑"式的考察。

◎1937：胡适出席清华大学二十六周年纪念会

时为1937年4月26日，《华北日报》第九版的"教育"栏目头条，用整整半个版面的篇幅，重点报道了清华大学二十六周年纪念会的盛况。与胡适相关的报道内容摘录如下：

清华大学昨日举行二十六周年纪念典礼，上午九时举行军训检阅，十时在大礼堂举行纪念仪式，除由校长梅贻琦报告过去五年经过及未来五年计划外，并请前清华总办颜惠庆讲《清华之历史及精神》，胡适讲《中国近代考证学的来历》……

胡适讲演历史考据

《中国近代考证学的来历》略谓：关于历史考据，往往有人乱解释，譬如太平天国时，曾提倡新文化，白话文，后来五四运动时，亦提倡新文化，一般人谓系受太平天国所影响。前几年有许多学者谓中国考据学系学自西洋，由传教士利玛窦所带来，时为一五八一年，先到香港，一六一〇年来北京。据个人看，系错误。实则考证学中国有顾亭林考据古音，颜子思考据《古文尚书》，顾之古音方法，学自广东陈第《毛诗古韵》，陈学焦、洪之《焦氏必训》，于一五八〇年出版，利氏来华为一五八一年，证明考证学非利氏带来。即颜氏之《古文尚书》，在《焦氏必训》第一章，即已讲到，考据学清之张世斋谓，清之汉学，出自宋儒，唐宋时之考据，因当时刻本，往往错误，当时一般人小心谨慎，乃有校刊，不独此，即朱子、程子作官时，处处以考据学审案，故作官时有三字诀、四字诀。三字为"清、慎、勤"，四字为"勤、谨、和、缓"，苟作官不出此数字，一切疑案，均可解决云云。

通观整篇报道，不难发现，胡适讲演的报道篇幅并不算特别可观，之前的梅贻琦的校务报告，篇幅几乎是其三倍；继之颜惠庆讲演报道篇幅也与其相当，再加上一前一后的学生活动概述，胡适讲演的报道篇幅仅占整篇报道的六分之一左右。

虽则报道篇幅有限，可因此次讲演内容并未辑入《胡适全集》，即便只言片语的内容摘要性质的介绍，也从未见诸后世所编胡适文集、选集之类，故此报道相关内容实可称为胡适"佚文"，自然独具研究价值。

除此之外，此次讲演对于胡适个人的学术思想演进历程而言，也有着较为重要的意义。1937年4月25日当天，胡适在日记中这样写道：

到清华大学廿六周年纪念会，讲《中国近代考证学的来历》，与廿三年在辅仁大学讲的稍不同，较稳妥。廿三年我说考证方法出于刑名狱讼的训练，今年我说此种训练养成勤谨和缓的习惯，有此习惯，听讼则为好官，治学则有成绩。①

据胡适日记可知，此次讲演内容与其于1934年在辅仁大学所讲内容，总

---

① 日记内容摘自《胡适日记全编》第六册，安徽教育出版社，2001年。

1937 年 4 月 25 日，胡适、梅贻琦等出席清华大学二十六周年纪念会，散会时走出会场时的情形，原载《北洋画报》第 1548 期。

体上是大致相仿的。至于怎么"稍不同"，如何"较稳妥"，不妨就径直参照原载于 1934 年 1 月 12、13 日《华北日报》的那次讲演报道作一番比较与考察。

在此次清华纪念会三年之前，胡适在辅仁大学的那次讲演，名为《考证学方法之来历》[①]。讲演的核心内容，乃是着力论述当时在中国学术界已经蔚然成风的考据学方法，并不直接来源于西方学术，而直接源于中国自古以来的学术传统。胡适特意从中国古代儒家的"格物致知"精神入手，提出至迟从宋代的程朱学派开始，中国学术里就已然孕育出了考据学的因素。讲演中有这样一段解释称：

---

①　此次讲演内容已辑入《胡适全集》第 13 卷，安徽教育出版社，2003 年。文中引用部分均源于此。

程朱格物的背景，我想，那时候没有自然科学，大概是由于科举时代，于做文章之外，还须研究"判"，考试的时候，拿几种案件，甲如何，乙如何，丙又如何，由士子判断是非，这样，必须多少有法律的训练，程明〔道〕送行状中记载着，他做县尉的时候，有听诉的训练，有今日的法官、律师、侦探的天才，从刑名之学得到找证据的方法，考、据、证、例、比等等全为法律上的名词，这方面的训练，在朱熹亦是有的。

讲演之末，胡适有一段关于中国考证学"实系地道的国货"之总结，这样说道：

总之，这种考证方法，不用来自西洋，实系地道的国货，三百年来的考证学，可以追溯至宋。说是西洋天主教耶稣会教士的影响，不能相信，我的说法是由宋渐渐的演变进步，到了十六七世纪，有了天才出现，学问发达，书籍便利，考证学就特别发达了，它的来历可以推到十二世纪。

三年之后，胡适在清华讲演时，仍秉持考据学源自中国而非由西洋舶来的观点，只是在举证策略与推理方式上已有相当大的变化，岂止是"稍不同"，简直是"大不同"了。这一次，胡适将"考证学方法之来历"这一主题压缩为"中国近代考证学的来历"，抛开了之前延伸至宋代程朱理学而大加阐扬的"格物致知"之中国古代学术传统，将论述时空挪后至明清两代的古文音韵与《古文尚书》之考据，并明确将这两大考据方法源溯至1580年。

虽然在辅大讲演前半部分内容中，也谈到过明末顾亭林考据古音，清初阎若璩考据《古文尚书》之事，也从学术传承历程上考察，将这些考据方法溯至明代后期的焦竑，再前推至宋代朱熹及程朱学派，可是却没有十分明确地将这一中国学术传承年表与利玛窦来华时间相比照。

须知，利玛窦来华这一历史事件，曾被以梁启超（1873—1929）为代表的相当一部分学者，视作考证学方法自西洋舶来的标志性事件。胡适的辅大讲演，虽然在推演由顾、阎至程、朱的学术传承历程上，非常精彩生动，理据也相当充分，可也正是在这一大尺度、大跨度的推演论述之中，因现场讲演必得追求流畅贯通与一气呵成，而在中西学术比较层面上的细节对照方面不得不有所忽略。尤其是关于利玛窦来华之际，中国学者的考证学究竟发展到何种程度方面，胡适当时没有展开详加论述。

胡适在清华讲演中，仍将顾、阎考据方法溯至明代后期的焦竑，但这一次特意将《焦氏笔乘》的出版时间1850年举出，明确将这一年份视作中国近代考证学公开传播的标志，且恰恰比利玛窦来华的时间1851年早一年。胡适就是要以此证明，中国近代考证学确实并非西洋舶来品，而是中国学者自身形成的学术体系与数百年积淀而成的方法。

仅从有限的报道内容来考察，胡适的清华讲演之精确举证与严密推理，确实较之三年前在辅大的讲演更进一步，对稍微熟悉中国近代学术史的听众也更具说服力一些，其立论角度与论证过程确实也"较稳妥"一些了。

在此，两相对比，还可以举出清华讲演确实"较稳妥"的一个典型例证。且看三年前胡适在辅大讲演中，先是将利玛窦来华时间称为"一六〇〇年左右"，后又称其来华时间为"一五八一或八二年"，仍然没有完全确定下来。而三年后在清华讲演时，则已明确宣称其时为"一五八一年"，且有"先到香港，一六一〇年来北京"之说。仅此一点，即可知此时的胡适，历史考据方面的功夫已经更为精到老练了。

遗憾的是，《华北日报》记者既不具备基本的文史常识，也没有恪守学术讲演这类新闻报道要尽可能向讲演者本人征求意见，经其本人修订之后再行发表的基本原则。直接根据胡适讲演中字词的发音，对于古代人名、著述名之类，连蒙带猜，瞎写一通，几乎全部记录错误。譬如，将阎若璩误作"颜子思"，《毛诗古音考》误作"毛诗古韵"，焦竑误作"焦、洪"，《焦氏笔乘》误作"焦氏必训"等等。

值得一提的是，此次清华讲演中提及的"勤谨和缓"四字，后来成为胡适屡屡论述的治学"四字诀"。不但在各种面对大学、中学学生的场合上宣讲，还在与友人谈论治学方法的书信中多有表达。二十世纪四十年代，当时尚在美国讲学的胡适，与国内学者王重民通信论学时，就提到了"四字诀"，称其为治学心得。晚年在台湾讲学，胡适也曾以"四字诀"勉励青年学子，强调"四字诀"不但是治学方法，更可延伸为个人修养与专业精神。仅据笔者所见所知，此次清华纪念会上的讲演，极可能正是胡适"四字诀"理论的首度公开发表。

◎1923：清华筹办大学时的胡适建言及其影响

应当说，胡适在出席清华大学二十六周年纪念会时，讲演以《中国近代考证学的来历》为主题，似乎不太应景，也不十分适宜。毕竟，胡适在会上即便不作校史回顾与教育理念方面的相关论谈，在这样一所以理工科专业见长的国内一流大学，抛出其向来推崇与大力鼓吹的科学精神、试验主义之类的话题，也是比较合适的选择，为何偏偏要拈出一个文史学科考证学方面的话题，不厌其烦、反复地宣讲呢？

诚然，这一话题，可能乃是胡适当时正在思索，亟欲有所回应的一个学术界话题。讲演开首即已提到，"关于历史考据，往往有人乱解释"，有人将新文化运动与太平天国起义相提并论，这是令胡适难以忍受的。再将这一"乱解释"，与"前几年有许多学者谓中国考据学系学自西洋"相联系，作为新文化、新文学运动的发起者与代表人物之一的胡适以为，有必要站出来，对这些毫无依据、信口开河的"乱解释"加以正面回应，要纠正学术界、文化界及社会各界的一些片面偏见。

恰逢清华纪念会这一契机，胡适又正好有感而发，不吐不快，遂有了这与清华校史无关，与清华理工学术也无甚关联的《中国近代考证学的来历》之讲演。不过，这只是看待这一史事的一种视角，只显露了历史实情的一个方面而已。

另一方面，还得从此次讲演八年之前的，胡适亟欲引导清华学子投身"新国学"领域，为之亲撰"国学必读书目"，并在清华筹办大学部之际，抛出"清华至少该办成文科和理科"之综合大学建言说起。

且说1923年新年伊始，时值清华学校将筹办大学之际，《清华周刊》的记者为获得社会各界对清华大学创办的意见，在选择采访学界名人时，第一时间采访了时为北大教授的胡适。

1923年1月29日上午，已经于1922年底向北大请假一年，时年三十二岁，因疑患糖尿病而离校休养的胡适，还是抱病接受了《清华周刊》记者的专访。

2月9日，《清华周刊》第二六八期，即将此次访谈的内容摘要刊发。

　　刊物正文首页，列"要闻"一栏，为当期主要内容简目，此次访谈位列第一，题为《胡适之先生谓清华至少该办成文科和理科》。这篇访谈摘要稿似未见于《胡适全集》，且胡适日记与年谱中均无记载，或属佚文，有相当研究价值。访谈的具体内容，转录如下：

胡适 1923 年存照

专记：与胡适之先生谈话记

　　　　△清华改办大学之难点

　　　　△首在聘请合格之教授

　　　　△停考女生乃是反潮流

　　　　△清华可表同情于学潮

　　　　△研究国学之唯一方法

　　　　△宜作历史的系统研究

　　记者受周刊总编辑之托，于一月二十九日上午往访胡适之先生于其京寓，兹将谈话内容略述如左。

　　记者叩以对于清华改办大学的意见，胡先生说："清华改办大学是很对的，因为留学政策是不经济的。欲办大学必须有计划，有了计划便须作公开的讨论。我看清华至少该办成文科和理科，理科注重在设备，关于这一门我是外行，清华物理教授梅先生等必能妥为擘划。欲办成文科，则国学最为要紧，在中国办大学，国学是最主要的。聘请国学教授又是极困难的问题。譬如中国历史一门，国中即无几个合格的教授人才。清华既有大学之议，现在便该开始罗致有名的学者，来充教授之职。清华现在的教授，国学部恐颇少合格者（至于西文部如谭、唐、罗伯森等则是研究有素者，当可胜任）。要聘请好的国学教授，薪金必要同西文部教授薪金在同一比例之上，清华现在国文教员薪金很少很少，这是不对的，绝不宜因某人系教国学，便少给他薪水。要聘好的国学教授，先要定一个标准，国学教授并非只是什么'举人''进士''师爷''幕僚'便能担任的。请不到合格教授，大学终是办不好。"

　　记者又问以清华停送女生之举，胡先生斩金断铁的说："我绝不赞成这种事的。吾人现在做事最怕的是在时代潮流上开倒车。现在各校都在开放女禁，清华反倒停送女生，足证清华办理之退化。"记者告以清华当局停送女生是以经费问题为理由，胡先生说："别处尽可以省钱，女子教育终是要顾全到的。"记者再讯以对于清华校务各方面之批评，胡先生谢以情形不熟，未便多说。记者乃转而请教研究国学方法。

　　胡先生说："现在一般青年，感到国学的重要，这是极可喜的事。国学本是过去的，所以又称国故学，译成英文就是 National Heritage，但是国学浩如烟海，初学苦于无处下手。中国的国学又与西洋的不同，绝少门径书之类。所以我素来主张研究国学方法，便是历史的系统研究。各时代还他一个各时代的本来面目。顺次序的研究下去，每时代拣出几个代表作者，每作者拣出几部代表著作。然后综合之，比较之，考订之。治国学方法，不外乎此。清华有几

《清华周刊》第二六八期，刊载《与胡适之先生谈话记》。

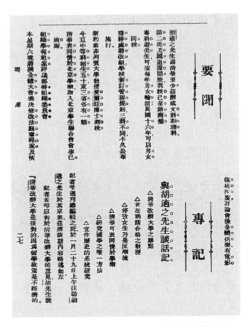

《清华周刊》第二六八期，胡适专访报道首页。

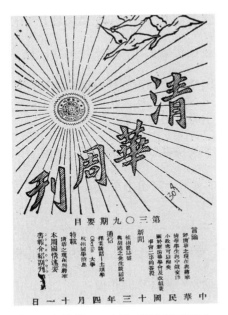

《清华周刊》第三〇九期，刊载《与胡适之先生谈话记》。

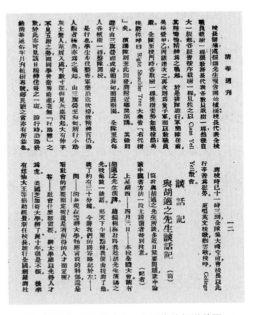

《清华周刊》第三〇九期，胡适专访报道首页。

位学生告诉我，他们要迟一年出洋，预备利用此一年研究国学；我看大可不必，不若带几部书到美国去看。我已为一般有志于国学的青年们草就了一个书目，都是初学必读的书，载在下期《努力·读书杂志》，清华同学，也可参考一下。"

胡先生又把他近作的《国学季刊》的发刊宣言翻出来，文中皆是治国学的详细方法，虽非为初学者所作，而有志于国学者亦未尝不可浏览一下。

谈毕，记者又问以京中此次学潮，清华应有何种态度，胡先生说："清华若能有所表示，如同情的表示等等，也是很好的；团体的行动则不可行。"记者因胡先生正在卧病，未便久谈，遂与辞。（华）

这千余字的访谈摘要，虽较简略，但基本上还是把胡适关于清华筹办大学的个人意见，清楚准确地表达了出来。除了强调创办清华大学应是文理并重的综合大学之外，就严格教授聘用办法，国学教授薪酬水准，及支持男女同校等方面都有着明确的答复。此外，他特别提到国学教育的重要性，国学的研究方法应当怎样；更要为青年学子列出一份"国学必读书单"来。

事实上，不到一个月之后，胡适就开出了这份书单，发表在了2月25日印行的《东方杂志》第二十卷第四号之上。3月4日，这份书单又在他自己主编的《努力·读书杂志》第七期上再次转载发表。

那么，为什么新文化运动的旗手人物，看似以"破旧立新"为己任的胡适，会在此次访谈中，把国学教育看得如此重要？为什么时年仅三十二岁，正意气方刚的胡适，会突然如此热衷于国学教育？并且尚在卧病期间的胡适，为何还如此详实地答复涉及国学定义、教育方法、治学门径、必读书单等细节，不厌其烦？这一系列疑问，恐怕是读罢此篇访谈摘要之后的读者，都会生发出来的疑问；在记者的摘要内容中，似乎又不能完全解答这些疑问。

◎ 胡适寄望：从北大到清华，从新文化到新国学

值得注意的是，《清华周刊》记者在文中提到一个细节，即胡适把他所写的《国学季刊》"发刊宣言"翻出来给记者看，记者为此只寥寥一句概述其内容，称"文中皆是治国学的详细方法……"。

原来，胡适所重视的"国学"，既不是传统意义上的经史子集四部研读之学，也不是"说文解字"的古文字学，更不是琴棋书画、古董清玩式的所谓"古典修养"；而是一种试图从疑古、辨古到重新确立古史、古学系统的一种"新国学"。

胡适所倡导的这种新国学，中国古代典籍的经史子集序列将全部被打乱，并从中重新甄选、辨析与确定与中国古史有可靠联系的经典，来加以深入研究。新国学研究的基础与研究的方法，都迥然有别于"旧国学"。

就在《清华周刊》记者专访前数日，1923年1月，北大《国学季刊》创刊，作为编辑委员会主任的胡适特撰"发刊宣言"，以明办刊宗旨。宣言开篇的三段话，即一针见血地阐明了破除"旧学"的必要性：

近年来，古学的大师渐渐死完了，新起的学者还不曾有什么大成绩表现出来。在这个青黄不接的时期，只有三五个老辈在那里支撑门面。古学界表面上的寂寞，遂使许多人发生无限的悲观。所以有许多老辈遂说，"古学要沦亡了！""古书不久要无人能读了！"

在这个悲观呼声里，很自然的发出一种没气力的反动的运动来。有些人还以为西洋学术思想的输入是古学沦亡的原因，所以他们至今还在那里抗拒那些他们自己也莫名其妙的西洋学术。有些人还以为孔教可以完全代表中国的古文化；所以他们至今还梦想孔教的复兴；甚至于有人竟想抄袭基督教的制度来光复孔教。有些人还以为古文古诗的保存就是古学的保存了；所以他们至今还想压语体文字的提倡与传播。至于那些静坐扶乩，逃向迷信里去自寻安慰的，更不用说了。

在我们看起来，这些反动都只是旧式学者破产的铁证；这些行为，不但不能挽救他们所忧虑的国学之沦亡，反可以增加国中少年人对于古学的藐视。如果这些举动可以代表国学，国学还是沦亡了更好！

除了明确举出破除旧国学的必要性之外，胡适也给出了最终确立新国学的方法大纲。他在"宣言"中这样写道：

我们借鉴于前辈学者的成功与失败，然后可以决定我们现在和将来研究国学的方针。我们不研究古学则已；如要想提倡古学的研究，应该注意这几点：

（1）扩大研究的范围。

（2）注意系统的整理。

（3）博采参考比较的资料。

如此看来，胡适的"三步走"计划，已经全盘落定，步履坚定。紧接着，怎么走出新国学的路径，他也有一一的界定。譬如"第一步"，"扩大研究的范围"，要怎么扩大，扩大到什么程度等等，他说：

　　怎样扩大研究的范围呢？"国学"在我们的心眼里，只是"国故学"的缩写。中国的一切过去的文化历史，都是我们的"国故"；研究这一切过去的历史文化的学问，就是"国故学"，省称为"国学"。"国故"这个名词，最为妥当；因为他是一个中立的名词，不含褒贬的意义。"国故"包含"国粹"；但他又包含"国渣"。我们若不了解"国渣"，如何懂得"国粹"？所以我们现在要扩充国学的领域，包括上下三四千年的过去文化，打破一切的门户成见：拿历史的眼光来整统一切，认清了"国故学"的使命是整理中国一切文化历史，便可以把一切狭陋的门户之见都扫空了。

　　显然，胡适对新文化运动纵深发展到新文学领域之后，再分头确立新国学领域这一宏伟蓝图，已胸有成竹，似乎胜券在握，大有说干就干之意了。即使在卧病休养期间，也为清华大学的创办感到欢欣鼓舞，因为新国学可能即将植根清华，这令其无比兴奋。须知，此刻新文学运动在北大已经扎根开花，如果清华能成为新国学运动的主场，新文化运动总体上迈向其毕生所望的"中国文艺复兴"，似乎也就在不远的前方了。

　　值得一提的是，与此时正在家中养病的胡适的情况相类似，一直担任清华校董的梁启超，也因心脏病原因在天津寓居养病，闭门谢客。值此清华筹办大学之际，按常理而言，《清华周刊》的记者理应首先采访清华校董梁启超，而不是北大教授胡适。但可能因欲尽快将访谈发表，或因胡适当时在青年学子中的影响力与号召力之故，最终"舍远求近"，就近首选采访胡适。

实际上，《清华周刊》方面在专访北大教授胡适、清华校长曹云祥之后，遂将"压轴"的访谈对象，选定为梁启超。2月11日，《清华周刊》的记者，即赴天津梁宅采访。但因种种原因，梁启超的访谈内容延至当年3月1日，《清华周刊》第二七一期方才刊印出来。

所有这些让梁启超"排名靠后"的主客观因素，是否会令其感到难堪与不满，虽无从确知却也不禁令人心生揣测。联系到后来梁氏在《清华周刊》记者访谈中，屡次表示与胡适意见相左，且随后又在"国学必读书单"问题上激烈批评胡适，还抱病另开一份《国学入门书要目及其读法》以示针对等等，似乎确有意气之争的因素。

综上所述，联系到这些清华开办大学之前的经年往事，联系到胡适寄望清华成为继北大之后又一更具活力的新国学阵营，并对以清华校董梁启超为代表的旧国学治学方法不甚认同，亦有所针对与回应等等，体认并感知到这一系列相互关联，有着微妙互动事件叠加之影响，也就不难理解，胡适为何会在清华大学二十六年纪念会上大谈"中国近代考证学的来历"，这一看似与清华校庆无关，实则颇有渊源的话题了。

◎ 花絮：胡适出席清华大学二十六周年纪念会的两张留影

1937年4月26日，《华北日报》第九版的"教育"栏目头条，用整整半个版面的篇幅，重点报道了清华大学二十六周年纪念会的盛况。报道还附刊三张现场照片，其中前两张皆有胡适。

第一张照片为胡适、梅贻琦、颜惠庆等"会后留影"，图注也将合影中的人物一一标示了出来，比较容易辨识。第二张图注则只是称"散会时来宾步出

1937 年 4 月 25 日，胡适、梅贻琦、颜惠庆等出席清华大学二十六周年纪念会时合影。

礼堂"，图像前方依稀可见有胡适等人微笑着走出礼堂大门，背后尚有人群簇拥的情形。因年深日久，油墨漶漫，这张照片图像已不甚清晰，加之图注语焉未详，后世读者并不易了解这张照片所反映的现场状况究竟如何。

　　不过大可不必为此抱憾，当年关注此次清华纪念会的新闻媒体，远不止《华北日报》一家。仅据笔者所见，尚有天津《北洋画报》第一千五百四十八期与上海《中华》第五十五期，对此次盛会均有图文简报。其中，《北洋画报》就特别刊发了这一现场照片，并以○、×符号来标示图像中的主要人物，且配有明确的图注称："清华大学廿六周年纪念会，散会情形，○为校友胡适，×为创办人颜惠庆被包围签字。"

　　《北洋画报》以优质道林纸印制，所刊照片图像历经八十余年之后，仍然十分清晰。可以看到，照片前部图像从左至右依次为纪念会散场之后的梅贻琦、胡适等人微笑前行，而他们身后则是众多清华学生簇拥着的颜惠庆。

应当说，记者抓拍及时准确，角度也恰到好处，为后世读者呈现了一帧难得的"历史现场"之画面，留下了一份关于清华二十六周年纪念会的珍贵图像史料。而那一张胡、梅、颜等"会后留影"，也在上海《中华》杂志第五十五期上刊印发表，较之《华北日报》所刊图像更为清晰，更便于研究参考。①

令人感慨的是，就在此次清华纪念会"散会时来宾步出礼堂"不到三个月之后，"七七"事变旋即爆发，日军悍然发动全面侵华战争，中国全民族统一抗战也就此拉开序幕。随着战事的激烈推进与时局的动荡紧迫，清华随即南迁长沙，先是与国立北京大学、私立南开大学组建国立长沙临时大学，次年（1938）又迁至昆明，更名为"国立西南联合大学"。

"七七"事变之后，胡适临危受命，应南京政府委派，奔赴美国出任驻美全权大使。为争取中国抗战的国际支持与援助，为推动反法西斯同盟国之间，尤其是中美两国之间的相互理解与信任，并最终缔结为"命运共同体"，胡适长期游说周旋于欧美各国，竭尽全力投身于国难之际的外交活动之中。

1945年9月2日，日本向盟军投降仪式在东京湾密苏里号军舰上举行。在包括中国在内的九个受降国代表注视下，日本代表在投降书上签字，这标志着中国抗战取得最终胜利。次日（9月3日），即如今已经法定的"中国人民抗日战争胜利纪念日"这一天，国民政府教育部长朱家骅致电胡适，称当局已推定当时尚在美国的胡适为北京大学校长，未归国之前由傅斯年暂行代理校长之职。

---

① 胡适参加此次清华校庆时的现场照片，还有三张载于《清华一九三七年刊》。

1946年5月4日，五四运动二十七周年之际，傅斯年在北平就任代理北大校长。其"代理"之职，实际上是为胡适归国后就任北大校长做了铺垫。6月1日，胡适从美国启程，经海路归国。7月4日下午三时，胡适乘坐的海船抵达上海吴淞口外，此时离他奔赴美国从事国民外交工作已经整整九年。7月29日晨七点半，已经在南京、上海逗留数日的胡适，由上海乘机飞往北平。当天下午一点左右，胡适偕其长子胡祖望飞抵北平。当天的《胡适日记》中写道：

来机场欢迎者众多，李德邻主任、萧一山、吴铸人、成之弟，北大同人有毅生、孟真、锡予、召亭、华炽、素莹诸君。

又不禁为之感叹道：

九年前今晨，二十九军退出北平。九年前昨日，我从庐山飞到南京。次早始知平津皆失陷了。

自"七七"事变爆发，到抗战胜利，胡适一直奔走在国际外交前线，一直在美国从事大使外交与国民外交相关工作；此刻，九年海外公务生涯终于结束，重新回归国内文教事业。

1946年10月10日，北大、清华、南开这三所曾于抗战期间南迁后方，合办西南联合大学的三所大学，同时举行开学典礼，正式复校。当天，胡适以北大校长身份，首度站在了北大主席台上，对北大全校师生训话，这也标志着其正式就任北大校长。

半年之后，1947年4月27日，梅贻琦主持举办清华大学三十六周年纪念会。作为清华资深校友，此时已身为北大校长的胡适，再度应邀参加此次盛会。此时，距1937年举办清华大学二十六周年纪念会，已整整十年过去了。

◎ 1947：胡适出席清华大学三十六周年纪念会

此次清华纪念会举办次日，4月28日，《华北日报》第五版"教育与文化"栏目头条新闻报道，即以较大篇幅记述了会议内容及会场概况。其中，关涉胡适出席并讲演的部分，摘录原文如下：

清华校庆热烈举行

校友来自各方数达八百

松柏扎成寿字典礼隆重

【本报讯】清华大学三十六周年校庆，二十七日在荒芜几达十年之清华园热烈举行。装载清华校友返校之汽车，在西直门外成群结队，络绎不绝。二十七日自平津、唐山、重庆等地返校之清华校友，有胡适、郑天挺、郑华炽、汤用彤、钱端升、黄子坚、李书华、梅贻宝、袁同礼、袁复礼等七八百人。该校一九一七校友，前联大训导长查良钊，亦自昆明赶来参加。各界来宾参加者亦达数百人。校庆会场设于该校大礼堂，主席台前除有青松扎成一"寿"字外，无特殊点缀。上午十一时，梅贻琦校长伴胡适校长，步入礼堂，十一时十分典礼开始。

清华大学三十六周年校庆纪念会之报道，原载《华北日报》，1947 年 4 月 28 日。

梅校长首起致辞……旋请胡适校长演说，梅氏首先向学生介绍胡校长，并称："有人推荐胡适博士作清华校长，胡适自到平后从来未到清华，或者是为避嫌疑。"

清华大学年龄胡适提出抗议

在笑声中胡校长起立演说，胡氏首先提出演辞共分四点：（一）抱歉，（二）抗议，（三）庆贺，（四）勉励。略谓："本人去年七月到平，一年中曾往来西郊机场数次，但均未到清华，实抱歉之至。二十年前有人推荐我作清华校长，我已回电'干不了，谢谢'。"可见早无意作清华校长，由此可知年来之不到清华，绝非"避嫌疑"。关于"抗议"，胡适谓："抗议是向清华三十六周年校庆筹备会提出，我是一九一〇年清华校友，张子高先生系一九〇九年校友，如谓清华今年为三十六周年，我等即被开除学籍矣，所以要求清华校史编纂者，应注意清华今年为三十九周年（连最初考送学生赴美游学的九年计算在内）。第三点，清华在我国可称一最有名与有钱之大学，动用五十万美元基金，充实设备，除协和医学院外，任何学校亦难比拟。此外尚存有基金四百万美元，希望用最经济方法，善为运用。"

最后，胡氏谓"此次清华返校校友达数百人，从各地来的都有，远自二千英里以外的昆明。昨天还飞来一位一九一七年校友查良钊先生，可见校友爱护学校之热烈。近代大学发达史有两个不可少的因素，一为教授会及永久的行政组织，一为保管财产的机构。北大自一八九八年成立到现在，只四十九年，但若将从前的大学都算入北大的历史中，则北大历史有两千多年。一九三六年哈佛庆祝三百年校庆时，参加盛典的学术团体，它们所占位置的前后次序是依学校历史长短而排列，当是占第一位的是埃及大学，第二位为义大利某大学，第三位为巴黎大学；本人代表北大，用最老实的计算法，算北大仅四十多年历史，所以我站于五百零四位。为什么不能把汉唐大学之历史算入北大历史中，主要即因为当时大学为文官考试制度之一部分，缺乏（一）永久的教授行政组织，（二）保管校产之机构。"

旋胡氏又分析美国三百年来大学教育所以发达，还有一第三因素，此即校友会之组织。胡氏认为校友会组织是美国大学教育之发明，他说，美国大学校长最欢迎他们校友十元百元之小额捐款，他们校友会组织健全，积腋可以成裘，集成一大笔款子。校长可概据学校需要，自由支配，比富人捐一大笔款子，而指定用途，方便得多。他又说，清华校友会组织很健全，希望清华校友都各尽所能，给母校捐些款。

◎胡适"早无意作清华校长"的声明与故实

据上述报道内容可知，梅贻琦首先致辞之后，即由胡适讲演。开讲之前，梅氏向清华师生介绍胡适时，调侃称"有人推荐胡适博士作清华校长"，于是胡适的讲演中开首即予"辟谣"，表示其早在二十年前，推算起来约为1927年前后，即已明确拒绝作清华校长，称自己"早无意作清华校长"。

如果说梅氏的调侃，一方面乃是体现二人私谊不错，以之活跃会场气氛，实无不可，但另一方面也流露出当时坊间可能确有此类传闻，确有非正式的带有某种意向性的议论传出。而胡适的公开"辟谣"，虽然坚决否认此事，可也有意无意地表明早在二十年前，已有请求其出任清华校长的呼声了。

对于胡适这番表态，会场中的著名法学家、政治学家，同样是清华资深校友，时年四十七岁的钱端升（1900—1990），应当颇有感触。早在1925年，还在清华任教的钱氏，即已致信征询胡适意见，询问其是否愿意出任清华校长。一年之后，1926年11月4日，钱氏致信当时在英国考察讲学的胡适，再度力邀胡适掌校，信中这样写道：

去年我已经问过你是否愿意担任清华校长不愿意，我现在请你再考虑一下。曹庆五预备于寒假中到上海商务印书馆做经理去，同时他想请郭鸿声来替他，这都是他当面同我说的。这一遭，他的确想走。他走了，清华的风气就有变更的可能。不过我们决不能让郭来。想来想去，最妥当的办法是劳你的驾。清华校长，在现在状况之下，要有下列几点：（一）通过外交部，（二）美使馆不反对，（三）学生不反对。除了这三点以外，我们希望能得一个学者，有勇敢心者，并且有好的taste（风趣）者。可是这种人能有多少呢？

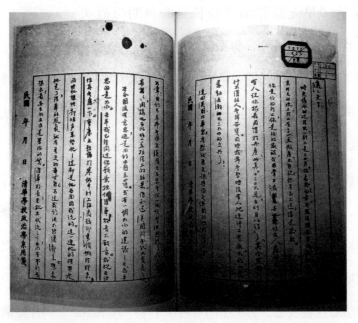

钱端升致胡适信札（前两页），恳请胡适出任清华校长（红线标示）。

要是你肯来，什么问题都没有。你是学者，有志意者，有资望者，是美国留学生（这并不是我特别亲美，不过事实不能不这样），是与现今外交当局很有交情，又是能开刀的好手。你肯来，就千妥万当；你不肯来，那就找不出什么适宜的人来了。

总之，我以为清华在未来几年内，负有维持北方大学教育的重任，凡有能力做他的校长者，不可不试。

或许你又要说，你没有力量来做胜任的校长，这一点请你万万不要客气。

你要肯来，校内校外俱不患没人帮助。我们的人数虽然不多，但是也有三分潜势力；你尽管来开刀整顿，我们一起一定竭力地帮助。校外的像《现代评论》那班人，你如做了校长，都有愿意进清华帮忙的可能。所以清华决不是莫可救药的。

只消你说你愿意考虑我的建议，我便想法宣传；这个宣传功夫，当然不至十分费力，因为大多数的人是十分希望你来的。

临了，请你说明白，要是你可以来，我能否把你的复信酌量发表？这事我当然会谨慎将事，请放心……①

仅据上述这五六百字的信文摘录，可知这一通恳请胡适出任清华校长的长信，表达了以钱端升为代表的一部分清华校友的衷心期望。至于胡适对钱氏这一致信恳请有无明确回应，因未见相关文献记载，尚无从确知。

可是，据现存中国社科院的钱氏致信原件上的胡适眉批，或又有另一种可能性存在，即胡适并非全然没有考虑过出任清华校长，而是出于种种不为人知的原因，而最终没有答复或拒绝了此事。眉批为铅笔写成，原文如下：

我愿意考虑你的提议，却十分不愿意你去"设法宣传"。这是我（的）答复。请谅解此意。②

胡适在钱氏致信原件上的眉批，诚然可以视作是其个人在阅读信件之后的

---

① ②　信文摘自《胡适来往书信选》上册，中华书局，1979年。

真实想法，这一想法事后是否通过复信方式告知钱氏，还是在某种适当的场合当面告知，或者就此束之高阁，以保持缄默的方式不予回应，都是历史可能性之一，后世读者及研究者都只能据此揣测一二，却无从确证。

不难发现，胡适在清华纪念会讲演中，申明的所谓的二十年前拒做清华大学校长之事，这一抉择很大程度上源于个人对国内时局的观察与判断。当时，奉系军阀控制的北平政局之下，蔡元培愤而辞去北大校长一职，以"不合作"态度南下而去。一方面，胡适与北大师生衷心期望蔡氏留任，并积极参与"挽蔡"行动；另一方面，胡适也深知整个北京政局的动荡与北大目前的混乱是互为因果的关系，蔡氏坚辞校长之事恐无可挽回。为此，胡适也在密切关注着局势发展的动向，思考着自己的去留问题。

就在钱氏致信一个月之前，1926年10月8日，蔡氏在给胡适的复信中已有断言：

> 时局若无新发展，北京政府殆无清明之望，此等研究学术机关，即不在北京，亦无不可。文化中心，人力可以移转之。[①]

或许，正是蔡氏信中的这一番断言，令胡适本已萌生的去意逐渐坚决，最终决定于次年（1927）6月离开北平，赴上海定居，不久即受聘于光华大学、东吴大学，任教授。这一年，力邀胡适出任清华校长的钱氏，也为时局所迫，不得不离开清华，转而南下赴任于南京中央大学。

---

① 信文摘自《胡适来往书信选》上册，中华书局，1979年。

1927年8月，清华学校及其他官私费留学生预备出国，胡适出席在上海举行的欢送会。胡适在会上讲演中称：

> 际此国家存亡危急之秋，诸君责任如何重大。甚望诸君不必因国家危急之故而生拳拳难离之心。既经出洋，当以求学为唯一目的；国内情形，暂时可不过问。[①]

应当说，这样一番讲演致辞，这样一番临别赠言，既是会场上对以清华为主体的留学生群体的衷心寄望，同样也可以视作胡适决意远离政治，重拾学术生涯的自我鞭策之语。

此刻，胡适远离令其早年"暴得大名"，一跃而成为新文学、新文化运动代表人物之一，也拒绝了清华校友力邀其出任清华校长的恳请，转而投身于期待已久的学术事业及相关工作中，可谓如鱼得水，无暇他顾。对于北平局势的发展与变化，胡适虽亦有所关注，可毕竟已置身事外，没有再牵绊其中了。

1927年12月，任职五年的清华校长曹云祥离职而去，在清华校内一度引发风潮。四个月之后，1928年4月，继任的温应星校长，仅仅在职两个月，即宣告辞职。两个月之后，同年8月，罗家伦出任首任"国立清华大学"校长之后，清华校务方面方才渐入正轨，校内秩序方才渐趋正常。

值得一提的是，就在温应星勉强赴任前夕，也即曹云祥离职而去之后的这四个月"真空期"里，还发生过罗文干、汤尔和等人两次相邀胡适出任清华校

[①]　讲演内容摘自《胡适年谱（修订本）》，福建教育出版社，2012年。

长，均被辞谢的事件。只不过，这一事件一向少为人知，只在胡适自己的日记里有过较为详实的记载。

时为1928年3月27日，胡适在日记中这样写道：

见着尔和：上回他说钧任邀我去做清华校长，我不曾答应；今天他又问我，我说，"如校长由董事会产生，我不反对；若由任命，或外部聘任，我不能就。"但后来细想，还作书去辞了。

日记中提到的"钧任"，即罗文干，字钧任。显然，在此之前，胡适已从与汤尔和的谈话中，得知罗氏曾有意邀其出任清华校长，当时就辞谢了。此次汤氏又来征询意见，胡适的意见有所松动，称"如校长由董事会产生，我不反对"，似乎对于赴任清华校长一事，还有商量的余地。不过，胡适"后来细想"，"还作书去辞了"。

关于这一通辞谢清华校长的书信，次日的胡适日记里，有明确交代称：

昨晚回家后，写信给尔和，辞清华事，其中有云：……我实在不能做管理学校的事，尤不愿服事今日的学生老爷们。……将来胡子白了的时候也许肯出来做几年校长，现在只想趁精力未衰的时候努力多做点有益工作，不应该浪费精神去做性所不近的事来。……

罗文干与汤尔和，都曾在受到蔡元培、胡适等人支持的所谓"好人政府"王宠惠内阁成员，前者曾出任财政部部长，后又在顾维钧内阁时期出任过司法部部长；后者则曾出任教育总长，随后又出任内务部总长。罗、汤二人的两次出面相邀，当然都是带有官方聘任性质的，或者说至少是有某种官方意愿掺杂其中的。因此，胡适辞谢这样的官方友人之邀，先是断然拒绝了，但随后再次相邀之际，遂说出了"如校长由董事会产生，我不反对；若由任命，或外部聘任，我不能就"这样的话语。言下之意，即这清华校长之职，若只是出于官方意向，而得不到校方充分肯定，其人是绝不会就任的。抛出这样的说辞，也相当于婉拒了。

可"后来细想"，胡适决定还是要正式明确的表达自己的意见，于是连夜给汤尔和写了一封说明原因的信。此举算是正式辞谢了汤氏的第二次相邀，坚决地拒绝了出任清华校长一职。

整整一个月之后，时为1928年4月26日，也是因为碍于情面、无法推脱，在自己的母校中国公学风潮四起、难以维系之际，胡适又不得不应允该校校董会中一班旧同学之力请，应允出任该校校长一职。当天的胡适日记中，开首即这样写道：

今天套上了一件镣铐，答应了去做中国公学的校长。

末了，还有一句感慨之言：

此事殊不智，事后思思甚懊悔。

次日，即1928年4月27日，胡适正式出任中国公学校长，还是倾力罗致了不少英美留学生到校任教。另一方面，作为资深校友，且与清华多届校友及在校师生均保持着密切联系的胡适，在清华内外的影响力，都是一股不可忽视的力量。曾几度拒绝出任清华校长的胡适，虽已身在上海，可与清华的联系仍旧千丝万缕，丝缕未绝。胡适与清华的种种过往与揣测，坊间仍时有传闻。

时至1931年6月，清华校长罗家伦离职后，仅在职两个月的继任者吴南轩，因在教职人员任用方面违规徇私，激起校内"驱吴风潮"，也行将辞职。在清华内外一片混乱争议声中，当时坊间又有传闻，称"胡适之野心勃勃"，早已有意且校内早有势力支持出任校长云云。

1931年6月12日，这样的坊间传闻，竟堂而皇之地被冠以《关于清华风潮之内幕——胡适之野心勃勃》的新闻标题，赫然刊发在了《华北日报》的"教育新闻"栏目头条。报道原文如下：

【河北社讯】本社记者顷访某要人，对于清华风潮有所探询，据谈：清华风潮表面上一若简单，实则其内容，全为教育界封建势力之伸展，而胡适之实为中心。盖北方教育素有"学阀"之目，于不同系统者，辄加排挤，殆有卧榻不容他人鼾睡之概。此次吴南轩长校，彼等直视为阑入学阀阵线，故非去之不可。彼等手段甚佳，于吴之来，则不迎不拒，以表示其无恶意，继则以院长问题（冯友兰又为此问题之中心）使吴为难，吴本一忠厚人，未知个中巧妙，应付一穷，风潮以起。而教授方面，遂猎得一部分人之同情以去。风潮既成，中央派人调查，于是又依其预定计划，用某君为缓冲，俾渡过一个相当时期，而售其最终之计，此最终之计者何，即设法抬出一个胡适是也。胡适之谋长清华，由来已渐，罗家伦时之风潮，学生方面，已提出所谓"无党派"为校长条件之一，此即为胡适作地之故。夫胡适骂本党，讥总理，贬党义，正为卖本党之慢性敌人，清华是国立大学，能以敌人为校长乎？以"无党派"者长校为要素，作胡适地，亦未免太滑稽矣。故清华风潮，决非一吴南轩之问题，而为党与封建势力斗争问题也，谈至此，记者遂与辞而出。

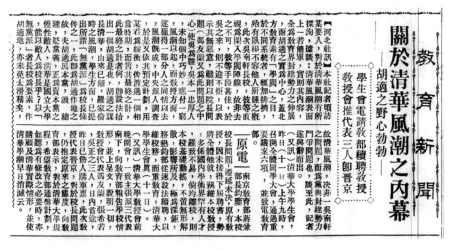

胡适谋夺清华校长之报道，原载《华北日报》，1931年6月12日。

《华北日报》乃国民党驻北平机关报，记者采访的"某要人"，显然也为国民党驻北平某高官。此官员称清华"驱吴风潮"的实质乃"为教育界封建势力之伸展，而胡适之实为中心"；还称"胡适之谋长清华"，是在罗家伦掌校时即已初现端倪。此官员认为，那时"学生方面，已提出所谓'无党派'为校长条件之一"，即已表明胡适早有意入主清华了。

无可否认，罗家伦掌校末期，胡适确实辞去中国公学校长一职，于1930年11月间，携眷北上，在北平米粮库四号租定新宅。当年毅然南下，今又忽而北归，究竟意欲何为，自然颇令时人揣摩。再者，此次由上海重归北平的胡适，在上海期间曾因撰发《新文化运动与国民党》一文，散布激烈抨击国民党的言论而引发轩然大波，这一"案底"自然也随之北上，因而也备受国民党驻北平机关的关注。

须知，胡适在上海期间抨击国民党的言论，产生的社会影响颇巨，本人名誉乃至于人身安全，都曾受到严重威胁。国民党上海特别市执委会宣传部曾要求，奉中央宣传部密令，将刊发胡适所撰《新文化运动与国民党》一文的《新月》杂志第二卷六、七期"设法收回焚毁"，要求市内各书店"勿为代售，致干禁令"。

与此同时，《民国日报》《时事新报》等各大报刊，持续不断地刊发攻击胡适的文章，"法办"与"严惩"的呼声此起彼伏；甚至连与胡适素有交往的国民党元老吴稚晖，与胡适私谊尚可的杨杏佛等人，也都专门撰发文章，对其言论予以针锋相对的严厉批评。可以说，胡适辞去中国公学校长一职，以及携眷北上之举，是"全身避祸"也罢，是"另起炉灶"也罢，在很大程度上都与这一场风波有关。

时人普遍以为，胡适既然重归北平，重入北大任教，重入其熟悉且可信赖的旧时阵营中去，乃顺理成章，毋庸置疑的。可是，当时蒋梦麟（1886—1964）刚刚接任北大校长，即刻首请胡适出任文学院院长，胡适却未立允，转而推荐杨振声出任。那么，胡适此行究竟是重入北大，还是另有所图，就难免会令北平当局及整个文教界都有所揣测，继而暗生猜忌了。

因其一贯的"无党派"立场与"无神论"作风，要令胡适为当局所用或至少顺应当局意旨，无法可想也几无可能。于是乎，北平某"要人"对《华北日报》记者发表了上述访谈中的一系列言论。这样的言论，一方面表达了当局内部对胡适的普遍反感与忌惮；另一方面也传达出当局基本意旨，即根本不赞成也不可能支持胡适出任清华校长。

这样一来，在胡适个人生涯中就又出现了一个极其吊诡的局面——即北伐前后，在故都"北京"与"北平"，无论奉系军阀还是国民党执政，其人皆不受当权者欢迎，甚至被视作文教界风潮与混乱局面的始作俑者。

遥思北伐进行期间，奉系军阀尚盘踞北平之时，胡适深感政局动荡，前途无望，遂南下谋求解脱与发展，虽有所考虑但最终拒做清华校长；北伐胜利之后，眼看国民党政府业已有形式上的南北统一大局，遂又北上重归北平文教界，却因曾多次批评国民党而受到北平当局猜忌，竟传出其谋夺清华校长一职的揣测中伤之言。

不过，某"要人"口中所称，"罗家伦时之风潮，学生方面，已提出所谓'无党派'为校长条件之一，此即为胡适作地之故"云云，倒并非随意捏造，实在是确有其事。时为1930年12月27日，《华北日报》的"教育新闻"栏目头条，刊发了一篇题为《清华学生会呈教育部蒋兼部长请迅委校长维持校务》的报道，其中就提到，当时清华学生群体强调的对当局指派新任校长应符合的基本条件。报道原文摘录如下：

至于校长人选，前属学生全体大会一致通过下列条件，（一）办学富有经验；（二）学识渊博；（三）声望素著；（四）人格高尚；（五）无党派色彩；（六）确能发展清华，并根据以上条件提请于周诒春、赵元任、胡适三先生中择任一人。

可见，在罗家伦离职前夕，清华内部确曾将胡适列为校长候选人之一；候

胡适曾为清华内部评定的校长候选人之一之报道，原载《华北日报》，1930年12月27日。

选条件中所谓"无党派色彩"，也确实是胡适一贯的人格本色。

三个月之后，时至1931年3月10日，上海《时事新报》甚至还刊出了胡适在清华内部认定的三位清华校长候选人中居于首位，实为清华校长首选人的报道。报道原文如下：

清华学生代表晋京请速任命校长
人选属意胡适等三人

（北平四日特讯）清华校长问题，迄今上月未决，学生于昨晚九时召集全体大会，议决（一）由全体大会选派代表赴京，请教部从速任命校长，代表定为三人；（二）建议教授会派代表同时赴京；（三）除胡适、赵元任、周贻春外，其他校长人选，须事前电征同学同意；（四）请学校津贴晋京代表旅费五百元，当选举代表林文奎、刘汉文、汪鑢当选，该代表等定九日赴京。

据上述报道内容可知，清华曾选派代表赴南京请愿，请求教育部尽快择选并委派以胡适为首选人的清华校长，若选派其他人为清华校长，"须事前电征同学同意"，态度明确且坚决。

不久，坊间又盛传胡适密友傅斯年（1896—1950）将继掌清华，似乎又在预示《华北日报》报道中某"要人"所称"用某君为缓冲，俾渡过一个相当时期，而售其最终之计，此最终之计者何，即设法抬出一个胡适是也"云云。

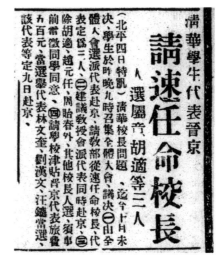

《请速任命校长》，原载上海《时事新报》，1931 年 3 月 10 日。

当时，《民国日报》《京报》等南方报纸均持此说并有报道，傅氏遂去信澄清并要求报社即予更正。孰料北平也随之出现这类传言，且刊登在了胡适学生成舍我（1898—1991）所办的《世界日报》之上。为此，傅氏不得不再度致信，公开发表声明，再次声明自己不会出任清华校长。1931 年 6 月 21 日，《世界日报》公开刊发傅信，方才暂时平息了各方谣传。

据查证，这一通傅信，1980 年台湾联经版《傅斯年全集》与 2003 年湖南教育出版社版《傅斯年全集》两部全集均未收录；且 2011 年台湾"中研院"史语所出版的由王汎森等主编的《傅斯年遗札》[①]亦未收录，是为佚信，一般读者与学者少有知悉。为此，笔者酌加整理（原文仅有句点，今依通行标点），

---

① 《傅斯年遗札》，于 2014 年由北京社会科学文献出版社再度出版，内容与台版基本一致。

转录此信全文如下：

　　前日北平《民国日报》《京报》载一新闻，谓斯年有任清华校长之传说，当即更正。今日贵报重涉及此，谨再声明曰，斯年有自知之明，亦有自决其工作之志，断与"清华大学校长"一名词接连不上，敬乞登载此函，至荷。顺颂撰祺。傅斯年敬白。中华民国二十年六月二十日

◎ 胡适屡提北大国际排名问题

　　至于胡适讲演中对清华大学建校时间提出"抗议"，固然有相当一部分1911年之前的资深校友对此颇有同感，可毕竟建校时间之说，早已为清华校方所确定并公布已久，至今仍循前例，不能再轻易改动了。

　　最后，胡适花了较长时间，重点论述以清华、北大为代表的国内高校创建历史，并与国外大学教育历史相比较，论及两者异同与差距。这一内容，胡适曾多次在讲演中述及，且皆是以其1936年赴美参加哈佛大学三百周年纪念会的见闻与感想为主题，来加以发挥的。

　　正是在1936年赴美参会归国之后，胡适就有过两次讲演，一次在上海青年会，一次在北大学生会，皆为畅谈参会感想。在这两次讲演中，时任北大文学院院长、代表北大赴会的胡适均发出了"北大排名四一九，我们非常惭愧"的慨叹。这样的说法，与此次清华讲演中所谓"五百零四位"的说法有所差异，恐怕是时隔十年之久，胡适记忆有误所致。

　　且说胡适于1936年的这两次讲演之内容，目前能够读到的文本，《胡适全集》即为最易获见者。参阅《胡适全集》第二十二卷，书中辑有胡适讲演《海

外归来之感想》一文，首页有编者注释称：

　　胡适1936年8月赴美参加太平洋国际学会第六届常会，11月回国，12月2日应上海市政府及各团体之请，在八仙桥青年会作了这次演说。载1937年1月1日《正风》（半月刊）第三卷第10期。

　　同书第518页，又辑有胡适讲演《太平洋国际之认识与感想》一文，首页有编者注释称：

　　本文是1936年12月11日在北大学生会全体大会上的讲演，载于同年12月12日北平《晨报》。

　　殊不知，早在1936年12月4日，北平《世界日报》即已对胡适在上海青年会的讲演有过报道；12月12日，北平《世界日报》还对胡适在北大学生会的讲演有过报道，且这两次报道比《胡适全集》所选辑内容更为详尽，报道角度与侧重点也有所不同，故在讲演内容摘要的文本细节上也有所差异。因这方面的内容虽与本文有一定关联，但限于篇幅，在此无法转录全文及相关考述。对此有兴趣的读者，可参阅笔者已发表的《胡适的两次讲演：北大排名四一九，我们非常惭愧》①一文。

---

　　①　此文原载《北京青年报》（2018年4月13日），文中有这两次讲演内容的原文摘录及相关考述。

此外，值得注意的是，《胡适之先生年谱长编初稿》《胡适年谱（修订本）》《胡适日记全编》《胡适全集》等通行文献中，对胡适出席此次清华大学纪念会均无记载，《华北日报》的此篇报道，既可作补订年谱之参考，亦可从中摘选讲演内容之佚文补入全集。

◎ "这也是纪念联大的一个盛会" 及联大九周年校庆

关于清华大学三十六周年纪念会的报道，《华北日报》还配发了两张照片，其中一张为"返校校友校长及来宾"，照片图注为"左起北大校长胡适，清华校长梅贻琦，南开秘书长黄子坚，这也是纪念联大的一个盛会"。

这里提到的"这也是纪念联大的一个盛会"云云，很容易让时人联想到约半年之前，1946年11月1日的西南联大九周年校庆的盛况。当时，北大、清华、南开三校均已于同年10月10日正式复校，"西南联大"业已成为一个历史概念，这一机构实体也已各归其位，不复存在。即便如此，三校仍然决定隆重举办联大九周年校庆，这既是联大最后一次校庆，也是三校联合举办校庆的一次创举。北大校长胡适、清华校长梅贻琦与南开秘书长黄子坚，三人联袂出席，一时传为学界佳话，也为北平社会各界所关注。

1946年11月2日，北平《世界日报》以相当可观的篇幅，较为详尽地报道了"西南联大九周年校庆"，为西南联大校史补题上了一个意义深远的"句点"。在此，为披露与分享这一稀见文献，亦为便于后文据此略加考述，笔者酌加整理，转录报道全文如下：

西南联大九周年校庆纪念日三校热烈联合庆祝

梅贻琦说：三校合作的精神应该要继续

黄子坚说：三校在友谊上应作学业竞争

胡适称：是世界教育史的一页

【本报讯】北大、清华、南开三校，昨日联合举行西南联大九周年校庆纪念日。晨九时，国会街北大门院，即涌满活跃的联大学生，九周年纪念特刊，在大门旁发卖，四壁纪念报刊，都是介绍联大八年来的回忆事迹。十时，胡适校长与陈雪屏两氏，同车同至。之后南开秘书长黄子坚，率联大学生五人，由津来平参加盛会。清华梅校长，因交通工具关系，率学生数人，于十时半即达会场。十时五十分，纪念会开幕。

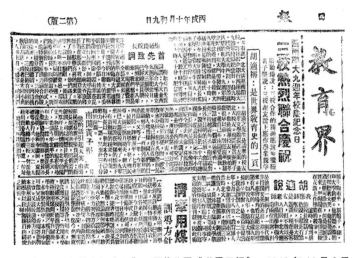

《西南联大九周年校庆纪念日》，原载北平《世界日报》，1946 年 11 月 2 日。

梅贻琦校长首先致词

梅贻琦首先致词谓：今天是西南联合大学九周年纪念日，今天三个学校，已经离开昆明，回到北平。八年来，我们都在昆明。现在感觉到非常幸运，全部又回来了，尤其大家聚集在这里。然而想到从长沙的临时大学迁移至昆，遇到的困难，度着磨难的日子，今日联大的常委张伯苓、蒋梦麟、傅孟真，不能回来同庆，还有留在昆明的师长们，师范学校成立了独立一部分，联大查训导长留在那里。我愿意从军的师生们，欢欢喜喜的到来。牺牲了的师生们，他们为了国家……我一面为他们禁不住感伤。还有因当局防护不周，而殉难的师长，回忆这些，我们这个会，不应仅在形式上，需特别着重过去联合的战果，三校分开了，三校合作的精神，应该继续。因为抗战以前，三校已经有相同的教育方法，或者是大同小异，人事上有"通家"的传统。胡适之先生是清华的校友，清华文学院长冯友兰，是北大校友。南开秘书长黄子坚，也是清华校友，张伯苓在很早以前，曾任清华教务长，我自己在南开受过教。俗话说"亲戚远来香"，但三校越近越香。梅氏还对长沙与昆明的情形，叙述很多，说胡校长于二十六年离国前，还去长沙绕路半小时。由长沙到昆明，不像那些为安全而去西藏喜马拉亚山避炸弹。联大选定了昆明，都是为了西南的交通路线，滇缅公路，可以运图书仪器，以为补充。三十三年因战局的关系，曾一度设叙永分校，但不久即迁回昆明。不是已经没有危险，一度敌人趋贵阳，同人们仍冒危险努力，一直听到胜利的消息。又等了一年，今年三四月间，陆续返平，七月底，最后一批学生，坐了难民车，经三个月功夫，联大三校已大部复校回来了。九年来，可以说在勉强的情形下，有着勉强的结果。最后，梅校长以"彼此本合作精神努力"一语，结束此三十分钟的演讲。

南开黄子坚，他的话引起大笑

其次，由南开秘书长黄子坚致词谓：梅校长清瘦的面貌，男低音的声调，可以回想昆明大西门外草坪上的情境。北平的阳光，和昆明一样，现在要冷了，希望今年北平的冬天，和去年一样。他回忆昆明长沙圣经医院的情形，从长沙到昆明，他和李继侗、袁复礼等步行六十余天。二十九年，敌人轰炸三校，曾派他赴川贵各地巡视，觅一校址。他笑说四川的滑竿，主要是三种生物乘坐，新娘子、猪和大学教授。他的话不断的引起听者大笑，他最后说：过去虽可珍惜，但是要展望将来，把握现在，希望三校在友谊上作学业的竞争。

胡适说，我应该是太老师

这时，轮到胡适校长说话了。他说：还是有点喉痛，不敢大声说话，现在是客人，但不敢以客人自居。北大应由汤用彤和杨今甫两位出席，但是他们一个病了，一个代我主持国文系的系务，都不能来。在会场外看见纪念的标语有八年的，也有写成九年的，如说九年，临时大学在长沙的学办，是我首先提议，我是创办人之一。二十六年七月二十八日，教育界人士，参加庐山会后回南京，当时北大、清华、南开三校负责人，都在那里，经胡适建议，长沙设立临时大学第一区。胡适称：去美国后，第二年敌人炸南大，同事寄去的被炸照片，经我亲自写文章送各报馆刊载。因此联大不仅是我国历史的一段，也是世界教育史的一页。我对于长沙率领学生步行六十八天，历一千英里之旅的教授们，表示崇敬。对梅校长三校"本来是通家"一语，极为同意。我不但是清华的校友，清华校长罗家伦是我的学生，我应该是"太老师"。北大的理学院饶毓泰、数学系主任现任代理理学院院长江泽涵，都是南开校友。清华朱自清教授，是北大学生，因此"通家"的事实，不胜枚举。胡氏最后提出此次赴南京开会前一天，梅校长与陈岱荪访晤时一句话："休戚相关"。

只有合作，才有办法

他认为九年的合作，九年的流亡，只有合作，才有办法。纪念会至十二时，午后一时联大教授吴之椿、孙云铸、费青、冯至、袁家骅、吴晗等讲演。联大图片展、朗诵诗歌会、球赛，及七时举行的戏剧联欢晚会，会况热烈空前，参加达千人，夜九时许始散。

上述这近两千字的报道，历史"现场感"十足，生动描述了"西南联大九周年校庆"这一国内文教界重大事件的细节。清华、北大、南开的"通家"之谊，抗战之情，"休戚相关"之传统，已跃然纸上，三校共同缔造西南联大的奇迹，在梅贻琦、黄子坚、胡适的口中娓娓道来，恍然如昨。

事实上，抗战爆发后，除西南联大之外，其他学校还曾组建过西北联合大学、西北工学院等，但都未能成功维持下来。诚如时人及后人一致认定的那样，清华、北大、南开三校亲密合作、和衷共济的团结精神，乃是支撑西南联大度过艰苦卓绝的八年，是西南联大成功办学的根本保证。三校"休戚相关"之传统与"通家"之谊，恰如冯友兰撰写的《国立西南联合大学纪念碑》碑文所云：

三校有不同之历史，各异之学风，八年之久，合作无间。同无妨异，异不害同，五色交辉，相得益彰；八音合奏，终和且平。

　　值得一提的是，梅贻琦致辞中提到的"叙永分校"，称设立时间为"民国三十三年"，即1944年，可能记忆有误。据当年叙永分校学生郎昌清忆述，该校设立时间应为1940年。叙永是位于川、黔、滇交界上的一座小县城，今归属四川省泸州市管辖。此地是盐商贩运食盐至黔、滇必经之路；长江支流永宁河蜿蜒曲折穿过县境，把叙永县分成东西两城。两城之间有上、下两座桥相通；地势险要，易守难攻。1940年，日军借道安南（现越南）攻滇，昆明也危在旦夕，西南联大为此也做了必要时迁校之准备。于是同年设立叙永分校，让大一新生先在此上课，限12月20日报道。叙永分校的开学时间为1941年1月6日，到8月中旬就结束了第一学年的全部课程；同时，第一批学生回到昆明本校，也就宣告了叙永分校的结束。

　　此外，还有一个现象值得注意，需要另做一番考析与说明。且说因联大校庆会场设在北大，胡适首度以北大校长、清华校友的身份致辞，似乎只是一位与西南联大有着校史渊源的资深人士发表感言而已。在胡适之前，以北大校长身份参与西南联大创办，并任西南联大校委会常委的乃是蒋梦麟，于情于理，似乎应由蒋氏出席此次盛会，比胡适更为合宜。不过，蒋氏已于1945年离职，出任行政院秘书长，傅斯年曾一度出任北大代理校长，直至胡适归国正式接任北大校长一职。在这样的情势之下，胡适以北大校长的资格出席此次盛会，似亦合乎时宜。

　　众所周知，胡适因于1937年"七七"事变爆发之后不久，即临危受命，被当局派驻美国，出任中国驻美全权大使，为宣传中国抗战与争取国际支援而游说于欧美各国。直至抗战胜利，1946年7月方才归国；同年9月，正式出任北大校长。也就是说，此时出席联大校庆的胡适，即便归国出任北大校长，也不过才履职两个月而已，与西南联大整整九年的创办与运营，确实是没有任何参与的。这一历史实情，也确实无须赘言。

殊不知，据1946年4月由西南联大内部印行的《西南联合大学校友录》一书，可知胡适还曾当选西南联大校委会常委，只不过"备考"一栏中标明有"尚未到职"字样。从某种意义上讲，胡适以其在中国教育界、文化界、学术界的卓越声望，以其与北大、清华、南开三校的深厚渊源，虽因身在国外而未实际参与西南联大创办与运作，但仍享有西南联大"名誉常委"的资格。

抗战胜利，家国重光之后，民生亟待复苏，文教亟须复兴。纪念与庆典之后，乃是一段苦难历史的结束，更是未来蓝图的开启。此刻，西南联大结束其八年历史使命，开办九年后仍然留驻于广大师生记忆中，恒久难忘而为不朽之记忆。与此同时，原西南联大主体清华、北大、南开三校的复校工作，却又是千头万绪，艰巨繁杂。1946年11月3日之后，北平《世界日报》又接连刊发一系列报道，称三校在北大开联席会议，要联合汇编校志，商议复校校务及联合招生等等。

约半年之后，清华大学又迎来三十六周年校庆，原西南联大校务委员会主席兼清华大学校长梅贻琦，复邀请曾当选西南联大校委会常委，已为北京大学校长的胡适，以及原西南联大训导长兼昆明师范学院院长查良钊，南开大学秘书长黄子坚等出席纪念会。显然，"这也是纪念联大的一个盛会"；《华北日报》相关报道及考述，业已见本文前述之内容。

最后，还需加以说明的是，《华北日报》报道所附胡、梅、黄三校负责人步入清华会场时的合影，仍因年深日久、油墨漶漫的问题，图像模糊不清，几不能辨。不过，因还曾有其他报刊杂志发表，至今仍可获见两张角度略微不同的这一合影，图像尚清晰可辨。

譬如，1948年《旅行杂志》第二十二卷第十二期之上，就曾刊有这一合影，为之所配图注，也颇有特别之处。

这一摄于清华大学三十六周年纪念会上的合影，在这里被强调为"纪念西南联大复员一周年，在清华园中所摄"，流露出杂志社方面对"西南联大"这一特殊历史产物的特别关注。无论如何，这一帧具有"世界教育史的一页"之历史价值的，原西南联大三校之代表的合影，总算是在清华三十六周年纪念会之上，在"这也是纪念联大的一个盛会"之上，为后人留下了可供瞻仰追思的珍贵影像。

"纪念西南联大复员一周年，在清华园中所摄，此四位人物乃三校之代表，（一）为南大秘书长黄子坚氏，（二）为清华校长梅贻琦氏，（三）为胡适之，即今之北大校长，（四）为前联大之训导长查良钊。"此合影图片原载于《旅行杂志》，1948年第二十二卷第十二期。

胡适：就任北大校长始末

1945年9月2日，日本向盟军投降仪式在东京湾密苏里号军舰上举行。在包括中国在内的九位受降国代表注视下，日本代表在投降书上签字，这标志着中国抗战取得最终胜利。次日（9月3日），即如今已经法定的"中国人民抗日战争胜利纪念日"这一天，国民政府教育部长朱家骅致电胡适，称当局已推定胡适为北京大学校长，未归国之前由傅斯年暂行代理校长之职。

不过，奇特的是，向来视写日记为人生要务的胡适，在1945年这一年的日记却没有留存下来，后人也就无从得知，当时这一任命宣布前后他本人的种种情状。只是通过胡适当时的一些私人信件内容来看，他本人更愿意从事纯粹的学术研究（完成《中国哲学史大稿》及《水经注》疑案），而不愿意直接从事教务管理工作。

1946年5月4日，五四运动二十七周年之际，傅斯年在北平就任代理北大校长。他的"代理"之职，实际上是为胡适归国后就任北大校长做好准备。6月1日，胡适从美国启程，经海路归国。7月4日下午三时，胡适乘坐的海船抵达上海吴淞口外，此时离他奔赴美国从事国民外交工作已经整整九年。7月29日晨七点半，已经在南京、上海逗留数日的胡适，由上海乘机飞往北平。当天下午一点左右，胡适偕长子胡祖望飞抵北平。当天的《胡适日记》中写道：

　　来机场欢迎者众多，李德邻主任、萧一山、吴铸人、成之弟，北大同人有毅生、孟真、锡予、召亭、华炽、素莹诸君。

　　此刻，重回故国，重归故都；重见故友，重履故土，胡适不禁为之感叹道：

　　九年前今晨，二十九军退出北平。九年前昨日，我从庐山飞到南京。次早始知平津皆失陷了。

　　自"七七"事变爆发，到抗战胜利，胡适一直奔走在国际外交前线，一直在美国从事大使外交与国民外交相关工作；此刻，九年海外公务生涯暂歇，重新回归国内文教事业之中的胡适，感慨万千、意绪纷繁总是难免的罢。

　　在胡适这则日记之后，1946年的整个八月只有一天写有日记，且只是一份孙楷第为其购买《水经注》各种版本的书单而已，别无其他。整个九月也只有五天写有日记，全部都只是关于《水经注》版本研究的。那么，想要从其本人的日记着手，来探研其人于1946年9月正式就任北大校长前后的种种境况及其心路历程，已无可能。

　　可是，即便如此，也可以想见，作为抗战胜利之后，国立大学里历史最久、名望最高、实力最强的北大之复校，当时可以说是举国瞩目、各界关注的重大事件。无论是作为曾任驻美大使的胡适，还是作为将出任北大校长的胡适，此时此刻的归来，都是注定要成为1946年北平文教界的焦点新闻人物的罢。因此，虽然胡适本人的日记没有任何相关记载可循，但北平当地的各大报刊之上，应当是有不少相关报道的。搜罗与检索这些旧报刊，胡适出任北大校长前后的诸多景况及细节种种，总是会浮现出若干历史信息与线索的罢。

事实上，当胡适走下飞机，踏上北平地面的那一刻，各种新闻报道已然接踵而至。经笔者查阅，北平《世界日报》就是当年报道胡适行踪及言论最为及时、最为详尽的报刊之一，胡适就任北大校长前的种种言行，几乎尽收于该报各版各栏之中。这就为探研1946年胡适就任北大校长始末提供了难得的原始史料，从这些史料文献之中可以窥见与感知那些"现场感"十足的历史信息与细节。

譬如，1946年7月29日，胡适刚下飞机，该报记者的话筒就递到了胡适面前（次日见报）。面对记者的现场采访，胡适的谈话也意趣盎然，颇有可读之处。在此，就将这篇专访报道原文酌加整理，转录全文如下：

去国九年寄慨万端
胡适昨飞抵平对记者谈数年内将不他往

【特写】在地球那一面逗留了若干年头的胡适博士，重新回到祖国，又重新回到这古老破落的燕京了。

当中航机掠过古城上空的一瞬，我想：除了让胡先生感慨万分以外，他该

1946 年 7 月 29 日，飞抵北平之后的胡适，换下西装革履，着中式长衫，偕长子胡祖望，与北大代理校长傅斯年一起出席记者见面会。

怀抱着一种更欣快的心情，庆幸着故都的河山无恙。

在九年的过程中，北平市上简直像一个历经沧桑的老人，显得衰老了。然而，胡先生却显得年青。乌黑的头发，健壮的身躯，兴奋的精神，一切一切，和九年以前，没有什么歧异。

年青的胡先生，第一步踏进北平市的时候，一束鲜花，送到胡先生怀里。这是更年青的北平学生们，对他寄予的精神上的拥戴。

军政首长，和文化教育各界代表李宗仁、萧一山、吴铸人，以及傅斯年、陈雪屏、黄如今、左明彻诸公，一一和胡先生握手寒暄后，一列汽车拥护着他，离开西郊机场，开进北平市。直射的阳光，给这列车子，投下了一副直角的影子。

丰度犹存

下午五点钟，胡先生在东昌胡同一号中央研究院，接见记者：

此时，胡先生已经换上了一件蓝灰色的长衫，轻轻的摇着折扇，完全恢复了九年前的恬静姿态。他开始向记者们说起这几年来的经过：

"二十六年'七七'后一日，我乘车到牯岭去开会。七月二十八日，北平沦陷了。九月二十八日，我由香港飞往美国……"他首先追述起九年前的行程。

"离开祖国九年，今日回到北平。虽然文物如故，一切没有重大损失。但是，也不免感慨万分。……

"此次主持北大，是去年九月三日发表，并且决定由傅斯年先生代理。十个月以来，接收复校，办理学生教职员从西南北上，以及解决教授生活等问题，都是傅先生办理的。返国以后，曾和傅先生见面两次，但并未详谈。所以关于北大的情形，不大清楚。以后，还希望傅先生帮助，使我明瞭。"

旧友多已作古

"这次来平，见到了多年老友，兴奋得很。但是，老友钱玄同、马裕藻、孟森诸位，都已作古，实在不胜叹惋……"

胡先生说着，为这些老友，轻轻的摇了摇头，话风又转到北大上去：

"北大今后的作风，仍要本着蔡元培先生的'容忍'两字去做。我一向主张信仰自由，思想自由，发表言论自由。并且对反对方面，见解不同的意见，竭力容忍，予他人以自由。譬如：我是无神论者。但是，我仍然协助各种宗教信仰者。"

感念闻一多

谈到李公朴、闻一多的事件，他说："对李公朴不太熟识。但是，闻一多对新诗上的成就，和旧文学的造诣很深。无论如何，总是文学界的损失。"

对于目前政局，他拒绝表示意见。他说："究竟三方会谈的是些什么，我都不清楚，也许傅先生比较详细一些……"胡先生说着，指了一下坐在旁边的傅斯年先生。傅先生赶忙摇头说："我和胡先生一样不清楚！"

一种进步

胡先生又补充说："返国后二十几天里所见到的中国，确已较前进步很多了。比如共党报纸，在京沪可以随便买到。共产党在去年联合国大会中，曾有代表出席。以及在南京时，王世杰、朱家骅请吃饭，都曾邀共产党代表董必武等出席。这些，都是目前新作风的开端。"

另外，胡先生又说："因为返国不到二十天，在北平不到十几个钟头。对于国内详情，一切隔膜，所以很想找一份九年来的报纸，从头到尾，阅读一次。"

谈到周作人

谈到周作人，胡先生说："我们是多年的老朋友，现在我们依然是老朋友。不过，我对于这事，个人不便发表任何谈话。因为在欧美，一个案件，正在进行审讯的时期，任何人不便以私人意见影响到法庭的审理。……不过，周先生从前曾向我写信表示，并且曾自己向外发表：他在北平走不开。但将来绝不会对不起大家。……究竟，这是一件伤心的事。……"胡先生的表情上，显然露出惋惜的意思。

美国女记者多

这时，有人提出二十年来的女子教育问题，和三十年前胡先生所倡导的新文学运动问题。胡先生表示："这问题太大了。"

傅斯年先生在一旁，指了彭子冈女士说："这不是足以表现女子教育的进展吗？中国女子，不是已经站在新闻线上么？"胡先生也说："美国的女记者，是比较多一点。不过，还是男记者更多。"

一件满意事

至于新文学问题，胡先生认为这是历史上的一件大事。他说："目前已稍觉满意。不过还有两个障碍。第一，是各政府机关往来的文书，以及法律条文，依然是古文词句，其次，是报纸上的新闻，十分之六七，仍然利用文言。但是这一点，现在已然有了相当进步。"胡先生特别引证："最近，上海大公报上胡先骕的星期论文说：在先骕先生的那篇论文里，居然发现了起码四五十句是白话文。这是我胡适之返国以后，认为第一件满意的事。"

关于美国

关于美国对中国的政策和印象，胡先生认为廿年来，无大变化。他说："美国仍然采取着门户开放，机会均等的主义。总之是希望中国强大。所以，美国为了中国的问题，不惜以马歇尔这样头等人物，来进行调处。"

"不讲为妙"

"胡先生准备作公开演讲吗？"有人这样问。

胡先生说："因为我在二十七年到二十八年间，曾患严重的心脏病。所以医生嘱咐，不宜作长时间的演讲。尤其是在扩音等设备不健全的原则下，更是不便。"说着，他又谈起十八年十一月，在北平协和礼堂，以及后来在上海青年会的两次公开演讲，因为听众拥挤，而出的乱子。所以，结果还是"不讲为妙"。胡先生更微笑着说："我想：最好，校长是个挂名的。同时，希望傅先生再许可我不教书。"

如此解围

记者的问题太多了，胡先生有些难于应付。连说："傅先生是我的保护人。"傅先生似乎打算设法解围，记者群中又发出声浪说："不希望傅先生帮腔。"于是胡先生很谦逊的说："为了我，耽误你们很多的时间。其实，我在这几年内，打算长期留在北平，我们谈的机会很多。还是留下许多问题，慢慢的谈吧。尤其，现在有好些问题，我只好交白卷。"

终于还是"保护人"傅先生到后面搬来了胡先生的令侄祖望，才解了记者之围。这时，还有不少人，围了胡先生请他题字。胡先生笑着向青年的记者说："只写个名字吧。你们成了小学生！"

听说，昨天晚上，李宗仁主任曾往访胡先生，并且合拍了一张照片。大概今天上午九点钟，胡先生要到北大去看一看。至于胡先生的夫人听说：在两星期以后，可以捎带着胡先生的书籍等物搭轮北上。

这篇近两千五百字的专访稿，在当天的《世界日报》头版上发表出来，显得格外醒目。记者摘录了许多胡适的谈话要点，每个要点虽只是两三句语录的方式记述，但从中透露出来的历史信息还是相当丰富的。

比方说，胡适主持北大的核心精神是"容忍"，即秉承蔡元培主校以来的一贯主张——兼容并蓄。又如，对自五四以来新文学、新文化运动成绩，胡适基本认可，并举出了当年创办《学衡》杂志，形成了所谓"学衡派"以对抗新文学运动的胡先骕为例，认为他都开始写白话文了，可见最顽固的"反对派"已然"皆兄弟也"（后来二人曾合影，胡适为合影题辞"皆兄弟也"）。再如，对闻一多之死表示惋惜，对共产党人已然步入并影响当时的中国政治、文化生活，胡适也表示是开明社会的"一种进步"，称这是"新作风的开端"。

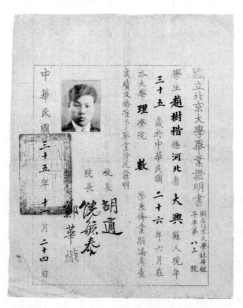

1946年11月24日，钤有校长胡适署名印鉴的北大毕业证书。

　　此外，关于老友周作人因"汉奸罪"被捕事，虽心生惋惜之意，但还是为了维护司法公正，胡适没有在媒体记者面前作明确表态（后来曾向法庭举证周作人在北平沦陷期间确有保护校产之业绩，为其减刑说情）。

　　凡此种种，皆是胡适阔别祖国九年之后，重履故土，刚刚踏上北平地面之后发表的感言，虽未必经过缜密思考，但也均是"第一反应"，自有其别具看点的鲜活生动。值得注意的是，胡适虽然盛名在外已久，但毕竟九年都未曾在国内露面，北平当地记者对他的了解，也难免有一定的隔膜——报道中将其子胡祖望认作其侄子，便是明显的一例因缺乏了解而产生的讹误。

　　北平西郊机场的欢迎仪式及记者见面会之后，紧接着是7月31日举行的北大各院系教授、助教欢迎茶话会（次日见报）。这次茶话会，可以视作北大校内管理层及教员群体与胡适的首度会面，其实质意义等同于胡适履新之前的"碰头会"与"通气会"。次日报道，原文如下：

北大各院系教授助教　昨开茶会欢迎胡适
胡当场修正傅斯年的"北大三宝论"

北大各院系教授助教等六十余人，为了欢迎阔别九载的胡适校长，昨天在该校大会议厅举行了欢迎茶会。下午四时，记者做了这会中的不速之客，是经郑天挺秘书长的特别许可，走进了会场。

由傅斯年宣布开会

胡适旁边坐着傅斯年、陈雪屏、郑天挺。四时半傅斯年宣布开会，首以幽

默的口吻说明北大有三宝，即蔡元培、胡适，及本校全体教授。随即对胡校长
致简短的欢迎词。

北大究竟是谁的功绩

这时胡校长随着起立致词，首先提出"修正北大三大宝论"，谓实为蔡元
培、蒋梦麟及傅斯年。（谈及傅斯年对北大的功绩，频以手拍傅氏之肩，并加
以幽默说明，致引起大家的哄笑。）继续又说起本人不愿意多说话，也觉得不
应该多说话，九年以来，未曾尝到诸位所尝到的种种痛苦，而在美国苟且偷安
的过了九年，深觉得无颜对大家。

心脏患病不能飞行

四年前本拟返国，因患心脏病，医生坚嘱不可做高空飞行，同时连爬楼梯
都不可以，所以才忍心赖在美国。虽然后来自己做饭、洗衣、扫地，住在纽
约一间小屋内，可是觉得比诸位幸福得多，因此时常感到无限的惭愧。本人
自当民国六年入北大任职，只是愿意教书，虽然先后做过文学院院长，以及五
系中的四系主任，可是一百分不愿意担任行政方面的事务。此次发表北大校
长，事先根本不知，接到朱部长的电报后，考虑了五六天，才有条件的答应
下来。

北大可喜的两件事

今日北大于无意中增加了三个学院，人数增加了五倍，这是可喜的事。可
是我们想到中国从亡国的危机上跳到了四强之一，坐在第四把椅子上，现在已

经被人赶下而坐到第五把椅子上。我们就该觉到我们责任的重大，假如想坐稳第五把椅子，是必须要以文化做基础的。

没有五十年的大学

中国有五千年的历史，可是没有五十年的大学，这是一件如何痛心的事，我们真该替这五千年的古国，替这坐第五把椅子的国家办一个现代化的大学。讲毕由汤用彤教授代表全体致词，并提议致电蒋梦麟表钦仰之意，当经全体同意，推傅斯年起草。

无须多言，此次茶话会的内容，寒暄叙旧当然是主旋律。胡适这么一个说来就来的"空降兵"校长，也需要这样一个带有缓冲性质的、氛围轻松的"亮相"。但傅斯年的"北大三宝论"，还是险些让胡适下不了台。

心直口快的傅斯年，将推崇胡适之心表露无遗，却将前任校长蒋梦麟（1886—1964）排除在"北大三宝"之外，这于情于理，确也说不过去。

事实上，曾任南京国民政府第一任教育部长的蒋梦麟，自1930年12月受命于蒋介石出任北大校长之后，直至1945年8月辞去北大校长一职，在任时间近十五年之久，为北大历史上任期最长的校长。在蒋氏任期之内，历经"九一八"事变、"华北自治"运动、"七七"事变、西南联大筹建等诸多重大历史变局与艰险历程，在这一特定的历史时期，其人倾尽全力，冒着种种政治风险，履行了特定的历史使命。

不过，由于西南联大时期，蒋氏曾力主联大从昆明迁至蒙自时，多位教授表示并不认同；其人也明确表示过不支持学生发起所谓的"救国运动"，为此也曾饱受学生群体的指责甚至攻击；加之三校合办的西南联大之中，始终以梅贻琦校长主政，蒋氏行事低调，且常住重庆，没能为北大在联大内部争取更大的话语权，对于这一点，北大师生群体里也颇有怨言。这些针对蒋氏的种种不满与质疑，于1944年"倒蒋举胡"风潮之际，曾一度达到高潮。蒋氏老友傅斯年、周炳琳等，当时也成为"倒蒋"分子，他们一致希望请当时尚在美国的胡适出任北大校长，重新振兴北大。

正是在这一背景之下，在此次茶话会上，傅氏抛出"北大三宝论"，就显得更为咄咄逼人，有些不近情理了。胡适当然明白其中利害，当即对傅论予以纠正，不但肯定了蒋氏治校功绩，还随即打趣似的把傅氏加入"北大三宝"之一，插科打诨之间，一定程度消解了现场诸位心照不宣的种种芥蒂。至少，现场氛围重又轻松起来，不至于剑拔弩张，不欢而散。

1946年8月4日，北大校友会在蔡孑民先生纪念堂召开欢迎会，热烈欢迎胡适归国。当时，胡适虽尚未正式出任北大校长，但任命早已公布，因此，这次欢迎会，也可以视作北平文教界欢迎胡适出任北大校长的首次集会。然而，遗憾的是，无论《胡适年谱》，还是《胡适日记》，以及胡适研究的各类通行著述之中，对此次欢迎会的细节都语焉不详，也就令后世读者无从知晓当年北平文教界对胡适归来的"第一反应"究竟若何了。

还好，笔者查阅到此次欢迎会次日的北平《世界日报》有较为详尽的报道，为约略了解此次欢迎会的现场实况提供了难得的参考资料。在此，对报道原文酌加整理，转录全文如下：

北大校友昨欢迎胡适

全体二百余人向胡签名致敬

【特写】昨天雨后傍晚的时候，北大校友会在北大蔡子民纪念堂里，欢迎胡适之先生。

大门上面横挂着"北大校友会欢迎胡校长"的红布标帜。几十年的老校友、新校友，陆续由这标帜下走进去。

六点多钟开会，这时，小雨刚刚下完，地面还泥泞着，蕴含着不少的水分，空中也没有放射出阳光。会场里的人们，感觉到不太热。同时，在这凉如新秋的场合里，瞻仰着胡先生，听他的演讲。

胡先生总是微笑的。这次，集新旧校友二百多人于一堂。欣喜的情绪，更是可想而知。他穿着米色纺绸长衫，显出非常愉快轻松的样子，和校友们握手，快要握不过来了，那样恳切、诚挚。

主席吴铸人，同学代表刘瑶章，这两位人，一个主持着河北省党务，一个主持着北平市党务，都是校友。由吴致开会词，刘致欢迎词。意致诚恳，得到

1946年8月5日，北平《世界日报》报道，《北大校友昨欢迎胡适》。

一般校友的同情。

在一片掌声里，胡先生开始讲话了。他首先表示：谢谢校友的盛意。接着说：许多校友恭维他，说他有什么什么功，他绝对否认。并且不是谦逊，确是事实。下面就滔滔不绝的讲起来。会场里，时常发出入神的笑声。除了这笑声以外，便是一片肃静，只有胡先生一个人讲话的声音。

出国的经过
大使没有成绩

胡先生先说他出国的动机和经过。他说："抗战期间，我和傅斯年先生们，在中英协谈话时，傅先生主张，叫我出国去工作。我当时拒绝，因为我的确没有那种能力，不敢出国去。那知傅先生一再坚决劝我，他说他如果有这样愿望，在这国家多难的时候，国家叫我到那里，我就到那里，决不推诿。他说得非常激烈，以至于哭出来，哭得我没有办法。他这一哭，把我哭得出国去充军了九年。

"在最初，我出国的目的，不过是随便考察考察。那知后来又奉政府派遣，到美国去作外交的事情。这一下，整整四年。这四年的大使，可以说是毫无成绩，从来没有由我签订过一次条约，也从来没有经我借过一次款。所谓毫无成绩，绝对不是谦逊。因为，那时的世界局势里，任何人也不能有了功劳。那时的局面的大变动，纯然是整个的大局使然，不是任何一人所能作到的。同时，作事的人，不能存着立功的思想，否则就对不起国家。我在那时，也只是想说真话，说说负责任的话。所希望的是，或者使西洋人知道我们中国，是个文明民族。在那个大历史的局面里，如果说某人有功，我们绝对不要相信。

五四运动

在上海不知道

"又有人说：胡适之提倡五四运动等等的话，这又是莫名其妙的。'五四'那一天，是星期日。不仅是我，连陈独秀在家里，也不知道外边有了烧房子打人的事。那天我在上海，住在蒋梦麟先生家里。正在从事欢迎美国杜威先生的工作。当天，一点也不知道。到了第二天看报，那时的上海报纸，没有北平专电。后来有人敲门，是《时事新报》的记者。他说：昨天北平出了大乱子，你得到什么消息没有？我说：我不知道呀。后来，又细打听，才知道有这件事。所以有人说：'胡适之、陈独秀，提倡五四运动'，那是绝无其事的。但是，那时，中国外交失败，日本外交胜利。五四的开会游行，既无人主使，也没有人提倡领导，完全是自然出动。这种精神的可贵，就在于此。我后来曾把这事件，写了一篇文章。将来在学生运动史上，该要有正确的结论。

北大的历史

不够五十年

"今天因为天气热，我不多说。北大是值得大家努力的学校，希望能成为最好的大学。不过在目前，没有一个学校不感到困难。所谓理想的大学，恐怕是作不到的。北大有多年的历史，不是后人的鼓吹歌颂所能改好的。我们只有认清环境，认清使命去努力。

"所谓领袖人才，是由哪里产生的呢？以前差不多产生于贵族社会。而在民主政治里，大部是从大学里挑选人才。几千年来，有所谓科举。在二千多年里，维系人心，为国家选拔人才。科举制度废除以后，高等学校就应该担起这种责任，造成领袖人才。这个任务，要能前进做去。

"我时常想：我们中国，最不幸的，就是有五千年的历史，而没有一个五十年不间断的大学。就是我们北大，也还差两年，才够五十年。

"我们中国是有五千年的历史，在国际上，坐了第五把交椅。先曾坐上第四把，后来因为不够，又来坐第五把。但是，在全世界里，科学不发达，文化不发达。差不多，一切都不大发达的国家里，能坐第五把交椅的，只有中国一国。虽然，不在四强之列。

"在这个现情势下，我们若再不进取，那真不知将要怎样。努力的基本，仍然在学术方面。我向来很注重事实。我们有五千年的历史，而没有一个五十年不间断的大学。这是我们的大弱点，也是我们的大羞耻。

只要有决心有钱
在世界上站得住

"及至我到外国一看，我才知道，大学是可以迎头赶上的。只要有决心，只要政府有钱，肯花钱，肯努力，我们绝对可以迎头赶上。

"牛津大学，其有八百多年的历史，开创于一八九一年。①后来，由煤油大王把这破烂的大学整顿起来，办到现在。五十五年，已成为全世界公认的头等

---

① 报载"一八九一年"有误，牛津大学的具体建校时间虽已不可确考，但有档案记载的最早授课时间为1096年，之后在1167年因英国皇室的大力支持而迅速发展。信息来源：www.ox.ac.uk（牛津大学官网）。

大学。坎尼弗尼亚工科研究院，在以前，从未听见过有这样一个学校。那是二三十年的功夫，就成了第一等学校。还有普雷斯顿，有个研究院的研究院。入院的人，须具有博士资格。也是经过二十年的整顿，现在成为世界公认最特等高而又高的学府了。

"我们北大，只有这几十年的历史。假若硬往前推，推到国子监，推到太学，推到明朝、元朝、宋朝，以至于汉朝，推到纪元前一百二十四年，那就有二千多年的历史了。那样推，也没有办法。但是，学校的年头多少，是没有关系的。主要的，是要大学提高，高等教育提高等等。只要政府有决心，以及政府社会人士给钱，那末，我相信，再过十年，北京大学可以在世界上站得住，可以成为世界上一个好的大学。

十年后的乐观

先报告出来

"我对于本校，是相当乐观的。而且我的这种乐观，是有根据的。我谨答谢大家对我的好意，希望校友帮忙，无论校内也好，校外也好，我们一致努力，设法在十年内，把北大给成就起来。那末，在十年后，我们再会面谈话的时候，或者可以有点成绩，报告给大家。"

这一篇讲演，又是宝贵，又是津津有味，只可惜记者写不好。说完，校友们用力的鼓掌，把胡先生送下。胡先生下去以后，又站起来说："我还有两句话。"

他指着身旁的冯友兰先生说："冯先生是我们最老的校友。再过几天，就要到美国讲学去了。我想借这个机会，请冯先生和我们谈一谈，并且借此给冯先生送行。"

冯友兰上去

首先表示乐观

冯友兰先生在全场欢迎里走上去，满腮的胡须，掩不住愉快的笑容。他说："北大最幸运，因为没有受到损失，而且还增添了些设备。在北大、清华、南开三校里，有三句话是：'北大四壁琳琅，清华四壁皆空，南开四壁皆无。'我已看了清华，恐怕要恢复，还需要几年。北大在物质上，增加了不少机器图书，精神上又有了好校长，前途自可乐观。我在昆明时，有几个朋友在一块，就说蒋梦麟先生离开了北大。那时就想：谁能继续。大家都猜说：胡适之先生可能。后来发表，果然是胡先生。孟子说：以天下予人易，为天下得人难。我为北大，庆幸得人。

"方才胡先生说：对北大很乐观。我这人，平常也是很乐观的。有人说我'心气和平，遇事乐观'。我对于胡先生十年造就北大的意思，完全相信。

"在昆明时，看到西南联大的图书馆，我想起，我们北平教授，每人家里的书拿出来，差不多都比它多。一个教授家里的书，拿到昆明，可开一个图书馆。若是看东安市场里丹桂商场书摊的规模，那就更了不得了……"

冯先生最后，再强调北大人事领袖及物质的丰富，象征前途的光明。他讲完，由校友会代表，向胡先生献签名书，有二百多人签名，向胡先生致敬。签名书的开端，词句是这样：

二百多校友

向胡先生致敬

"三十五年八月四日，国立北京大学校友会在母校蔡孑民先生纪念堂开会欢迎胡校长，对距'七七'事变已九年，距敌人投降之日将一年，距母校复员之开始方数月。校中教授自昆明先后到达北平，学生多数尚在途中跋涉。先生新出海外归来，睹国土重光，校舍如故，定觉欣然。先生在抗战期间，远秉使节，为国宣勤。今来长校政，承蔡故校长之遗绪，发扬北大之精神。此不仅为母校之幸，亦为中国学术界之光。校友等集会于此，一致向先生献其诚意之敬。爰签名于后，以供留念。"

在这下面，有二百多人签名，第一名是"冯友兰"。

余兴的笑

胡先生很高兴的接过来，接着便是摄影、聚餐。一共三十五桌，按照"民国三十五年八月四日北京大学校友会欢迎胡适之先生莅平联欢盛会"三十五个字①，每字一桌。两个"会"字，一个正写，一个简写，以示区别。胡先生表示，这顿饭，吃得非常痛快。

到了九时以后，还有余兴，有蒋风之的南胡独奏等。尤其小学生，幼稚园儿童的歌舞，共是九个节目，把胡先生看得笑了。这个笑，笑得天真而轻松，表现出"欢迎""联欢"之尽兴！

---

① 报载原文为"三十五个字"，实为三十个字。

上述这篇近三千五百字的报道，出现在当天《世界日报》的头版之上，其篇幅与规模，已然超越了先前胡适飞抵北平之际的首次专访报道。也正因为如此，该篇报道所透露出的历史信息及现场细节，自然更为充分丰富。

譬如，胡适首度在国内公开总结自己的外交生涯，撇清自己与五四运动的关系，痛陈中国大学建设的薄弱等等。胡适的谈话中，还再次提到了中国的国际地位原为第四，后列第五的状况。这一状况，胡适曾在先前北大校内茶话会中也提到过，主要是指当时联合国安理会的五个常任理事国（美、苏、英、法、中）评选之事。

联合国安全理事会的五个常任理事国，即"二战"盟国的五大战胜国——最早是美国罗斯福总统提出的战后"四大警察国家"，即美、苏、英、中四国，后来在英国的坚持下，又增加了法国。胡适本人于1945年出任中华民国国民政府代表团代表，在旧金山出席联合国制宪会议；复又以中华民国首席代表的身份，在伦敦出席联合国教育、科学及文化组织会议，制定该组织的宪章。从"四大警察国家"到五个常任理事的国际谈判历程，胡适曾亲身经历，所以记忆深刻，也因之对中国因国力不济而导致的国际地位不保，深感痛惜与忧虑，所以归国之后，在公开场合对此也一提再提。

此外，值得一提的是，在欢迎大会上，竟然还有与胡适学术观点始终相左的终身"论敌"冯友兰。作为北大资格最老的校友之一，冯氏在二百多人的校友签名簿上竟成了第一位签名者，且在会上也与胡适有相当友好的互动。这些历史信息，后世研究者似乎都有所忽略，七十余年来都未曾公开披露，也因之别具看点。

在此次北大校友欢迎大会之后，《世界日报》对胡适的称谓，也基本确定了下来，即"北大校长胡适"。这一方面说明，胡适从1946年7月29日飞抵北平之后，通过约一周时间的密集"亮相"，通过北平文教界及北大内部的各种非正式会晤之后，已为北平社会各界所周知与熟知，其北大校长的履职历程已然正式开启。当然，在此之后，胡适还担任过北平首个"八一五胜利日庆祝晚会"主席，并曾主持会议欢送蒋梦麟、傅斯年离任北大等诸多会议活动；在这一系列的为正式就任北大校长所做的种种社交活动之后，胡适终于迎来了北大复校的开学典礼。

时为1946年10月10日，北大隆重举办开学典礼。胡适以北大校长身份，首度站在了北大主席台上，对北大全校师生训话——这标志着其人正式就任北大校长，履新视事。次日报道，原文如下：

北大昨晨开学典礼　胡适校长亲临训话
声明本人无党无派　对政治信仰不干涉

【本市讯】北大昨晨十时，在国会街第四院，举行胜利后第一次开学典礼。由胡适校长主持，教职员出席者百余人，台下学生千余人。胡适校长即席演讲：首先介绍北大是一自由独立研究的传统学校，至今已四十八年。北大历史可分五期：第一是开创时期，自一八九八年到民国五年，为京师大学堂。第二为革新时期，民国五年至十六年，蔡元培先生任校长。第三是过渡时期，自十六年至二十年中间，北大一度几乎消失，一蹶不振。九一八事起后，是第四个时期。二十年到二十六年，在这第四个时期"中兴时期"中是北大奋斗最努力，也最困难的一段历史。第五时期，自二十六年冬回到北平，搬家流亡，成立联大，整整八年。这时期令人感到伟大的是：（一）在极端艰苦中，

1946年10月11日，北平《世界日报》报道，《北大昨晨开学典礼胡适校长亲临训话》。

教授继续作学术上、教育上的奋斗。胡氏在此谓应以一百分的敬意，向他们致敬。那时甚至教授穷得和太太摆摊子补助生活。北大保持着吃苦的遗风，三校合作的精神，维持了八九年，直到现在。但北大以老大哥的资格，一切荣誉的事，由清华、南开去担任。胡氏讲到此说，已经谈了四十分钟的北大历史，现在的北大是新北大，"大"的北大。人数：联大分发的七〇九人，临大一五六二人，新生四五八人，工学院北平区新生九二人，七考区先修班六八六人，共三五〇七人。加上医学院试读生七人，总计三五一四人。还有沈阳等地招生，今年度北大为四千人的大学，学院增加农、经、工三院，学生增加三倍。

胡氏说：北大不作梦想，不作太高的理想，免得被人认为夸大。但是精神的财产，有蔡、蒋两校长的三十年自由研究的风气，独立研究的风气。八年来军训教官白敬达先生，为敌所执，不屈不挠的精神，以及一些老职员，不顾困苦和危险，保护了北大的精神财产，现在已为新北大了。胡氏并特别介绍北大医学院，已成为全国人材设备数一数二完备的学院，要使北大成为像样子的大学，成为全国最高研究学术的机构，使先生、学生在全国学术上，思想上，文化上尽最大的努力，作最大的贡献。他主张：（一）提倡学术的研究，先生们领导学生，作独立的研究。（二）充分利用工具，作独立的研究，至自由研究，是北大一贯的作风，"自由"是学校给予师生的，"独立"则为创造的，要独立不依傍门户，利用眼、耳、脑。最后胡氏谈到他是无党无派的人，希望学校完全没有党派，但对学生、先生的政治宗教信仰不限制，那是自由。只是有一个前提，就是学生要将学校当成学校，学校将学生当作学生，将学校当作是做学问的地方，学作人作事的地方。胡氏最后乃用"活到老学不了"这句土语，和吕祖谦的"善未易明，理未易察"，勉励诸生。

胡适讲演存照，1946年11月22日，任第一届国大第一次会议主席时致辞。

读罢上述这篇胡适的开学训词，深知1946年10月10日这一天，理当为中国现代教育史、思想史所铭记。从中可以看出，胡适对北大爱护、关心、期望之切，发自肺腑，溢于言表；对大学之纯粹，人格之独立，学术之自由，更有着迫切的追求与通盘的筹划。

当然，历史向不以人的意志为转移，胡适明知不可为而为之的那份乐观，最终换来的结局之黯淡，人事之无奈，实在是令人扼腕叹息。随着国民党政府在政治、军事、经济上的全面崩溃，胡适就任北大校长仅仅两年多之后，不得不于1948年12月15日仓促飞离北平，之后一度流寓美国，终又迁居台湾。直到逝世前夕，胡适订立遗嘱，还曾要求将其遗留在北平的百余箱藏书，无偿捐赠给北大，足见其对北大忆念之深，遗憾之切。

那么，回过头来看，从1946年7月29日至10月10日，在美国寓居九年之久，归国飞抵北平仅两个多月的胡适，正式就任北大校长的这段历程，其中艰险，其间苦辛，距今七十余年之久，后世读者及研究者，恐怕都很难体会其中况味一二了。笔者以为，对于这段历程，这段历史，后世的众说纷纭与揣测多端，也正是相关史料文献难以寻获调阅，鲜有公开披露的一种间接反应。或亦正因为如此，上述这些勉力搜集到的史料点滴，可为探研胡适就任北大校长前后的这段历程做一番参考备注罢。

傅斯年：代理北大校长始末
——以北平《世界日报》相关报道为中心

◎ 小引："傅大炮"与"新北大"

对中国现代学术史尤其是史学史比较了解的读者，对著名学者傅斯年应当有相当程度的认知。其人乃是中央研究院历史语言研究所的创建者，"新史学"的开山人物，五四、新文化运动的重要参与者，更是一位广泛参与社会事务的教育家与政治评论者，其一生的成就与贡献是多方面的。

回望二十世纪四十年代中后期，作为学者的傅斯年，对腐败政局与腐朽政治忍无可忍，终于拍案而起，一变

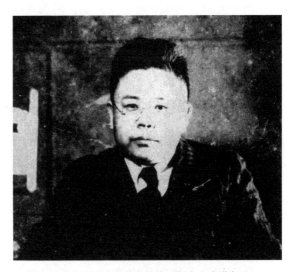

1943 年，傅斯年在重庆中央广播电台演讲存照。

而为"傅大炮"。当年，因其犀利刚烈的时政评论，令多少执政施政者胆战心惊，令多少公义公道重归公共。那坊间一度盛行的"傅大炮"之名，确非虚张声势，绝非浪得虚名。

由此，亦不由得令人怀想，"傅大炮"还曾于抗战胜利之初代理北大校长，为即将归国正式就任北大校长的胡适，确实"轰"开了一个崭新局面，将一个"新北大"交接了出来。

◎ 代理之初衷：为胡适"打平天下"

1945年9月3日，时任南京国民政府教育部长的朱家骅致电胡适，称当局已推定胡适为北京大学校长；又因其尚在美国讲学，待其返国之后方可就任，在此"过渡"期间，暂由傅斯年代理校长一职。9月6日，任命胡适为北大校长的政府令文正式发表；当日傅斯年致电胡适称：

> 北大复校，先生继蒋梦麟先生，同人欢腾，极盼早归。此时关键甚大，斯年冒病勉强维持一时，恐不能过三个月……

事实上，在北大校长正式任命之前，蒋介石曾有意让傅斯年出任，只因傅氏力荐胡适，并致信极言北大校长非胡适莫属之意，遂成定局。出于一直以来对胡适的敬重与推崇，傅氏撑着心脏病、胆结石的病患之身，甘愿出任代理校长之职，决心为胡适归国后就任北大校长做好一系列筹备与铺垫工作。

众所周知，傅斯年对胡适，一向以师尊之礼待之，颇为尊崇其人格与学问。抗战胜利后，北京大学的接收与复员工作，是相当繁杂与艰巨的。把"新北大"开学之前的一切障碍扫除掉，把"旧北大"一系列历史遗留问题梳理清楚并彻底解决掉，为胡适就任北大校长铺平道路，这是傅斯年甘做代理校长，以报胡适的动机所在。在给夫人俞大綵的信中，傅氏就曾明言：

实在说在这样局面下，胡先生办远不如我，我在这几个月给他打平天下，他好办下去。

◎ 重庆首度声明："决不为北大留此劣根"

那么，傅斯年在代理北大校长期间，究竟怎样为胡适"打平天下"呢？按照他自己的话说，首要任务乃是把北平沦陷期间的"伪北大"教职员驱逐出去，因为他始终认为"大批伪教职员进来，这是暑假后北大开办的大障碍"，他就是要"决心扫荡之，决不为北大留此劣根"。

果然，傅斯年说干就干，人尚未到北平，就率先在重庆发表言论，称其所主持的北大，坚决不录用伪北大教职员。1945年12月2日，《世界日报》①首次公开傅氏这一言论，虽只是一则简讯，却足以在北平文教界"一石激起千层浪"。报道原文如下：

---

① 以下未做特别说明者，径称为"报载""报道""见报"者，均为《世界日报》所刊发。

傅斯年在渝谈话
不录用伪北大教职员　谓"应在附逆之列"
学生则可一律收容

【本报重庆十一月三十日专电】北大代理校长傅斯年，已由昆明返渝，准备赴平，顷对记者谈："伪北大之教职员均系伪组织之公职人员，应在附逆之列，将来不可担任教职。至于伪北大之学生，应以其学业为重，已开始补习，俟补习期满，教育部发给证书后，可以转入北京大学各系科相当年级，学校将予以收容。"傅行期未定，校长胡适，传明春可返国。

这是抗战胜利后，原日伪势力控制之下的北大师生群体，第一次看到国民政府委派的代理校长的针对性言论。学生们自然尚可称幸，教职员们则难免有失业之虞了。

很快，不满情绪与抵制态度出现并激化，甚至还针锋相对地产生了伪北大教职员的抵抗组织——"北平临时大学补习班教职员联合会"。当年12月6日的报道，对这一事件，有比较翔实的交代。且看报道原文如下：

1945年12月2日，北平《世界日报》刊载，《傅斯年在渝谈话　不录用伪北大教职员》。

【北平社讯】傅斯年，在重庆谈话，谓伪大学教职员将一律解聘消息传出后，本市各临时大学补习班教职员，颇感冲动，并闻第六补习班（医学院）教职员，曾有拒绝接受临大聘书情形。记者昨访补习班当局，对此问题得到解释如下：北大代理校长傅斯年氏之谈话，只代表个人意见，并非国家规定。后方对沦陷区教职员，不免歧视及误解。然自教育部派员前来后，深知收复区之教职员，甘心附逆者，实占极少数。大部均为国家命脉而忍辱负重，度此难苦而神圣之教育生涯。因此一切误解，自易冰释。至于甘心附逆者，自然有其事实及证据，并经法院判决，方可决定。教育当局绝不会盲目株连，凡未甘心附逆者，自可继续聘请。至于教员甄审之施行，其理由为事变后大学教员，多有自中学升格或滥竽充数者，故必然施行监审，甄审时间及各国立大学教职员之聘定，尚须待明年补习班结束后，听候教育部之规定施行。

【本报讯】北平临时大学补习各分班，原任教授以下教职员，四日晨十时，在北大开联席会讨论决定成立"北平临时大学补习班教职员联合会"，以联络感情，努力文教建国工作为宗旨，请徐光达教授草拟组织大纲，并定今晨九时，由北大六院及艺专各派代表二人，师大三人，往谒行营主任李宗仁，请求对于教职员加以保障，并请将所加污名，予以取消。

要充分理解报道中所涉这场冲突的实质，还有必要略微解释一下所谓"北平临时大学"的概念，它究竟是一所什么样的大学教育机构。

所谓"北平临时大学"，是指1945年8月日本无条件投降后，南京国民政府教育部在北平设立的特殊学校，用以甄审沦陷区的大学生。业已在日伪势力控制之下的各伪大学毕业者，需甄审合格方才能换发新的官方认可的、合法的毕业文凭。而未修满学年的在校学生，需在"补习班"中继续就读，通过考试后，就可获得新认证的、合法的毕业文凭。

同年9月，当局又下令解散伪北京大学、伪中央大学和伪交通大学，颁布《沦陷区专科以上学校学生、毕业生甄审办法》（或称《伪专科以上学校学生、毕业生甄审办法》），并于10月中旬，在北平、天津、上海、南京均设立临时大学补习班，令原沦陷区在校生先补习再进行考试，至于已毕业的学生则需补交论文以及学习蒋介石所著《中国之命运》的阅读心得报告，经审核通过方可获得合法证书。

当时，此举被认为有歧视沦陷区学生之意，引起沦陷区民众极大反感与抵制。迫于社会压力，当局最终取消对沦陷区在校生的甄审考试，改"临时大学补习班"为"临时大学"，以收容尚未毕业的在校学生。至1946年国立北京大学复校时，接收北平临时大学补习班第一、二、三、四、六分班，第五分班改为国立北洋大学北平部，1947年该部亦并入国立北京大学。

◎ 重庆再度声明："打死我也要说"

由上述史实可知，在北平临时大学补习班设立两个月之后，正当沦陷区大学师生为政府严苛的战后甄审制度已颇感不满之际，傅斯年的激烈言论却恰恰在此时发表了出来，这势必呈"火上浇油"之势，反对与抵制的声浪定会一浪高过一浪的。

可傅氏的刚烈性情，是绝不会为之妥协的，恰恰相反，还会更加强硬。北平临时大学补习班师生群体"颇感冲动"的消息，见诸报端仅仅两天之后，时为1945年12月8日，傅氏又在重庆隔空喊话，针锋相对，其决不罢休之势，咄咄逼人而来。

仍是《世界日报》，派出驻重庆的特约记者，以专访形式再探傅氏意见，并第一时间刊发了傅氏在重庆的再度严正声明。且看报道原文如下：

不用伪北大人员　要替青年找第一流教授
这位血压过高的代理校长
他说打死他也要明辨忠奸

【本报重庆特约航讯】北大代理校长傅斯年先生，对伪北大教职员，好像抱有一种义愤填膺、不共戴天的忿怒。除在上月三十日，我已将他赌咒发誓不肯录用伪北大教职员的谈话，专电报告外，今天，我于前两日参加教育部朱部长的记者招待会之后，我一早冒着迷濛的细雨，再去访问他。对这位患着血压过高而有爱国狂热的傅先生，我想更详尽地听听他的意见。

1945 年 12 月 8 日，北平《世界日报》刊载，《傅斯年对本报记者谈不用伪北大人员》。

开门见山

四点声明

在傅先生的寓所里，他开门见山地，向我提出四点重要声明：（一）专科以上学校必须要在礼义廉耻四字上，做一个不折不扣的榜样，给学生们，下一代的青年们看看！北大原先是请全体教员内迁的，事实上除开周作人等一二人之外，没有内迁的少数教员也转入辅仁、燕京任教，伪北大创办人钱稻荪则原来就不是北大的教授，所以现在伪北大的教授与北大根本毫无关系。（二）朱部长向我说过，伪北大教员绝无全体由补习班聘请任教之事，而系按照陆军总部征调伪敌人员服务办法征调其中一部服务，不发聘书，与北大亦无关系。（三）北大有绝对自由，不聘请任何伪校伪组织之人任教。（四）在大的观点上说，本校前任校长蒋梦麟先生，如明春返国的胡适校长，北大教授团体及渝昆两地同学会和我的意见是完全一致的，无论现在将来，北大都不容伪校伪组织的人插足其间。

手不停挥地记到这里，我才松出一口气来，请教傅先生对于"伪"的解释。

正是非，辨忠奸

傅先生喷吐了两口土制雪茄，这才肯定地说："人才缺乏是事实，从别的方面考虑征用未尝不可，但学校是陶冶培植后一代青年的地方，必须要能首先正是非，辨忠奸，否则下一代的青年不知所取，今天负教育责任的人，岂不都成了国家的罪人？听说燕京大学对于原校教授参加伪北大者一律解聘，个人非常佩服，假如我们北大尚且不能做到这一步，那就没有脸见燕京的朋友了。"

不用伪校教员
学生绝对有利

提到青年，傅先生慨然地说："青年何辜，现在二十岁的大学生，抗战爆发时还不过是十二岁的孩子，我是主张善为待之，予以就学便利。其实在校学生当以求学问第一，教授的好坏与学生有直接关系。据我所知，伪北大文理法三院教授的标准，就学问说，也不及现在北大教授的十分之一，很快地北大明夏就要迁返北平了，以北大资格之老，加上胡适校长的名望，一定能够聘到许多第一流的教授，所以伪校教员不用，对学生是绝对有利的，这一点朱部长也再三表示支持，相信北平的青年学生也不会轻易受人欺骗。"

"打死我也要说"

接着，谈到北平的文化汉奸，傅先生幽默地说他们的"等类不同"，有一种是消极而不能自拔的，如同周作人，原来享有声望，如今甘心附逆，自不可恕。别一类是钱稻荪辈，那才是真正积极性的汉奸，在北平沦陷之前，钱稻荪就做了许多令人怀疑的事，当时有人问他中国会不会亡国，他答以"亡国，是万幸"。问的人很惊诧，再问如何才是不幸，他竟说"不幸的是还要灭种！"而且那时候北大教授准备内迁时他曾多方企图阻挠，也是尽人皆知的事。那末，拿这些文化汉奸该怎么办呢？傅先生哈哈一笑，用爽朗的山东口音向我说："我不管办汉奸的事，我的职务是叫我想尽一切的办法让北大保持一个干干净净的身子！""正是非，辨忠奸。"是傅先生一贯的主张，临出大门他还补说一句："这个话就是打死我，也要说的！"

这篇千余字的专访报道，用极其简明直接的记述，将傅斯年力主驱除伪北大教职员的坚定立场，入木三分地刻画、表达了出来。在访谈中，傅氏历数伪北大教职员群体的恶劣行径，以周作人、钱稻荪为典型代表，不单单从人格品行上加以全面否定，更从其学术修养上给予了评判。傅氏明确表示，大学必须有大学的节操，任何没有节操的教职员都必须驱除，否则大学不成其为大学，青年也无以成就未来。

那么，傅氏在重庆的再度声明，北平方面又作何回应呢？就在傅氏专访报道次日，北平记者又往访了时任北平临时大学补习班总班主任的陈雪屏（1901—1999），得到了另一番息事宁人的解释与说辞。这番特别解释与说辞，当天迅即见报，报道原文如下：

傅斯年谈话　与补习班无关

【北平社讯】傅斯年发表第二次谈话后，记者昨日上午十时，往访陈雪屏，由王世义秘书代见，谓：傅氏谈北大教职员之聘请与否，乃为北大于明年秋季复校后事，与现临时大学补习班无关。现补习班大部教授，皆已聘定，除校长各院长以及名望甚差者解聘外，则皆留任。名单日内即可发表，人事固定后，课程即可正式推出。

补习班领导层面上的寥寥数语，从"专业"角度，区分了傅氏意见的时效区间，即此意见乃北大复校后的指导意见，不能作用于眼下补习班事务。这其实只是在概念上转移矛盾，暂时缓解矛盾的权宜之说罢了。

显而易见，傅氏的意见，当然不只是针对补习班的；可补习班已经聘定的教职员中，只要是曾经在伪北大工作过的，北大复校之后必定是复职无望的，这一实情仍是无法回避的。

此刻，补习班里的教职员们，也只能在领导层的权宜之说中，暂耐性子，静观其变了。五个月之后，傅氏亲临北平，抵达北平之后的第一次谈话，其强硬态度依然未有任何改变，依然没有给静观其变的伪北大教职员们任何机会。

◎ 罗常培旁证："北平伪教职员气焰极大"

1946年4月24日，尚在美国讲学的罗常培（1899—1958），给即将归国赴任北大校长的胡适写了一封长信，告知国内政治局势的复杂动荡，并着重提及北平文教界的各种混乱情形。其中，特别提到了"北平伪教职员气焰极大"一节，并密告了其中大致的人员状况与近期动向。原文摘录如下：

……平方的伪教职员气焰极大，他们的口号是"此处不留爷，另有留爷处，处处不留爷，还有老八路"。中大的王书林在南京被打，也是同样情形。兼士接收不下来，雪屏到后采和平手段兼容并包的接收下来了，可是孟真因此大不高兴，觉得他太软了。虽经锡予调处，但不知结果如何。现在在雪屏主持下的大学预备班，总主任陈雪屏，总务长郑毅生，教导长张富岁。下设八分班：（一）北大二院，雪屏主任；（二）北大一院，毅生任班主任，教授有平伯、郑因百、容庚、孙楷第、徐祖正、李九逵、纪鹤轩、吴叶筠、刘盼遂、许士瑛等（除平伯、子书、盼遂外皆附逆，且不见经传）；（三）北大三院，张佛泉任主任；（四）朝大，前农学院，张富岁兼班主任；（五）端王府，平大工院，张富岁兼；（六）西什库，平大医学院，协和，马文昭主任；（七）厂甸师大，汤茂如主任，梁启雄任国文系主任；（八）未详。听说容庚已到广西大学教书，我们倒要问他，"日寇已败，何劳跋涉"？可谓无耻已极；现状如此，难怪孟真嫌太宽容，将来叫北大怎么办？在接收时雪屏也许有他的"不得已"，然而却给您留下了麻烦，请在船上有空时妥筹应付之策（以上关于北平北大现状）。

由上述信文可见，即使身在美国的罗常培，也对北平伪教职员的概况与动态略有所闻。他对傅斯年（字孟真）的强硬举措，也深表同情与支持，因为如果"太宽容"，"将来叫北大怎么办"？同时，也极恳切地提醒胡适，归国赴任途中，"请在船上有空时妥筹应付之策"！

◎北平首度表态：生平最痛恨汉奸

1946年5月4日，五四运动二十七周年之际，傅斯年终于飞抵北平。当天，记者专访刚到北平的傅氏（5日发稿，6日见报），报道原文如下：

到平后第一次　傅斯年昨谈北大

胡适定本月廿七日离美　届时傅将亲赴上海迎接

【本报专访】由上月二十日起，就传说北京大学代理校长傅斯年先生，要到北平来。但是一天，两天……，临大的同学们，等得更焦躁，到处打听消息。终于在昨天一个可纪念的日子——五四，傅先生由重庆飞到北平来了。

昨日早晨，记者很早的到前毛家湾五号，去拜访行装甫卸的傅先生。到时，傅先生因为乘飞机的劳累还没有起，客厅内已有两三位客人在等候着了。

五十一岁不算老

血压高不能休息

傅先生身体还是那样胖，穿着灰色西服，戴着黑色宽边眼镜，头发已灰白了。但豪爽的精神，不似五十一岁的长者。

"傅先生的血压高症，近来怎样？"记者首先关怀的是这位老校长的健康。"还是那样，事情还要做的"，其次记者想到的是傅先生在北平能停留多久。

"由现在可以住到六月中吧，"傅先生说："胡先生（北大校长胡适）定五月二十七日由旧金山乘戈登将军号的船离美，有三个星期可以到上海，那时我预备到上海去接他，一回到南京，是否即回北平还不一定。"

关于西南联大迁移的问题，傅先生说："西南联大在启程迁移时，即分成三校，百分之四十的学生可以入北大，其余多入清华，因为清华留学的机

1946年5月6日，北平《世界日报》刊载：《到平后第一次　傅斯年昨谈北大》。

会多。

"由昆明到重庆，再转南京返平，走公路要经过一段解放区，如果交通没有问题，九月底可以回来了。此外有海路，但船太少，道途上要设许多招待站。我由重庆到北平来了之后，周炳琳先生便去在重庆，主持驻渝办事处的事情，南京也得要有人，就近与教部接洽事情。"

增设医农两学院
教授多在美聘定

北大复员是一般人最关心的问题了，傅先生在这方面也谈得最多。"北大今年暑假决定在平招考一年级新生。十月一日起正式上课，七月份另设英文补习班，作为升入正式班级的准备。照教部办法，新旧生共可容纳四千人。目前最成问题的是房舍。北大除去原有的文理法三个学院之外，增设农学院及医学院，是半独立的。工学院由清华洽办。关于医学院的经费，现在尚未与教部接洽妥当，教育部答应给北大与其他大学医学院相同的经费，比上海的多百分之二十。但是，我不明白这一点钱，别的医学院怎么能够？此地医学院，还要添盖房子，这时建筑是不合算的，工料都贵。

"教授方面，文理法三院院长，都是原人，农学院请俞大维先生任院长，医学院院长拟请一位医学界，曾任协和医学院重要职务的领袖人物担任，因为经费的关系，尚未完全解决，人名暂时先不发表吧。各院教授除去原有者之外，大致已都聘定，少数未聘定的正在接洽中。

"胡先生在美国努力聘请教员，但有两个问题，一个是美国报把中国北方的大局总是说得很凶，一个是这些位先生，以现在的待遇肯不肯来。不过北大的声名还不算坏，加以胡先生的名望，相信她是有前途的！

"另外书籍仪器已在国外补充新的，交通没有阻碍，开学前后可以运来。"北平临大补习班同学最切身的暑假后分发问题，傅先生特别对记者说："北大决尽最大的努力收容。"这是一个多么好的消息！

北京大学与平大
两个名词闹不清

记者插入一个问题，就是第五分班（工学院）同学要求设立独立工学院的事。傅先生说："这事不归我管，教育部似乎不愿多设许多独立的学院。"

由工学院的设院，谈到北京大学与北平大学。傅先生说："美国人总闹不清北京大学与北平大学，我接到赵元任先生由美国来的一封信，里面附有一张纽约时报，上面登着我是北平大学代理校长，赵先生在信上注着，适之在美几乎每周都要更正两次。"

周作人不知自拔
曾由平写信到渝

时间已经许久了，又来了几位客人。最后傅先生谈到周作人、钱稻荪被逮的事情，傅先生说："周作人有一封信给我。"当时找了出来交给记者，上面有傅先生的红笔批语。他又补充他对周、钱两个人的看法说："我认为周作人是不知自拔。钱稻荪在七七事变前二年，他就总说国家对不起他，其实他那时的进款比我多。其次他有一种历史哲学，以为世界上的事没有什么是非。再就是与日本人的来往很多，我非常怀疑他，曾和清华当局谈过此人可疑。那时和胡先生也说过。"原来傅先生是九点要出门的时间，已九点一刻了，客人来得更多，记者便辞了出来，门前汽车已在等候，又是两位客人在掏片子。

生平最痛恨汉奸
连祖宗也是一样

此外，还要附带报告与傅先生谈话时一个插曲。就是在傅先生座上，有一位教育界朋友，偶然问及傅先生的世系，是不是和清初第一科状元傅以渐同族。他立时正色说："他是汉奸，他虽是我的先代，但正如孟子说的'名之曰幽厉，虽孝子慈孙，百世不能改也'。"闻者愕然。傅以渐是清朝第一科状元，闻者初意似在称颂傅氏，不意反说傅以渐是三百年前的汉奸。傅以渐虽不是傅氏的直系祖先，但他的祖先确承嗣这一支。傅氏又说："我的祖先虽然颇有在清朝作内外大官的，但我不特不以为荣，反以为耻，我的同情今在士林正义及劳苦大众方面。"看来傅氏对于此次抗战的立场，是私毫不肯打折扣的。又他的儿子名仁轨，因为在民国二十四年生的，正是日本人压迫最厉害的时候，他便以中国历史上战胜日本的唐代将军刘仁轨之名名之，特并记于此，藉见吃苦八年的文化斗士，在他的素质上，是根本和汉奸不并立的。

这篇约两千字的专访报道，刊发在了当天《世界日报》头版的显要位置，仅次于当天蒋介石《祭告国父胜利还都》的头条报道，足见这次专访在当时北平各界的受关注程度。

从报道内容来看，仍与先前傅氏在重庆的两度表态一脉相承，绝无回旋余地与妥协可能。傅氏甚至当着记者的面，数落起自己的先祖来，因为先祖傅以渐以明遗民身份做了清朝新科状元，即被他视作"汉奸"，可见其"是根本和汉奸不并立的"。于此，伪北大教职员们的未来也可想而知了。

◎ 谈周作人密函："不知自拔"

此次专访中，傅斯年除了提到北大将增设医、农两学院的具体思路与办法之外，又再次提到周作人与钱稻荪。对二人的定性依然未变——周是不知自拔附逆，钱是早有投敌嫌疑；还特意拿出一封周的致信，出示给记者观瞻。

关于这封信的具体内容，专访稿中没有涉及，事实上，这封信至今还未发现原件。据学者袁一丹的考察，这封信是周作人反复权衡，犹豫再三之后，先行寄给时任教育部长的朱家骅、曾任北大校长的蒋梦麟之后，方才抄送给傅斯年的。①

---

① 详参《周作人与傅斯年的交恶》一文，原载《读书》杂志，2014年第10期。

周作人致傅斯年的这封信，本来是想直接向其陈述已见的。1945年10月6日，《周作人日记》中有云，"拟寄信谕傅斯年，但亦不堪得说，故且止也"，已经说明其原拟直接致信于傅的本意，但思之再三，欲言又止。接下来，《周作人日记》中详细记录了，在这封信寄出之前，周氏的种种权衡与犹豫。如10月7日称"写致傅书了，以稿示绍原，但仍不拟寄去也"；8日周氏"上午抄改傅书，拟仍托空邮寄去"；9日"上午抄致傅函"，寄给原北大校长蒋梦麟；10日"印抄致傅书一份，拟寄给朱骝先教部长一阅"，朱骝先即时任教育部长的朱家骅，同日下午"又抄一份讫，拟存"；11日"寄朱骝先、傅斯年信"。

从10月6日打算给傅斯年写信，到11日正式寄信，周作人犹豫再三，可见信中所言之事确实"不堪得说"。此信除寄给傅外，还先后抄送给了原北大校长蒋梦麟、教育部长朱家骅，并自备存底一份，可谓慎之又慎，郑重其事。那么，这封信的内容究竟是什么呢？

据学者袁一丹忆述，他曾到台湾"中央研究院"调阅"历史语言研究所"收藏的"傅斯年档案"，然而在傅斯年图书馆提供的纸本目录中，也没有找到这封信的踪迹。

幸运的是，"中研院近代史研究所"藏朱家骅档案中，存有此信的一份撮述。这页档案被归入"人才人事"系列，"周作人"名下仅有此页材料，档案号为77220/2880。"来文机关或姓名"一栏填的是周作人，"文到日期"为"卅四、十、廿六"，即1945年10月26日。此页档案上注有"原函特存"的字样，表明周作人抄送给朱家骅的这封信"见特存卷"。虽然目前尚未见到"特存卷"中周致傅的原函，但据朱家骅档案，该信要点如下：

一、闻傅孟真君在教育复员会议中主张新定办法，学校停闭，学生重行甄别分发，稍涉苛细，如能赐予救济，万众感戴。

二、弟留滞北方，辱在泥途，唯自问对于中国略有所尽。

三、抄致傅函，请察阅。

看来，周致傅这封信的内容，只是其致朱、蒋二人原函的一份转抄件罢了。周从最初想直接向傅陈述己见，可思之再三，决定转而先向朱、蒋二人"告状"，再抄送此信至傅，表明其已向上级送达过意见，只是让傅知道这一意见罢了。

这种致信方式的转变，当然有周的精明之处。须知，傅本是周的学生辈，如果周单方面向傅陈述意见，于辈分、资历、脸面而言，都是难堪被动的；但先致信傅的上司，再附带抄送一份给傅，大有从行政级别上予人以"从上至下"之势，相较之下，这样做似乎更具"主动性"。孰料傅对此并不买账，一到北平，即明确表态决不姑息伪北大教职员，甚至还拿出这封信来，主动出示给记者观瞻，以表其不可动摇之决心。

◎ 对沦陷区在校学生："决尽能力容纳"

与对伪北大教职员的严厉态度不同，傅斯年对伪北大学生——眼下的临时大学的学生们，予以了充分的照顾与体谅。抵达北平十二天之后，1946年5月16日，傅氏会晤北平临时大学学生代表，谈到了北大复校的种种细节问题，筹划安排颇为详尽，展现了作为代理校长的管理组织水平。次日报道如下：

傅斯年谈北大复校
说明学生分发及各院长人选
昨接见临大自治会代表

北大代理校长傅斯年抵平后，临大补习班学生，特由各分班自治会负责同学二十余人，于昨日上午十时晋谒。傅氏偕陈雪屏，出席训话。据谓：师大三校，对现有补习班学生，决尽能力以容纳。北平师范学院，暑假后亦将成立。旧日师大教员，在兰州者，一部闻将返平。目前北大复校之最大困难，为校舍问题。关于各分班学生，分配各校人数，及各校收容量，略述于次：临大第一分班，为理学院，学生约二百人，北大可全部容纳。第二分班为文学院，学生约三百五十人。北大可容纳二百余人，清华八十人，南开七十人。第三分班，为法学院，学生约七百人。北大容纳三百人，清华、南开各二百人。第四分班，为农学院。北大原无农学院，新增此院。原第四分班学生，可全部容纳。刻正在罗道庄农场，修建校舍。将来二三四年级生，即迁至乡下新校舍上课。关于第五分班者，今日该分班学生，适有请愿请求独立之事，本人不愿多谈。第六分班，为医学院，为北大新增学院，学生可全部容纳。目前房舍最成问题，正力求解决。希望将来医学院校舍，能较为集中。附属医

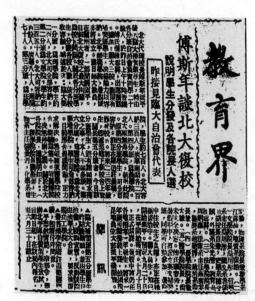

1946 年 5 月 17 日，北平《世界日报》刊载：《傅斯年谈北大复校》。

院，决无停办之说。关于北大各院院长，权说明如下：（一）理学院院长饶裕泰，生物系主任张景若，化学系曾昭抡，物理系院长兼数学系江泽涵，地质系龚锴。（二）文学院院长汤用彤，哲学系主任汤用彤，国文系希望由胡校长自兼，史学系陈受颐，外语系朱光潜，教育系陈雪屏。（三）法学院院长周炳琳，法律系主任燕济棠，经济系赵迺搏，政治系院长兼。（四）农学院院长俞大绂。（五）医学院院长，尚未完全决定。傅氏继宣布：暑假期中，搞国文英文补习班，同学可自动参加。暑期中住校生之食粮，亦正在积极接洽中。预定九月二十日，在平开始报到。十月十日，正式开课。暑假中将仍在各地招考一年级生，将来一年级可能提前上课，须俟昆地员生大部抵平后开课。

傅斯年的临时大学学生分配方案，可谓宽容有度，调整得当，一经宣布，也并没有反对与抵制意见。就在这波澜不惊之际，傅氏认为北大复校在物质层面上的最大困难——校舍问题，也在其个人的强力推动之下，有了较快进展。

原来，傅氏乘蒋介石来平视察之机，征得"手谕"，要求"北平行营及有关机关，就接收敌伪房产尽量拨用"。这则消息，迅即于当年6月见报，报道还称"该校预算，现正由教育部审订，大致比中央大学略少，约居全国大学之第二位"。这些消息的发布，对稳定临时大学及整个北平文教界，都起着潜移默化的作用。

◎ 南京再度提案：请政府注意汉奸案件之处理

1946年6月17日，傅斯年飞赴南京，出席国立中央研究院年会。虽然已身在南京，可其人所主持的北大复校工作，依然在紧张有序进行之中。次日即

1946 年春，蒋介石与傅斯年同游文丞相（天祥）祠，在正殿"万古纲常"匾额下合影。

有报道称：

北大接收事宜，约在临大考试以后，临大结束将完毕时开始，至一步先接收房舍，至本期学生达五千人，房舍不敷，现北大继续请北平行营设法扩充，第二步方接收管理学生，并计划办理暑期英文补习班，七月底，北大与清华、南开，以西南联大未结束方式，举行联合招生，分昆明、重庆、汉口、南京、北平六区举行。

与此同时，傅氏对惩办汉奸问题，依然高度关注，态度十分坚定且强势。在南京出席参政会驻委会第六次会议时，又提出了请政府注意汉奸案件之处理。其提案称：

（一）查近来审讯汉奸，颇多说情之传说，所判罪名，社会多嫌其过轻。（二）续捕汉奸，为数至少，不少在社会上公开活动。（三）伪北京大学鲍鉴清依处理汉奸条例，本在"羁行检举"之例，竟被河北高院判决无罪，使社会骇怪莫名，以上三项，拟请本会决议，送请政府迅速严切注意，敬乞公决。①

① 这一提案内容，见于《世界日报》1946 年 7 月 23 日之报道。

傅氏这项提案，主要意见无非也是三点，一是严惩汉奸，不可说情；二是续捕汉奸，不可漏过；三是以伪北大教职员为标的，必须严查严办。

应当说，傅氏提案的第一点，针对的正是已在审讯过程中的周作人案。当时，为周说情者确不在少数，仅就在傅氏提案发表见报之前的，已有沈兼士、俞平伯、陈雪屏等十四位教授联名提交的"为周案出具证明致首都高等法院呈"一件，更有以徐祖正为首的北平临时大学补习班教授五十四人联名提交的"为保周作人致首都高等法院呈"一件，还有刘书琴教授、私立孔德学校出具的相关证明等。

与此同步，周作人本人也两次提交辩诉状，使案件审理进入胶着状态。须知，这些求情者除多是周氏学生与故交之外，还有一些社会地位与身份极其特殊、极可能对案件审判结果产生重大影响的人物。譬如，为周氏求情的群体之中，沈兼士是正在接收平津地区日伪文教产业的特派大员，陈雪屏是北平临时大学补习班的班主任；此外，还有徐祖正组织的五十四人"教授团"集体作保——这样的求情阵容，在当年的汉奸审理案中实属少见。

从另一层面上来看，这当然也是给了傅一记"冷拳"，不啻一种无声的挑战。正是在这样一种情势之下，傅在南京参政会上抛出了"请政府注意汉奸案件之处理"的提案，重申其绝不姑息养奸的立场。

◎ 对沦陷区毕业生："甄审是给沦陷区学生洗刷狗屎臭的"

1946年7月22日，傅斯年由南京重又飞赴北平。这一次，其人又为北大带来了两大好消息。一是在其飞赴北平前两日，当局已特派两架专机，搭载着汤用彤等各大学教授七十余人，从重庆顺利返归北平，这意味着北大复校的师资力量基本到位。二是北大校长胡适已于6月1日从美国启程，经海路归国；7月4日，胡适乘坐的海船已抵达上海，在南京、上海稍事公干，不久即可飞抵北平。这一系列逐渐落实到位的物资与人员，都在预示着傅氏代理校长之职即将任满卸任。

1946年7月29日，晨七点半，已经在南京、上海逗留数日的胡适，由上海乘机飞往北平，傅斯年等亲至机场迎接。之后，一系列的欢迎会、茶话会、工作会，有序开展，傅氏逐渐淡出北大校务管理，基本铺垫就绪的北大复校工作，将交付胡适来接手运作。

《世界日报》的记者，依旧忙碌奔走，事关北大复校的每一条消息都尽可能第一时间发布出来，但要即刻采访到终日繁忙的胡适，一时还比较困难。于是，又于8月25日登门造访傅氏，再次谈到了学生"甄审"问题（8月27日见报）。

1946年7月29日，胡适飞抵北平，北大代理校长傅斯年、李宗仁等前来迎接。

傅氏态度明确地说：

政府好心好意，替沦陷区学生想了这条道路，省
处去用。

一说。甄审是给沦陷区学生洗刷狗屎臭的。那
刊了。政府给想了这个办法，使学生有路可
！无论如何，甄审总比拿着假文凭没地方
校长的呀！反正我们不预备展期，八月底
的：有若干机关，对不受甄审者，是概不

的未来去向，很直接地告知：

，并到重庆。因为我们中央研究院历史研究所，设在
重庆，不曾迁到南京，我去办理迁移。

末了，仍不忘向记者介绍称：

在北大帮助胡先生办校务，起初我比胡先生知道得多，现在恐怕他比我知

道得多，他二十几天来，每天到北大去办公。

言下之意，是让记者找机会，该去多多采访胡适。

孰料，傅氏"甄审不延期"之说，一经见报，又立刻引发学生恐慌。8月28日，随之即有报道称：

收复区专科以上毕业生，重受甄审问题，经各专科以上学校毕业校友会，向当局数度交涉后，闻已获有相当结果。据校友会负责人宣称：毕业生全体会议业经决定，无条件接受甄审，因甄审委员会委员兼秘书陈雪屏先生，已口头接受各代表之请求：（一）将登记限期展缓一月，至九月底截止……

显然，这样的情形说明，此时傅氏在北平文教界中，依然有着相当大的影响力。虽然其个人已经有意淡出，但一有言论抛出，其震慑作用仍然强大。事实上，口头承诺可将登记期限展缓一个月的陈雪屏，也并没有最终落实这项展期承诺，甄审登记依然按照傅氏所要求的8月底坚决截止了。9月1日的报道称：

甄审登记者达1900余名，登记工作已于昨日下午五时截止。

傅氏还当即发表谈话称：

今日截止后，决不延期，应行登记之学生，共有三千名，就现在已登记学生一千九百余名计之，已占三分之二强，少数坏人组织团体从中捣乱，反对甄审，试问其组织，系何方承认，实属无理取闹。今观此大多数学生登记之踊跃，益见其反对者占绝对少数，持伪证书到任何机关服务，皆难邀录用，以伪证书换取真证书而不为，诚属庸人。

◎ 惜别北大：寄语三点希望

1946年9月20日，以北大校长胡适为首，五十余名北大教职员同仁们，为傅斯年举办惜别茶会，此举也意味着傅氏即将卸任代理校长之职。

茶会上，胡适首先致辞称：

此会不能称为欢送，以后仍望傅先生再返北大。

随后，胡适对傅氏过去一年中为北大尽瘁工作，赞扬备至。汤用彤则这样说道：

北大过去八年中，危险莫大。傅氏在联大力谋恢复文科研究所，又承傅氏给予中央研究院在平接收之康昌胡同一号为该所所址，傅氏一年中为北大做事而挨骂，实为北大同仁所感谢。

杨振声也有一句感谢之辞：

傅氏为北大增加双倍之财产（指校舍言），为北大挣扎，至足感谢。

最后，傅氏致答谢词称：

过去为北大办理成功的事，百分之七十为机会，百分之三十为努力，所谓百分之三十的努力，亦为教授之不远万里归来的结果。现即将离平，年内将赴美一行，为期一年。临别在即，对北大有三点希望：（一）农学院一二年宜作理论的工作，第三年以后，宜对我国三亿八千万乡村农民，作农业服务，改善农村，效劳农民。（二）医学院培育人材，亦应面向乡村服务。（三）北大复员，后年暑假始能入正轨，希望能成为理想的北大。（9月21日见报）

傅斯年在台湾逝世后，"中研院"史语所同仁印制的纪念遗像。

1946年9月29日，傅斯年乘专机离开北平，飞赴南京。1949年1月19日，飞赴台湾，次日就任台湾大学校长。从此，再也未能回到北平。

1950年12月20日，作为台湾大学校长，傅斯年列席"参议会"第五次会议，准备答复"议员"教育询问中有关台大的问题。后来当答复"教育部"抢运来台存放台大器材处理问题，以及能否放宽台大招生尺度时，傅氏再次强调大学招生必须保持公平，杜绝情面，不便轻易放低标准，并高呼："我对有才能，有智力而贫穷的学生，绝对要扶植他们"，讲话用了三十多分钟，情绪颇为激动。待宣布散会欲离开会场之际，当即晕倒于会场，虽经紧急送医，仍不及挽救，延至当晚11时20分，以脑溢血故，不治身亡。

刘半农：访聘伯希和及其他

——从一通佚信说起

◎ 刘半农巴黎留学，兼负访聘伯希和之责

刘半农，法国留学期间存照。

时为1924年12月6日，这一天深夜至次日凌晨，正在法国巴黎大学研究语言学，已准备参加法国国家文学博士学位答辩的刘半农（1891—1934），在寓所里挑灯伏案，展卷疾书，给远在千里之外的北大国学门主任沈兼士写了一通长信，达1700余字。

信中首先表述的一件"大事"，乃是北大延聘法国著名学者伯希和的进展情况。除此之外，信中还条分缕析，记述了十余条重要信息，其中相当一部分，都与其在巴黎访求各类学术期刊有关。这些学术期刊，大多关涉当时最新的国际学术动向，都与当时亟待与国际学术接轨的北大国学门息息相关。

值得一提的是，这通信件在刘氏生前，没有辑入《半农杂文》；刘氏逝世后，也没有辑入《半农杂文二集》。直至今日，后世研究者所编刘氏各类文集、选集中，均未辑入此信；且刘氏年表、年谱类基础文献中，也均未提及此信，或可将之视作"佚信"。仅就笔者所知所见，尚未有

伯希和

国内学者公开研讨或提及这通信件，更不必说信件全文之披露了。

在此，为披露与分享这一通佚信，亦为便于后文考述，笔者不揣谫陋，酌加整理，转录此信全文如下：

兼士尊兄：前星期寄奉一函，想已寄到。伯希和君已于前星期六同他正式谈过，他的聘书已经接受，且写了一封正式信与我，声明受聘，今录附呈。关于待遇一层，弟问过蔡先生，他说可依罗、王诸公之例，月送百金，弟本此接洽通过。关于期限一层，伯君问是否逐年通知？弟说不甚清楚，此事乞兄斟酌。如觉逐年通知太麻烦，即以暂定期限告我，但弟觉逐年通知有伸缩余地，办法颇好也。此外尚有一事，亦是关于伯君的。他昨天写信给我，说明年四月

埃及开罗地方要开一地理学大会，主会的是埃及王，此会虽名地理学会，但因开在埃及，主要事项仍在考古，故各国考古学者、历史学者、地理学者，以及此等诸学之团体代表，无不到会。他自己颇有到会的意思，但此行需费甚大，一时尚犹豫也。假使去，他极愿同时兼做北大研究所国学门的代表。他又说此事对于北大可增不少之声价，愿极力为之。如北大决意要他去，请先用电报通知，以便决定；随后补一正式委派信。此事如何办法，希用电复。以上将较大之事说完。以下说些小事：

（一）研究所国学门之法文正式译名，弟与伯希和商译为：

Institnt de Sinologie de L'Universite Nationale de Pekin.

如有不妥，希为改正示知，否则作为定译。

（二）已答应交换之杂志有四种：1 亚洲杂志；2 通报；3 琪眉博物院年报；4 琪眉博物院出版之宗教史年报。希将《国学季刊》第一、二、三号各四份寄来，以交换此四种杂志之一九二四年号。将来如何交换法，办妥后奉闻。

（三）《通报》是伯希和主持，彼允将最近四年各号寄赠。（此报尚有全份留存荷兰出版人处。但此出版人只肯卖，不肯交换。全份约价一千六百法郎。）

（四）《亚洲杂志》是法国研究东方学的官书。研究所中不可不备全份。但亚洲学会中已无全份者，即最近出版各号亦多卖缺。（如一九二二年全年卖完。）其尚存者，自然可以出卖，而且可以交换。若要到坊间去找全份的，价值至少在二万法郎以上，而且即使有二万法郎在手，也未必能立刻找到也。

（五）《通报》亦是重要书。全份价只一千六百法郎，由伯希和去交涉，或尚可减价。如研究所中能筹一百五十元，大约即可办到，但此等书印刷甚少，刘半农致北大国学门主任沈兼士信（部分），原载《北京大学日刊》，1925 年 2 月 20 日。

极易卖缺，尚望速即着手。

（六）琪眉博物院所出两种年报，比较不甚重要，可不必设法买全。

（七）琪眉博物馆尚有丛书三种，（一种四开，一种八开，一种十二开，以四开者为最重要。）总价约八千方[①]。但其中卖缺者尚多，弟当细为研究其尚未卖完之各种，以便将来用出版品交换。

（八）以上所说亚洲学会及琪眉博物院出版品，均可以研究所出版品交换。（求其价值相当。）但此间所注意者为大部书，（如《艺文类聚》《太平广记》等。）不是零碎印本，望兄示知此种书何时可以出版，价值大致若干，以便接洽定一交换计画，（如有将要绝版之书籍，可嘱其留下一份，免得卖完后无办

① 此处"方"字，或为法郎印中文音译之简写。

法。）俟将来我方出书之后，实行交换。

（九）董康说唐刻本《切韵》，确有之，但疑是五代，至早亦是唐末，不全，只有十余残卷。（大小不等）如要照相，望早早示知。价值以半打计算，约是一千余法郎；（研究所只能得四份，因照章须以二份赠与国家图书馆也。）如须收回底片，当与照像人特别交涉。

（十）巴黎国家图书馆汉文书目可以买，计两本，价不出三百方。又有一补目，亦已印，伯希和可赠一份。

（十一）敦煌写本目尚未正式编订，而且不知何时可以编出，现在只有一份全无条理之临时目录，且只有一份。伯希和家中亦无副本。如要钞，惟有按照看书规则，天天进馆抄写，需时约一月左右。写到此地，实在头昏得不能再写了，即此说声再会。并问

著安。

弟刘复顿首　十二月六日

再研究所出版品目录中有《叙利亚文景教经（？）》及《希伯来文刻石》二种，其影片及打本[1]已由钢和泰君寄与伯希和考查。伯希和谓前一种的是叙利亚文景教经，大约是十四纪的叙里亚文。后一种不知是何文字，但决不是希伯来。

阿脑女士之研究歌谣报告，已定题目有四：一民歌通论，二耶诞歌，三民歌与神话，四民歌与戏剧，大约一月底二月初可寄出两编，附闻。

----

① “打本”即“拓本”之意。

　　再《国学季刊》所登文章，每期均由伯希和亲在通报中作介绍文，因此欧洲学术团体中近颇有知《国学季刊》者。照此做去，十年后我研究所必为世界学问团体中一重要会员，此则我兄努力之结果，我辈应一致致谢。第四期已集稿否？急欲先一睹其题目于日刊中也。

　　写至此处，加上前信所写，已将兄六月二十六日信中各条复完（尚膳《永乐大典》一条，容再探。）希即逐条细阅，并随即作复。

复再拜　七日晨

　　上述信件全文，曾于1925年2月20日在《北京大学日刊》上发表。当时的北大师生，应当据此信内容，一方面了解了刘半农在法国留学的近况，另一方面也约略了解了该校研究所国学门为之安排的一些具体工作。

◎ 背景：北大国学门成立前后的学术阵营之争

　　作为北大国学门教授，刘半农在巴黎大学留学深造，并非仅仅埋首书斋，专心致志只为研学，而是身负国学门所托付的诸多特别或常规性质的工作，这些工作的进度与可行度，都是需要及时且随时向国学门主任汇报与磋商的。简言之，留学深造固然是成就自身，可刘氏此行不但要成就一己之学术，还必须为刚刚成立不久的北大国学门谋求更长远的发展与更广泛的合作。

　　据考，1921年底，北京大学评议会第三次会议公布《国立北京大学研究所组织大纲》，决定改组原有的研究所，作为毕业生继续研究专业学术之所，计划设自然科学、社会科学、国学与文学四门，当时实际上只开设了国学门。所长由校长兼任，各门设主任一名，由校长于本校教授中指任。次年1月，即

1922年1月，北京大学研究所国学门正式成立。

　　大力罗致人才，延聘各界名师，乃是蔡元培自1917年赴任北京大学校长之后的核心工作与诉求，这一工作在蔡氏掌校期间从未间断，且一直颇有力度。北大国学门正式成立前后，蔡氏更是不遗余力，力争将罗振玉、王国维等知名学者悉数聘入北大，提升北大国学研究方面的学术水平与社会影响力，并试图借此重振与重构北大学术的核心竞争力。

1924年9月，北大国学门同仁（左起一排：董作宾、陈垣、朱希祖、蒋梦麟、黄文弼；二排：孙伏园、顾颉刚、马衡、沈兼士、胡鸣盛；三排：常某、胡适、徐炳昶、李玄伯、王光传等）在三院译学馆原址合影。

　　须知，新文化运动以来，蔡氏掌校的北大，校内原有学术阵营及学术格局都已发生"裂变"，先前盘踞教席多年的桐城派，被章门一系及浙江籍学者群体排挤殆尽之后，又迎来自海外留学归来的新派学者之巨大冲击。在此情势之下，内耗巨大、内争时现的北大学术阵营，复又历经新思潮的洗礼，成为五四运动策源地——新旧两股学术势力，在各自治学理念及思想立场上的分歧，表现得也更为明显与突出；新旧两派学术阵营之论争，亦呈愈演愈烈之势。

同时，还应当看到，五四前后的北大，校内学术格局之中的主流与非主流地位之争，还处于胶着状态，新旧两派学术阵营，并未即刻分出高下主次。可以想见，新派学者群体虽颇具冲击力，但还并没有达到可以完全破旧立新的力度。毕竟，新思潮要落地为新观念与新思想，进而成为新学派与新权威，还需假以时日，还需经历锻炼。新派学者虽然在观念、思想、做派上均呈现出新气象，可要真正形成以新时代学术共识为基础的新学派，要确实形成稳定巩固，发展壮大到足以完全取代旧学的新权威，时机并未完全成熟。在这样的时代背景及格局限定之下，北大新学与旧学阵营之争，看似学术观念与治学理念之争，实际上却是确立主流与非主流的学术地位之争；而这样的对抗与争斗，与当时的国内政局相仿佛，冲突时有，混乱时现，但始终没有出现决定性的胜负终局。

当时，北大新旧学两派学术阵营，原本也是各有各的强处，各有各的难处。旧学阵营主力是章门一系，大多为章太炎门下的弟子，有陈大齐、康宝忠、朱希祖、黄侃、钱玄同、鲁迅、周作人、马裕藻、朱蓬仙、沈兼士、刘文典之众，派系势力非同小可，可谓鼎盛一时。尽管章门弟子在驱除前北大校长严复麾下的桐城派上高度一致，可群体内部也分崩离析，有左、中、右三派，各有各的学术观点与思想立场，彼此猜忌指摘，积怨颇深。一度游走其间的学者马夷初，就曾将阵营内部的这一情状称为"矛戈森立"之势，来形容其中复杂林立、无法化解的纠葛与矛盾。

新学阵营主力则是以胡适、陶孟和、傅斯年、罗家伦等为代表，曾有英美等国海外留学经历的青年学者群体，时人有"英美派"之谓。虽然胡适在新文化与新文学运动中大红大紫，但当时资历尚浅，植党未深，实力尚不能与章门一系相抗衡，还需持续整合资源，不断培植朋党（后来钱玄同、周作人、刘文典等章门一系学者，陆续与旧学阵营脱轨，与新学阵营关系更为紧密）。在《新青年》编辑同仁中崭露头角，与胡适等人过从甚密，关系极为亲密的刘半农，原本在上海以鸳鸯蝴蝶派作家自居，并无学者资历，更无海外留学经历，后来之所以选择赴法留学深造，恐怕亦是早已认清了校内格局形势，必须身体力行，有意向新学阵营靠拢了。

此外，新学阵营还有一股次主力群体，乃是以李石曾为首的"留法派"，这一派系群体普遍有法德等欧洲国家留学经历，也曾在新文学运动中发挥过相当作用与影响，只是在一些文学理念与文化观念上与"英美派"尚存差异，且五四前后尚未发力。不过，同在所谓"欧风美雨"泽被之下，"留法派"与"英美派"之间的默契一直存在，虽时有矛盾可并无明确冲突，彼此始终存在着微妙互动的关联。

北大新旧两派学术阵营的激烈冲突与繁复纠扰，作为掌校者的蔡元培，当然心知肚明，体察入微。虽然在各种场合与局势之下，蔡氏皆明确表示全力支持新文化与新文学运动，但新思潮本身并不能成为一所高校学术体系的奠基石，更不会通过一系列冲击力很强的社会化运动，就此化身为北大学术体系本身。对于这样的现实与未来，蔡氏又何尝不明了于心？或也正因为如此，蔡氏一方面高调迎接新思潮，另一方面还要低调礼聘旧学名师。

◎深谋：力聘罗振玉、王国维，开"通讯导师"之先例

诚如1918年6月公开致信，婉拒蔡氏之聘的罗振玉所言，"蔡之宗旨，与我辈不合，其虚衷则可嘉"，并以此语授意同样为蔡氏所力聘的王国维，令其亦婉拒之。显然，罗、王二人，早已进入蔡氏的治校规划之中，蔡氏早已有意将二人罗致北大学术体系之中。无论是倚重二人学术方法与学术业绩之高超，还是借重二人学术名望与地位之高昂，总之，皆是欲以名师之力，来提升北大之影响力罢。

据传，从1917年到1922年，北大曾五次邀请王国维任教，却均遭拒绝。罗、王二人在拒绝北大聘请方面，有着相当一致的立场，即都认为"蔡之宗旨，与我辈不合"，遂皆"以眷属书卷在沪，不能北上为词"，婉拒了蔡氏之聘。

原本北大已经在清华成立国学研究院之前，开始致力于延聘国内诸多国学名师的宏大计划，理当有先行一步、力拔头筹之可能。可时至1925年，清华学校在成立大学部的同时，又增设了一个国学研究院，成为校内与大学部、旧制留美预备部并列的三个相对独立的教学单位之一。正是这清华国学研究院的成立，却在延聘国学名师方面，竟后来居上，全然超越了北大。

当年，清华大学国学研究院主任为吴宓，聘请到了当时学术界最负盛名的梁启超、王国维、陈寅恪、赵元任四位学者来担任研究院导师，这就是后来名动天下，为时人与后人津津乐道的"清华国学院四大导师"。且看这样的导师阵容，这样的名师群体，恐怕令早在七八年前即着手礼聘名师的北大国学门，深感汗颜，颇感挫败罢。

当然，北大国学门在延聘名师方面，也并非一无所获。前边已经提到过，

既然罗、王二人还是认为蔡氏力聘之举"虚衷可嘉",所以虽然婉拒了北大的正式聘任,后来还是在"研究所导师不在讲授,研究问题尽可通信"的承诺与屡次劝说之下(马衡致王国维信中语),王国维终于允以"通讯导师"的名义,算是勉强挂名于北大国学门下了。

北大国学门竭诚礼聘,王国维勉允通讯导师之际为1922年。或者正是受此启发,用通讯导师的名义,来延聘那些不太可能亲赴北大正式任教的名师,一度成为北大国学门罗致名师的一种变通之法。这样一来,延聘海外名师的设想,也可付诸实施与实现了。

◎ 远虑:力聘海外名师伯希和,力争国际影响力

作为通讯导师,王国维后来为北大《国学季刊》创刊号提供了两篇论文。一篇为《五代监本考》,是为自撰;另一篇为《近日东方古言语学及史学上之发明与其结论》,是为译文,原作者乃法国著名学者伯希和。

时为1923年1月,王国维所译伯希和论文,正式刊发于《国学季刊》创刊号,是为该期刊物上的唯一一篇译文。两个月之后,3月16、17、18、20日,这篇译文又分四次连载于《北京大学日刊》之上。显然,伯希和之名,在北大学术阵营里,尤其是新派学者阵营里,是受到格外重视的。将伯希和聘为通讯导师,应当已然排上北大国学门的议程了。

关于伯希和,对中国近现代学术史,尤其是敦煌学史稍有了解者,对这位法国学者应当颇为熟悉。作为国际知名汉学家、探险家的保罗·伯希和(Paul Pelliot,1878—1945),于1906—1908年首次来华。其人初次访华,即足令后世中国人永生难忘,因为此行盗掠了敦煌藏经洞中大量最可宝贵、最有学术价

值的古代写卷。

有一张伯希和于敦煌藏经洞的留影，这近一百二十年前的画面令人过目难忘：但见其人蹲在洞窟里，面对堆积如山的经卷，正在蜡烛下一件件、一页页地翻检。正是这张经典的照片，既开启了伯希和日后成为汉学权威的学术之旅，也成为敦煌学历史上永恒的惨痛记忆。

伯希和在敦煌藏经洞中，1908 年摄。

伯希和在藏经洞里待了三周，"不单接触了每一份文稿，而且还翻阅了每一张纸片"。为此，他曾不无自信地称，"洞中卷本未经余目而弃置者，余敢说绝其无有"。更因纯熟的汉语基础和中国历史知识，使其得以在经英国人斯坦因首次盗掠之后，还能选走藏经洞里的全部精华。

譬如，有关唐代之前道教经典的古卷，几乎全被伯希和盗走了，大约有六七十件全部收藏在巴黎。又如，儒家经典《论语》，除了后世通行的何晏注本之外，藏经洞又发现了皇侃注本，收录了两汉和魏晋之间世人讲解《论语》的要点，也被其盗走。为此，伯氏曾自诩说，经其挑选拿获的卷子，在敦煌卷子里几乎都是最有价值的。此前斯坦因忽略的更珍贵的经卷，以及语言学、考古学上极有价值的六千多卷写本，此外还有二百多幅唐代绘画与幡幢、织物、木制品、木制活字印刷字模和其他法器，装满了足足十辆大车，全部运往了巴黎。

正是这样一位大肆盗掠敦煌遗书与文物的"探险家"，因其自身优于西方学者的所谓"汉学"与"东方学"修为，不但在发现、检选、盗掠敦煌藏经洞的过程中得心应手，更在随后研读这批遗书与文物过程中崭露头角，成为一代汉学巨擘与国际著名学者。

与此截然相反，清末民初的中国学者，反倒无从接触与检阅这批原属中国的敦煌遗书与文物。但凡听闻过并有意研究敦煌遗书的中国学者，也大多只是从罗振玉、王国维等人的论文中，了解到一些零星片段的信息罢了。即便只是如此局限的了解，也大多会据此得出关于敦煌学的两个基础性认知，首先是敦煌遗书已被盗掠一空，收藏这批盗掠品的乃是两大西方传统强国，即首盗者斯坦因掠往的英国，与次盗者伯希和掠往的法国。其次是伯希和乃"后起之秀"且"后来居上"者，被掠往法国的这批敦煌遗书，无论从研究价值还是内容品类上，都明显优于斯坦因所盗掠者，且伯氏据此成就的学术地位，当时已无人能撼动。

基于这两个基础性认识，国内有相当一部分学者，视法国巴黎为访求敦煌学的圣地，同时也将伯希和视为有着至高地位的海外学术巨擘。就在刘半农赴巴黎访聘伯希和前后，也即二十世纪二十年代前叶，中国及日本学者已然纷至沓来，与伯氏频频接触了。

须知，早在1909年，当满载着敦煌遗书的法国探险队返经北京之际，伯希和向直隶总督端方与中国学者罗振玉、王国维等，出示了几种敦煌遗书珍本，此举即刻引起了中国学界的注意。当然，这也可以视作罗、王等人之所以能较早地撰发敦煌学的独家论文，并随之成为国内这一研究领域的早期学者的历史机缘罢。

时至1921年3月2日，蔡元培受中国政府派遣，赴欧美考察大学教育及学术机关研究状况，在巴黎拜访了伯希和，"据言在新疆所得之古物，有在鲁佛尔博物院者，有在东方古物馆者，现考订未竟，一时未能出版"[①]。次年，1922年，董康在法国国家图书馆敦煌室抄录有关法制的文卷，又介绍前来考察实业的胡光与伯希和见面，获准往观有关技艺的敦煌资料。两年后，1924年，日本学者内藤虎次郎赴欧查阅敦煌卷子，董康托其带书给伯希和等欧洲汉学家。在此前后，经王国维介绍，陈寅恪在巴黎拜见了伯希和，并在其家看到韩本《元秘史》。

至此，应当不难理解，北大国学门创建之初，力聘伯希和的计划，与这一学术机构力争国际影响力之间的紧密关联。这样既富远见又需周密妥洽的计划，由社会事务参与较多，公关能力也较强的刘半农去实施，是极为适宜的。从那一通刘氏佚信中的信息，已可见一斑。

◎ 楔子：伯希和的旅费与北大的"声价"

据刘氏信中表述，伯氏已接受北大聘约，待遇也与国内聘请罗振玉、王国维的待遇大致相同，此事已可谓圆满。不过，在是否逐年续聘这一问题上，细心谨慎的刘氏，向主任沈兼士有所请示，并表达了自己觉得"逐年通知有伸缩余地"的倾向性意见。除此之外，刘氏信中还提到了伯希和欲赴埃及参与学术会议，旅费开支希由北大承担的意愿。至于由北大承担旅费的"好处"，伯氏有云："假使去，他极愿同时兼做北大研究所国学门的代表。他又说此事对于北大可增不少之声价，愿极力为之。"

---

① 《蔡元培日记》第十六卷，第114页，浙江教育出版社，1998年。

应当说，这样的说辞，几近于"讨价还价"的地步，刘半农个人不便表态，遂向主任沈兼士请示。不过，从信中行文语气略有迫切之感来加以揣摩，刘氏恐怕还是亟愿促成此事的，毕竟，如北大无法满足伯氏在国际学术交流方面的这一近期愿望，在今后的合作中，恐怕难免会有些不那么顺畅与充分的可能罢。况且，伯氏此行若真能成行，以其北大国学门代表身份出席，对提升机构自身的国际影响力而言，真可算是一举两得。

时至1925年10月28日，即刘氏信件发出约十个月之后，《北京大学研究所国学门周刊》第三期印行。刊物封面所印当期论文目录，刘氏于同年6月29日在法国马赛所撰《敦煌掇琐叙目》[①]，与伯氏《在开罗万国地理学会演说》两文，高居目录一、二位。

《北京大学研究所国学门周刊》第三期，封面及目录。

由此可见，因伯氏的支持与协助，刘氏已然埋首那批掠至法国的敦煌遗书宝藏之中，抄录整理这批宝藏的规模与品类已然初具，《敦煌掇琐》一书的"叙目"已经拟定，业已准备付印。须知，此书即为刘氏远赴法国巴黎之行，倾力校理敦煌遗书而成就的重大学术成果。

与此相应，伯氏的埃及之行，显然业已成行，北大方面应当解决了此行旅费的"燃眉之急"；而伯氏参会之演说，

---

① 刘半农已于同年秋归国，所撰《敦煌掇琐叙目》一文，后收入《敦煌掇琐》上辑，约于次年，即1926年9月底印成出版。

也被视作提升北大国学门国际影响力的一次重要活动，被郑重收入该机构通报信息最为及时的"周刊"①之中，既有立此存照之意，也有再度宣传之意。

翻检周刊内页，开首即是占了六个半页面的《敦煌掇琐叙目》，剩下的半页，紧接着即是刊载伯氏《在开罗万国地理学会演说》一文。正文之前，则径直印上了伯氏肖像照，图注称"本学门通信员：法国伯希和先生（Paul Pelliot）"。这已然是公开宣布，伯氏确已为北大国学门聘定。这是本期刊物第七页的基本信息。

翻至第八页，可见伯氏演说正文之前，还刊载了一通伯氏致北大国学门主任及全体同仁的信，信中特别提及为北大国学门提升"声价"的种种个人行为，以此表明自己并非"尸位素餐"之辈。此信原文如下：

主任先生兼亲爱的同事：

亚洲年会今天开会的时候，经我的提议，答应拿《亚洲学报》同北京大学研究所国学门出版的《国学季刊》交换。

我以前曾把《研究所国学门概要》介绍给他们，而且对于研究所的组织和进行的目的，也详细的说过了。这里的同事们，对于这些报告都有极同情的赞许，并恭祝研究所的成功。

还有你委托我的事，我已经代表研究所国学门出席于开罗（埃及京城）开会的万国地理学会，当大会开幕的时候，我曾代表所有的外国代表在埃及国王面前发言，但是你在我的短的演说中（现在随信附上一份），可以看见我并没

---

① 北大研究所国学门曾有三种定期刊物，即每季一刊的《国学季刊》，每月一刊的《北京大学研究所国学门月刊》，每周一刊的《北京大学研究所国学门周刊》。

刘半农《敦煌掇琐叙目》末页,伯希和肖像照片与演说稿首页,原载《北京大学研究所国学门周刊》第三期。

有把咱们的研究所忘掉了。主任先生兼亲爱的同事,请你嘉纳我的信实而诚恳的友谊。

伯希和

伯氏信中提到的"现在随信附上一份",即刊载于本期周刊上的《在开罗万国地理学会演说》一文。检阅此文,文中确实有一句提到了北大国学门,伯氏称:

……就是我,也是其中的一个,是受了河内远东法文学校,和北京大学新创设的研究所国学门的委托,代表他们前来致意,从此学术上的联合要扩张到全世界了。

显然，北大提供伯氏赴埃及参会的旅费，伯氏代表北大出席以增北大"声价"，这一桩学术"交易"，是圆满完成了。况且，还有在交换国际学术期刊方面的支持，以及在国际学术组织里广为介绍的功劳，可见伯氏所言非虚，确实"没有把咱们的研究所忘掉了"，因此信末可以添上这么一句，"请你嘉纳我的信实而诚恳的友谊"。

最后，再联系之前刘氏致信中表述的相关内容，可知伯氏因受聘北大，即刻"讨价还价"，那一番为北大"可增不少声价"之说辞，竟迅即奏效——其间种种情状，无不表明，伯氏不但学术方法与业绩十分高超，在洞察世态与揣度人心方面，也确实极为了得。

◎热望：访求国际学术期刊，抄录敦煌唐代写本

刘氏信中开首花了三百余字，着重表述了访聘伯希和的"大事"之后，随后列出十余个条目，大致都是表述其访求国际学术期刊的经历与经验，请示是否交换或购置的内容。

刘氏表示已达成交换的国际学术期刊共有四种，其中《通报》（*T'OUNG PAO：International Journal of Chinese Studies*）这本刊物，实为伯希和主持的专事研究"中国学"的学刊，将之与北大《国学季刊》交换交流，自然没有太大的问题。而法国亚洲学会的会刊《亚洲学报》（*Journal Asiatique*）杂志，虽然既可交换亦可购买，但因为全份已经售缺，即便投入巨资，也已经很难购置齐备。

至于琪眉博物院的年报与丛书，都可以与北大提供的图书来做交换，比较

便利。这里提到的琪眉博物院，即著名的法国吉美博物馆（即吉美亚洲艺术博物馆，Musée national des Arts asiatiques–Guimet），其馆藏敦煌遗书、画卷及文物，即为伯希和从敦煌掠获古物的主体部分；也正因为如此，该馆向来被视为敦煌学研究领域的圣地之一。

值得注意的是，刘氏信中提到的"董康说唐刻本《切韵》"云云，应当是笔误，将"写本"误作了"刻本"。这一唐代写本，即《守温韵学》残卷，乃唐末僧人守温所著，内容包括"归三十字母例""四等重轻例""两字同一韵凭切定端的例""辩宫商徵羽角例"等，在中国音韵学上有着重要历史地位与研究价值。这一珍贵文献，同样出自敦煌藏经洞，同样也是被伯希和掠走的敦煌遗书之一，藏于法国巴黎国家图书馆中。对于当年着力研究语言学的刘氏而言，这当然是至可宝贵的古代文献，实在是必不可少、梦寐以求的无上瑰宝。

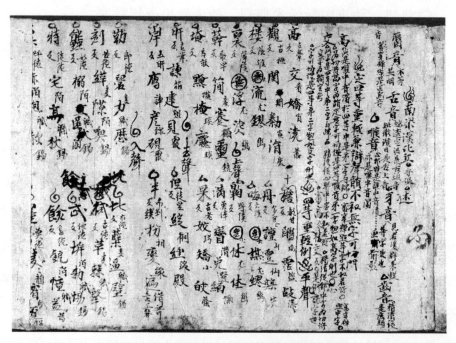

敦煌唐代写本《守温韵学》残卷，今藏法国国家图书馆。

为此，信中专列条目表述，请示能否付费拍照存研，那"望早早示知"的一番急切之意，可谓溢于言表。

事实上，在刘氏致信请示能否付费拍照一年多之前，即1923年间，刘氏已然对这份敦煌唐代写本有所研究，曾撰成一篇《守温三十六字母排列法之研究》的论文，于同年7月刊发于北大《国学季刊》第一卷第三期之上了。论文中有言：

前年在法国国家图书馆看见敦煌石室写本中有一个写得很坏而且很破碎的卷子，共分三截，有一截的第一行写："南梁汉比丘守温述"八字，可并没有标题。这就是他的字母图残本不是，我们无从知道。有用没有用，也难于断定。我现在把它的主要部分抄出如下……

据此可知，早在1921年间，刘氏即已访得这份敦煌唐代写本，并抄录了"它的主要部分"，对之展开了初步研究。联系到刘氏1920年初赴英国伦敦大学，又于1921年夏转入法国巴黎大学的留学经历，不难推断，刘氏刚刚转赴法国巴黎不久，即已入法国国家图书馆查阅了这份敦煌唐代写本。

如此迅捷地寻获这一珍罕文献，刘氏显然是"有备而来"。这份事前"预备"的知见，应当就来自著名藏书家、印书家董康的介绍。当然，这里所谓的"介绍"，可能是董、刘二人之间的当面或书面交流，也可能只是刘氏通过检阅董康海外访书经历的相关记载，并不一定是董康个人亲自引荐之意。总之，无论通过何种方式，直接或间接获悉了这份敦煌唐代写本之出处，都可以想见，这一重要信息对于矢志在语言学研究领域有所建树的刘氏而言，是多么令人跃跃欲试——为此，刘氏应当是早有准备，有意特意赴法国寻访一番的罢。

抄录主要内容与初步研究之后，这份敦煌唐代写本的研究价值，虽已然令国内学界大为瞩目，可终究还是需要更为完整的图像呈现，才有更为充分的研究可能。因此，将原件原貌拍照，印制副本以供研究，是为可取之法。

然而，因为付费拍照的条件比较苛刻，需一次性付费印出六份，且还只能得到其中的四份，"因照章须以二份赠与国家图书馆也"；故当时付费拍照的计划，可能未能即刻付诸实施。不过，刘氏终以一己之力，通过手写抄录的方式，还是将这份宝贵的唐代语音学文献的全部内容录副，带回了国内。后将这部分内容收入《敦煌掇琐》一书的下辑，终于于1934年出版。

说到这里，就还有必要约略介绍一下《敦煌掇琐》一书的出版历程，否则，就无法合理解释，缘何1925年秋即归国，赴任北大国文系教授的刘半农，一直迟迟未能出版这部其人极为珍视、亲手抄录下来的敦煌唐代写本内容；缘何要待到其人逝世当年，这部近十年前从法国录副携归的宝贵文献，终于付诸出版。

其实，刘氏自法国归来当年，迅即着手《敦煌掇琐》一书的编印出版，希望能尽快刊布这些国内学界难得一见的敦煌文献。刘氏将在法国抄录的百余种敦煌文献分类编为三辑：上辑为有关民间文学的写本，如俗赋、变

《敦煌掇琐》上辑，出版预约广告。

文、诗歌、曲子词、舞谱等；中辑为关于社会情事的写本，如户籍、契约、诉讼状、官文书及有关婚姻、教育、宗教、迷信的杂文书；下辑则为关于语言文字的写本，如韵书、字书等，《守温韵学》残卷的内容，自然就收入此辑。

1925年10月，蔡元培为《敦煌掇琐》一书撰序，此书作为中央研究院历史语言研究所专刊之二，北京大学研究所国学门丛书之一，准备出版刊行。不过，这一年只能将上辑付印，且并未能在当年即刻印成出版，而是延至次年，即1926年9月底，方才告竣①。仅仅是上辑的印制时间，即耗费了约整整一年时间。究其原因，可能是此书采取木刻线装的传统印书方式，本即费工费时，更兼敦煌遗书中有不少俗体、异体字，以及非常规写法的字符乃至图像等，这无形中又为刻印此书增添了一定难度。

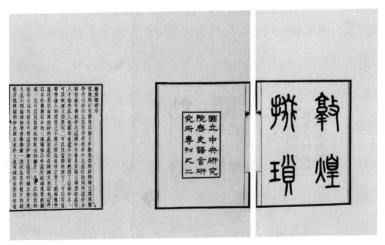

刘半农《敦煌掇琐》上辑，扉页题签、牌记、序言首页。

---

① 1926年10月20日印行的《北京大学研究所国学门月刊》第一卷第一号上，刊登有《北京大学研究所国学门丛书之一：敦煌掇琐第一辑出版预约》，该《预约》中称："书系木板精印，分订两册……预约自七月一日至九月十五日止……九月底出书。"因《敦煌掇琐》一书中并无出版时间的明确标示，姑且以此《预约》所规定的时间为依据。

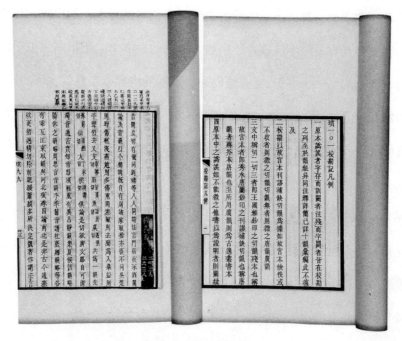

刘半农《敦煌掇琐》下辑，两册之正文首页。

总体而言，因采取木刻线装的传统印书方式，确实不易在短时间内将三辑全部刻印出来；与此同时，还可能因印书经费拨付并不及时，校勘需要相当长的时间等种种主客观因素，此书不得不采取了先印制上辑，另外两辑择时陆续出版的方式。

在上辑印成六年之后，时至1932年，此书中辑方才刻印告竣，付诸出版。复又过了两年，刘氏因赴西北考察方言，途中染上"回归热"恶疾，返归北平医治不及而身亡。或为纪念其人，或为了却夙愿，《敦煌掇琐》下辑的刻印效率有所提升，于1934年当年印成出版。不过，刘氏生前只见到了此书上、中两辑之出版，未能见到收入其珍视有加的《守温韵学》残卷内容之下辑。

且说关于在向国学门主任沈兼士报告了巴黎访聘伯希和之进展，访求国际学术期刊之进度及购置之大致费用，以及发现敦煌《守温韵学》残卷并拟拍照存研等诸多事务详加请示之后，在巴黎寓所中深夜伏案，已写至次日凌晨的刘氏，仍感意犹未尽，于信末再行附加数条记述，其中一条有云："再《国学季刊》所登文章，每期均由伯希和亲在通报中作介绍文，因此欧洲学术团体中近颇有知《国学季刊》者。照此做去，十年后我研究所必为世界学问团体中一重要会员，此则我兄努力之结果，我辈应一致致谢。"

伯希和二次访华期间（1932—1933）与中国学者梁思成、任鸿隽、钢和泰、林徽因、胡适、陈衡哲、马衡等合影。

这样的热烈寄望，这样的乐观预期，当然与聘定伯希和这样的国际知名学者有关，当然仍与期望借助伯希和的名望提升北大国学门之声望有关。然而，遗憾的是，刘氏此信写成之后，尚未及十年工夫，时至1932年，"国学门"这个名目，在北大校内也不复存在了——改称为北大研究院文史部，与其创办初衷及早期规划，都呈现出较大差异。更为令人遗憾的是，刘氏本人业已于1934年7月间染疾身亡，此时距其心怀热望，巴黎致信之时，还不及十年。

刘半农：与积微翁之论争

——兼及《读刘君半农〈中国文法讲话〉》原印本之发现

◎ 1927—1933：积微翁日记三评刘半农

刘半农

著名学者、古文字学家、语言学家杨树达（1885—1956），曾在其日记中三次提到著名学者、新文化运动健将，亦为语言学家的刘半农。据杨氏生前自己编订的日记选集《积微翁回忆录》[①]，其日记中曾三次提到刘半农，而每一次记述与评价，都颇有意味，耐人寻味。

杨树达在日记中首次提到刘半农，时为1927年12月8日，称：

---

① 《积微翁回忆录》，上海古籍出版社，1986年初版；北京大学出版社，2007年重版；本文摘引杨氏文句，俱依后者。

八日，得孙楷第书，言近受刘半农（复）课。谈及文法学，刘言，近来研究中国文法者，当以杨某为第一。黎某之语文学，则殊难索解云。余与刘君曾相遇，以其人颇傲，未敢接谈。然其言如此，公言乎？阿好乎？

杨树达在日记中第二次提到刘半农，已是五年之后的1933年4月15日。这一次，笔下却颇有怨愤之意，日记中这样写道：

北大刘复自谓解文法，近作一小书，自造一例，嵌入"所"字，文不可通，便谓余说"所"字有误。余作书告之，谓尔自误嵌，余说不误。刘羞惭发怒，大肆攻击。孔子云："不可与言而与之言，失言。"余自咎失言，故置之不答。

四天之后，4月19日，杨树达在日记中第三次提到刘半农，称：

陈援庵（垣）来，谈刘半农对余答辩文字。知社会自有公论，余之不答，正是不欲多以此等人为对手耳。

仅就上述这三则日记可知，杨、刘二人并无深交，且因某个语言学问题，还有过分歧，产生过冲突。初读《积微翁回忆录》者，往往认为，这三则日记即使表明杨、刘二人在学界内部产生过矛盾，似乎也只是在"私见"层面上的学术分歧所致，尚未闹到公之于众的地步。杨氏在日记中有怨愤之词，不过是个人私下的情绪流露而已。

联系到杨氏写下日记之后年余，刘半农即于1934年7月病逝，二人从此再无交集，这场日记中一笔带过的学术分歧，也应当至此终结了罢。

杨树达

◎ 1949 年：积微翁四评刘半农

不过，杨树达在日记中究竟提到过多少次刘半农，恐怕并不是一部《积微翁回忆录》能够完全呈现的。须知，这部回忆录中的杨氏日记只是部分摘选，有些内容可能还有所删略。

时至2021年10月，杨氏日记的1948—1954年部分，终于经杨氏后人整理完竣，交由中华书局正式出版。略经观览，即可发现，时至1949年8月12日，杨氏日记中仍有提及刘半农。原文摘录如下：

北京人士中刘复，上海流氓气最重，更甚于季刚，学则远不逮。①

之所以忽然忆及已去世十五年之久的刘氏，并再度予以如此否定之评价，乃是因为当天马宗霍向其言及黄侃（季刚）"曾冒章（太炎）先生之名卖文"的旧事，引发了杨氏的一番感慨所致。在感叹"季刚虽能读书，其人行

---

① 《杨树达日记》（一九四八——一九五四），中华书局，2021年，第81页。

径终不脱汉口流氓习气"之后，杨氏遂又忆及十五年前已逝，与其在学术观点上颇有分歧，甚或发生过冲突的刘半农来，于是再度在日记中给予了否定评价。

这是目前可以见到的，杨氏日记中第四次提及刘半农。虽然有这四次颇不愉快的记述，可仍毕竟是私人日记中语，杨氏生前并未公开发表过，杨、刘二人的学术分歧或某种冲突，应当仍可以理解为"私见"层面上的，非公开化的私人矛盾罢。

然而，杨氏日记中的这四次记述，恐怕也很难就此成为守口如瓶，秘不示人的"私见"。试想，从1927年至1949年，二十余年间，在私人日记中，至少四次提及刘半农，且记述中均为否定评价，二人生前之间的关系，应当已然破裂乃至反目。在这样的情形之下，杨氏的这一番印象深刻的"私见"，难道就能一直只是停留在日记上，对外丝毫没有流露与表达过吗？以杨、刘二人在学界乃至公共文化界的声誉，杨氏的"私见"如果对外确曾有过流露与表达，外界难道就一直未曾注意到，难道就从未有人对此有明确记录与披露吗？

带着这一系列的疑问，笔者查询过多种可能与之相关的史料文献，均未寻获任何有价值的线索。因此，笔者确也一度以为，杨、刘二人曾经的学术分歧甚至冲突，乃至杨氏日记中的四次记述，可能确实只是停留在了"私见"层面上，不必也不足为外人道出。

◎ 刘半农逝世之际的积微翁

可是，历史本身即或没有完全客观的所谓真相，却也常常有着多面性，并不仅仅更非完全呈现于现有的、已知的史料文献之中，并不仅仅服从于看似客观的、充分的经验性推论之中。

笔者新近又发现一篇私人忆述性文献，十分明确地记述了刘半农逝世时，杨树达在公开场合的一番话语。仅就这一事件而言，可知杨、刘二人的学术分歧早已公开化，且杨氏对刘半农的评价亦并非仅仅停留于日记"私见"层面，也已公开化。更因为笔者所发现的这一私人忆述性文献，乃付诸报刊公开发表者，可知杨、刘二人学术分歧的公开化，还不仅仅局限于学界内部，而是早已"公共化"，或已为时人大众所周知了。

这是一篇作者署名为"元"的，题为《忆刘半农》的文章，于1948年2月3日刊发于上海《东南日报》之上。文中有这样的忆述：

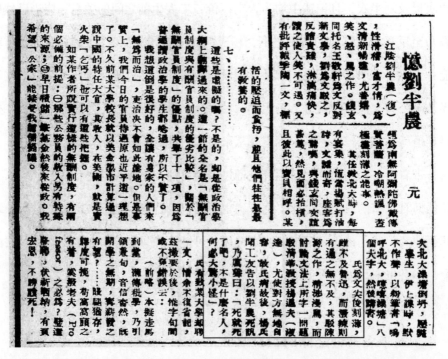

《忆刘半农》，文中提及刘氏逝世之际，杨树达之反应（框示），原载上海《东南日报》，1948年2月3日。

（刘）氏为文尖俊①刻薄，虽不及鲁迅，而泼辣则有过之无不及……而讨论文法上"所"字一问题驳清华教授杨遇夫（树达），尤使对方无地自容，故氏病故后，杨氏闻工友告以刘半农死讯，乃厉声曰："死就死了吧，不是什么名人，何必大惊小怪？"

言及此文，还有必要简略说明一下当时《东南日报》总社在上海，分社在杭州的历史背景。《东南日报》前身为杭州版《民国日报》，初创于1927年3月，本是国民党浙江省党部的机关报，后经过体制革新，成立董事会、监事会，成为公私合营的报纸。1934年4月更名为《东南日报》。1937年11月中旬，因日军即将侵占杭州，《东南日报》被迫西迁金华继续出版。1942年5月，金华沦陷前，分两路后撤，一路撤到浙南，先后在丽水、云和出版；另一路辗转到了福建南平，创办"南平版"。1945年抗战胜利后，《东南日报》分两路复刊，"云和版"回杭州继续出版，成为分社；"南平版"则迁到上海，作为总社。

可以看到，抗战前后，《东南日报》的组织架构发生了很大变化，抗战之前杭州本是《东南日报》的发源地与总社所在地，抗战之后杭州却成了分社所在地。因此，这篇忆述了刘半农逝世之际，杨树达曾做何反应的文章，应当是在当时《东南日报》总社所在地——上海首发；与此同时，该报分社所在地——杭州的读者，也应当是可以读到这一报道的。

---

① "俊"字疑误，或为"酸"。

可想而知，杨、刘二人学术分歧的公开化乃至"公共化"，早在1949年杨氏日记四提刘半农之前，已为既成事实了——知晓或听闻过此事者，应不在少数。

◎ 刘半农遗作惊现《奉答杨君遇夫》

实际上，早在这篇忆述文章发表十余年前，1935年7月，作为公开出版的刘氏遗著《半农杂文二集》，就已然将二人的学术分歧公开化了。时任清华大学教授的杨树达，与生前曾任北京大学教授的刘半农，曾经有过的一场学术论争，早已借此书展现于世人面前了。

此书所辑《奉答杨君遇夫》一文，正是刘半农就某个语言学问题的不同观点，公开与杨树达辩论之作。这篇文章将二人论争的来龙去脉，交代得非常清楚，与杨氏日记两相参照，不难体察这场论争始末与梗概。

为便于考述，现将《奉答杨君遇夫》一文开篇首段文字内容，照录如下：

两星期前，承吾友清华大学教授杨遇夫先生（树达）送给我一篇《读刘君半农〈中国文法讲话〉》（清华大学《古书词例》讲义附录），我读完之后，适因手头工作甚忙，未能立即答复。近几天来，凡是我的朋友都接到了杨君遇夫这篇文章，并且问我要不要答复，于是我才知道杨君把这篇文章印了许多份在那儿当传单分送，我若不答复，正如人家告了我一状，我有避不到案的嫌疑。虽然杨君这篇文章有没有答复的必要是另一问题，但杨君是我的朋友，他肯赏脸批评我的书，在礼貌上应当答复；打官司而避不到案，即使理直，旁人总不免要认为亏心，为着这一点，我也应当答复；于是乎这篇反辩文就到了读者眼

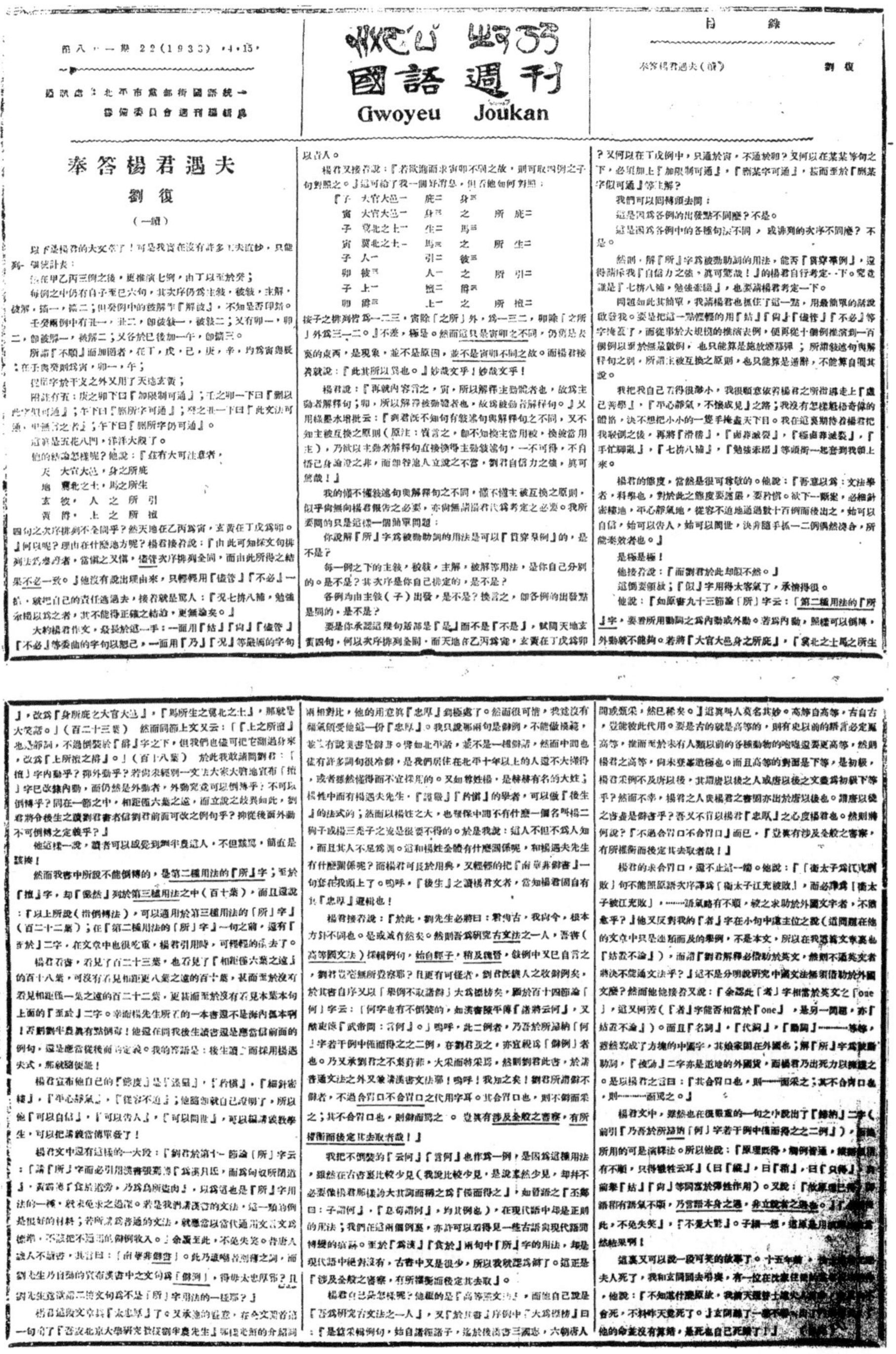

第八十一期 22(1933)·4·15·

通訊處：北平市黨部街國語統一籌備委員會週刊編輯處

國語週刊

Gwoyeu Joukan

目錄

奉答楊君遇夫（續）　劉復

奉答楊君遇夫

劉復

（一續）

以下是楊君的大文章了！可是我實在沒有許多工夫直抄，只能擷一個統計表：

在甲乙丙三例之後，更推演七例，由丁以至於癸；

每例之中仍有自子至巳六句，其次序仍為主綴，被綴，主解，被解，插一，插二；但癸例中的被解作『解被』，不知是否印錯。

壬癸兩例中有丑一，丑二，即被綴一，被綴二；又有卯一，卯二，即被解一，被解二；又各於巳後加一午，即插三。

刘半农《奉答杨君遇夫》，原载北平《世界日报》。

前了。

据此文落款，可知作于 1933 年 4 月 2 日。据此推算，此文开篇所说"两星期前"，即指 1933 年 3 月中旬，杨氏日记中所称"余作书告之"，即在此时。而刘半农这一公开辩论之作，应当在 4 月 15 日之前发表过，否则杨不可能知道刘的"大肆攻击"之语，刘也不会自称"于是乎这篇反辩文就到了读者眼前了"云云。

据查，刘文曾发表于北平《世界日报·国语周刊》之上。此周刊为钱玄同、白涤洲、刘半农等轮值编辑，且杨、刘之论争本又关涉语言学问题，发表于此刊，既契合主题，又得编辑之便，正是合宜。由于篇幅可观，刘文曾分别于 4 月 8 日、15 日、22 日三次连载刊发。

且看刘文开篇所透露的信息，非常明确，这场论争乃是杨氏针对刘著，率先"发难"的。刘之所以要公开与之辩论，乃是因为："杨君把这篇文章印了许多份在那儿当传单分送，我若不答复，正如人家告了我一状，我有避不到案的嫌疑。"

那么，杨的那篇《读刘君半农〈中国文法讲话〉》，作为其在清华大学的讲义——《古书词例》之附录，究竟写了什么，又究竟是不是曾被单独印制，如"传单"一样被"分送"过呢？

◎《读刘君半农〈中国文法讲话〉》竟成佚文

遗憾的是，时隔近九十年，当年杨氏讲义也罢，"传单"也罢，皆难以寻获。后世编选的各类杨氏文集中，也没有那篇《读刘君半农〈中国文法讲话〉》。就在约十年前，杨树达之子杨德豫还曾有《父亲的三篇佚文》一文[①]，也谈到了此文之难得一见。文中这样写道：

杨树达《读刘君半农中国文法讲话》原印本末页　　杨树达《读刘君半农中国文法讲话》原印本首页

此文作于1933年春，曾经作为清华大学《古书词例讲义》的附录印发。以后未收入任何著作出版。现在，刘半农的《奉答杨君遇夫》一文已收入《半农杂文二集》，由上海书店于1983年12月付印出版。因此，父亲的这篇佚文也有必要收入文集公开出版。（此文）只能到清华大学图书馆去查询，看该校中文系1933年的铅印讲义是否还有完整保留下来的本子。如有，可予以复印。

杨树达嫡孙杨逢彬对此附加说明称：

《读刘君半农〈中国文法讲话〉》虽然难以找到，但这篇文章以及《奉答杨君遇夫》的来龙去脉，却可以在祖父的《高等国文法》的少数版本的《序例》

---

① 此文原载2013年11月17日《东方早报》，后辑入《杨树达先生之后的杨家》一书，2016年由浙江大学出版社出版。

中知其梗概。我们指的是上世纪三十年代商务印书馆的大学丛书本，以及近年的湖湘文库本，其余版本如商务上世纪八十年代初的语法丛书本和2007年的上海古籍《杨树达文集》本则不可见其踪迹。

按照杨逢彬的附加说明之线索，笔者曾查阅过杨树达所著《高等国文法》的诸种版本，包括1930年6月商务印书馆初版本（平装本与精装本两种）；1932年11月"国难后"第一版；1934年12月"大丛本"改订第一版；1935年5月"大丛本"改订第二版；1939年2月改订第一版；1940年12月改订第二版等。所有这些由商务印书馆印行的版本，书前均有杨树达作于1929年11月18日"序例"一篇，但文中均只字未提与刘半农辩论事。因此，欲从杨树达所著《高等国文法》的"序例"中管窥杨、刘二人辩论事迹，并无可能。

诚如杨树达的儿孙辈所言，他们也无法寻获那篇《读刘君半农〈中国文法讲话〉》，至今还只能将其视作佚文。在这样的情况下，或许只能退而求其次，从刘半农与杨树达的公开辩论之作《奉答杨君遇夫》中，去梳理与解析二人论战缘由及梗概。毕竟此文字数达到了12000余字，刘半农为便于答辩与评述，更将其半数以上篇幅用来转录杨氏《读刘君半农〈中国文法讲话〉》的原文。

◎《奉答杨君遇夫》转录大量杨氏原文

按照刘半农的统计与分析，可知：

杨君的文章，虽然标题中写着《读……〈中国文法讲话〉》，实际上是全文十叶，从第一叶的倒数第四行起，到第十叶的倒数第十一行止，完全讲的是

"所"字问题，计其分量，适当全文百分之八十三，以下就紧接一句"以上讨论刘君书内容竟"！即此可知杨君的目的，只在讨论"所"字；假使我书中不讲到"所"字，杨君亦许就不做那篇文章了。

这是刘文第二自然段的全文，非常精确地归纳出了杨氏文章的主旨——就"所"字的用法展开辩论。

那么，杨树达为什么要仅就一个"所"字的用法大费周章，印制了篇幅有"十叶"之多的《读刘君半农〈中国文法讲话〉》一文，分发给多人，来与刘半农公开对质呢？

在此，须加以说明的是，"十叶"乃指线装本"筒子叶"，一叶为两个页面，十叶即为二十个页面。作为一部大学讲义本的附录，有此篇幅，足见杨氏的郑重其事。对此，刘文也交代得很清楚，文中写道：

杨君何以对"所"字问题特别关心呢？事实是这样：当初《马氏文通》把"所"字认为关接代词，杨君一反其说，认为被动助词，我的《文法讲话》中，却把"所"字的用法分为三类：一，表被动，依杨说。二，为包含关接代词的副词，依马说而加以补正。三，为关接代词，依马说。

我在书中说，马氏要把第一类的用法也作为关接代词是曲解，杨君驳他是对的；但杨君要一贯他的"所"字表被动说，"也和马氏一样勉强"，不免"和马氏走到同样的一条错路上去"。亦许这两句话说得语气重了一些，所以杨君恼了，他在文章中把语气加重了十倍，把分量加多了十倍来骂我，这当然是自作自受，活该！

　　原来，因刘半农所著《中国文法讲话》，对"所"字的用法，部分地接受杨氏观点，也部分地接受杨氏所批评的《马氏文通》之观点，且在此基础之上，对杨、马二氏的观点均予以补正，对杨氏也提出了批评。为此，杨氏专门撰述《读刘君半农〈中国文法讲话〉》一文，对其提出更为严厉的批评，即刘所谓"把分量加多了十倍来骂我"。

　　至于杨树达批评刘半农的分量如何"加多了十倍"，刘文随后逐条逐章地将杨文转录并予评述，花费了八九千字的篇幅来展示，也可谓不遗余力，读者可一一研读，在此不赘。

　　如果说，二人在语言学研究领域确乎各有造诣，各具旨趣，加之个性差异、视野各异，导致二人在学术观点上颇有不同，见解上难以契合，因此产生了就某个学术问题具体而微的论争，是毋庸时人与后人置喙的，因为这是再正常不过的学界常态。但从刘文转录杨文的行文语气与辩论态度来看，再联系到杨氏的"率先发难"与"传单分发"之言行种种，这场论争的焦点，恐怕早已转移到究竟是谁有失学者风度的问题上来了。

　　譬如，刘半农特别举出杨文中专事"挖苦"之例，这样写道：

　　杨君于全文"临末"，因为我的书序里面有了"偷闲握管"等句，就这样的挖苦我："斯数语也，刘君之客气乎？抑写实乎？如其实也，则刘君见余今日此种商量之态度，或将勃然大怒曰：'我本以消闲的态度出之，而君乃俨然视文法学为一庄严之科学，与余郑重商量，岂非太好事乎。'果若是，则余将唯唯受教而谢刘先生曰：'是余之罪也夫！是余之罪也夫！'"

　　仅此一例，可见杨氏行文似已脱离学术辩论的基本规范，竟以假想之对话，用类似小说的笔法，来调侃与"挖苦"对手了。当然，作为新文化运动健将，本就文风泼辣的刘半农，对此绝不可能坐视不理，遂也撰成了万字长文，要公开与之辩论。

　　当然，或许有人会质疑，刘半农所转录与引述的杨氏文章内容，是否可靠，是否对原文没有改动与曲解。仅就常理推论，杨氏文章或为讲义附录，或为单印"传单"，在当时都应存量不少，至少在清华师生中并不算"孤本"，查证并非难事。若刘文转录杨文有所改动，当时即会被发现并迅即受到批评。以刘半农一生行径及性情而言，应当不会有如此不智与令人不齿之举。

　　且刘文当年曾公开发表于北平《世界日报·国语周刊》，其逝世后又辑入《半农杂文二集》公开印行，业已流传多年，其文中观点也没有引起读者的不适与反感，时人与后世读者对此文均未有不同意见发表。由此或可推断，刘文的基本内容，与基本事实应无大的偏差。

◎《读刘君半农〈中国文法讲话〉》原印本终现真容

　　无独有偶，正在笔者为杨、刘之争只能借助于刘半农"一面之辞"加以探研而颇感有所欠缺之际，又有幸在一批新近现身拍场的民国时期的大学讲义原件中，获见《读刘君半农〈中国文法讲话〉》一文原印本。有此难得的文献实物，这桩学界公案终可拂去疑云，初露真容。

　　据查验，此文原印本确实为单印"传单"状，版心处印有"古书词例附录，国立清华大学讲义"字样，未经装订成册，共计十叶。此本为铅活字排印，每半叶12行，每行36字，全文共计8600余字。文末落款为"二十二年三月八日"，可知此文完稿于1933年3月8日。粗略翻检一二，刘半农《奉答杨君遇夫》一文所转引者，全然是按照原文转引的，并无歧义之处。

　　因资料难得，且为便于对这场杨、刘之争做进一步的事实认定与考述，笔者不揣谫陋，在此将《读刘君半农〈中国文法讲话〉》一文原印本的首末两段文字内容转录如下：

　　（首段）

　　吾友北京大学研究教授刘半农先生近著《中国文法讲话》一书。三周前与刘君相见，承其见告：有文法新著，当以相贻，企而待之久矣。前日见钱君玄同，见告云：刘书颇称引余说，有所商榷，余益急思一读。因不待刘君之见赠，自往北新书局购归读之。忆昔余读刘君《中国文法通论》时，虽觉其意匠太多，尚无大病。今此编则似是刘君绝未经意之作。兹将余认为可商者言之，仍望刘君有以教之也。

　　（末段）

　　以上讨论刘君书内容竟。临末，吾尚欲有一言者：刘君之自序曰："文法一科，废习已久，然于朋友哄谈之际，或舟车尘扰之中，往往偶触灵机，不期而得一二新解"。又曰："偷闲握管"。斯数语也，刘君之客气乎？抑写实乎？知其实也，则刘君见余今日此种商量之态度，或将勃然大怒曰："我本以消闲的态度出之，而君乃俨然视文法学为一庄严之科学，与余郑重商量，岂非太好事乎。"果若是，则余将唯唯受教而谢刘先生曰："是余之罪也夫！是余之罪也夫！"虽然，刘先生有时亦真太客气矣！试观其自序于"偷闲握管"之下续言曰："岂足以言著述。直不必过后细思，已知其中之疏漏牵强随在皆是矣。"读者试思之！此非刘先生之客气而何哉？

据杨文完稿于1933年3月8日的时间周期推算，文中称"三周前与刘君相见"云云，当为2月中旬；当时，刘半农与杨树达曾见过面，刘告之近著《中国文法讲话》将出版，并将赠书于杨。3月6日，钱玄同已读到刘著，并告知杨，称刘著中对杨的学术观点"颇称引"，但又"有所商榷"。随后，杨"益急思一读"，"因不待刘君之见赠，自往北新书局购归读之"。

可见，杨在购读刘著一两天之内，即写成了《读刘君半农〈中国文法讲话〉》一文，其参与批评与论争之急切可见一斑。至迟在3月中旬，刘即看到了杨文，说明至多在完稿之后一周时间之内，杨文即已印出，并迅即或作单行"传单"分送，或作讲义附录发送。这一切，都是为了尽快将其批评意见公之于众。杨氏这番急切之心，争先之意，文里文外，皆表露无遗。

◎ 小结：学术优劣与学者风度，孰轻孰重

综合考察这些因素，应当说，杨树达率先"发难"，"传单"之举确乎有失学者风度；刘半农决然"迎战"，撰发长文连载报端亦稍嫌过激——是此次杨、刘二人论战的基本情状之写照。

至于"所"字用法孰对孰错、孰优孰劣的问题，笔者并非专家学者，自然无从置喙，不敢妄加评断。不过，仅就事物常态与常理而言，仍以为刘氏所论应更合乎情理，即中国语言用法及例证不能一概而论，不能强求"一说而通"，

总会有时代与情境转换之下的"特例",并非一如杨氏所论"凡一说而通者,必能贯穿群例者也;否则不惟不能说明群例,并不能说明一例"。

杨氏所表述的,无非是一位资深学者的学术信心与理想而已,并不能以此来预设某种一概而论的规律与方法,更不能以此来"一统"某种学术与学科的研究工作。诚如刘文所言:

> 我现在要向杨君说句平心静气的话:我们同是在学问上做过一二十年工夫的人,彼此都有功力独到之处,彼此都有独自尝到的甘苦。这只有自己能知道,决没有第二个人能于代为估计。所以,我决不敢一笔抹杀杨君,同时也相信,杨君决不能一笔抹杀我。

笔者以为,这样的态度,才是学术辩论双方应有的、最起码的同情与理解;这样的态度,才是最为基本的、最自然而然的学者风度罢。

刘半农：为辅仁大学立案

——兼及1929年辅仁大学校董会合影之发现

◎ 小引：辅仁大学的新校董

创办于1927年的辅仁大学，前身是北京公教大学附属辅仁社，1927年更名为北京辅仁大学，1931年在南京中央政府教育部正式立案。该校虽属私立大学性质，但因其教学设施完备，教学水准一流，名师云集，英才辈出，曾与北大、清华、燕京并称北平四大名校。

1928年北伐胜利之后，原在北洋政府已有立案的辅仁大学，需得重新向南京政府申报立案。为确保顺利通过申报，辅仁大学校方即刻重组校董会，吸纳了一

辅仁大学，校门旧影。

批有着广泛影响力的社会名流出任校董，曾经的两任教育总长傅增湘、蔡元培等，悉数聘定。

新一届辅仁大学校董中，也不乏新锐才俊，其中就有新文化与新文学运动代表人物，当时尚在上海任中国公学校长的著名学者胡适；以及新派学者群体里的先锋与健将，曾任《新青年》杂志编辑的刘半农等。

◎ 胡适晚年忆述出任校董往事

对于曾经做过辅仁大学校董之事，胡适日记与书信中少有披露，至今难觅翔实记载。只是在《胡适晚年谈话录》中，略微忆述过这段经历。原来，晚年胡适曾对其秘书胡颂平提及：

北平辅仁大学是天主教办的大学，但我也是辅仁大学的校董，不是奇怪吗？远在三十年前，陈垣（援庵）和一位美国传教士来看我。他们说国民政府颁布的《私立大学组织法》必须设有一个校董会，请我担任他们的校董。我说，我是一个无神论者，怎么可以当天主教的大学校董呢？他们说这点没有关系，无论如何请我担任。他们既说无神论者没有关系，我没有理由可以推辞了。到了校董开会的一天，我看见一位穿红衣的主教坐在上头。主席是张继（溥泉），我知道张溥泉也不是天主教徒，我放心了。这个校董会的第一次，也是最后的一次，开过之后，他们把校董的姓名呈报教育部立案了。一直到这次辅大复校的筹备期间，他们又要我这个老校董作他们这次的新校董，我终算设法推辞了。

　　胡适的这段忆述，出自1961年3月11日，在台大医院病床上与秘书胡颂平的闲聊之中。按照忆述中"远在三十年前"的说法，可知胡适任辅仁大学校董是在1930年左右。而1961年辅仁大学在台湾复校之际，又要再次推举胡适做校董；但此时胡适心脏病发，入台大医院治疗，也就推辞不就了。

　　至于作为无神论者的胡适，为什么做了辅仁大学的校董，在他自己的晚年忆述中，似乎已经道出了缘由。无非因为当时私立大学的政府条规中，必须事先成立学校董事会这样一个机构，且友人陈垣等主动相邀，一时盛情难却，也就欣然答应了。

　　在此之后，胡适与作为辅仁大学校长的陈垣之间的学术交往日益频繁，这早已是近现代学术史上的一段学林佳话，毋庸赘言。二人之间的交往，以纯粹论学居多，并未有过校董与校长之间的工作交流。

1937年，胡适与陈垣合影。

　　值得一提的是，胡适这位"挂名校董"，有案可查的挂名，也一直"挂"了至少二十年之久。仅据笔者所见，1948年的《辅大年刊》上，校董会名单里，胡适之名仍赫然在列，且仅次于张继（当时已逝世）、傅增湘之后，位列第三，足见辅仁校方对之倚重有加。

不过，胡适本人对这样一个"挂名校董"的名衔，似乎并不在意，并未在日记或书信中留下任何相关"工作记录"。可以说，纯属挂名，绝无实务，以至于其秘书胡颂平所编的《胡适之先生年谱长编初稿》中，再未有任何记载可供查考。

◎ 1929 年辅仁大学校董会合影再现尘封往事

无独有偶，笔者近日有幸发现一张明确标有"一九二九年北平辅仁大学董事会合影"的旧照片，在胡适忆述中只开过一次会的这个校董会终于露出"真容"。

1929 年，北平辅仁大学董事会合影。

照片下方附有一纸人员介绍，经过核对，介绍文字可能有误。现将照片中可以辨识的中方人员列置如下：

前排（左一）刘半农、（左二）胡适、（左三）傅增湘、（左四）张继；
后排（左五）于斌、（左六）陈垣。

按照照片下方原附人员介绍，马相伯与蔡元培并未出现在这张合影里。众所周知，作为辅仁大学创始人的马相伯，理应出现在照片中。但时年已八十九岁的马氏，此刻早已退隐于上海土山湾徐家汇孤儿院，着力于译著天主教书籍，其间再未离开过上海。而蔡元培此刻，正在南京任职，身兼中央研究院（首任）院长、预算委员会委员、首都建设委员会委员、外交委员会委员、财政委员会委员等多种公职，公务烦冗，忙碌不堪，确无可能赴会合影。至于照片下方介绍中提到的沈尹默，也未出现在这张合影里，究竟是何原因，还有待考证。

在辅仁大学董事会合影中出现的，刘半农曾任教务长，开斌曾任教授；张继是董事会主席，而傅增湘曾是董事长①。这些合影中的人物，都是有据可查，确凿无疑的。只是照片中时任中国公学校长的胡适，当时常住上海，居所并不在北京。1929年当年，只因要赴北平协和医学校董事会，于1月19日曾北上逗留过一段时间。据《胡适日记》载，此行大约在北京逗留了五周，即从1月19日至2月底这段时间内，胡适均在北京。也即是说，这张辅仁大学董事会合

---

① 辅仁大学董事会人员简况，曾见载于《启功口述历史》一书，第三章"我与辅仁大学"，北京师范大学出版社，2004年。

影的拍摄时间，正是这一期间——1929年1、2月间。

◎二十年"挂名校董"的零星记忆

那么，胡适在出席此次会议之后，又是以什么样的身份，去参与辅仁大学的管理与运营呢？自称只出席过一次校董会的胡适，是否真的就此便做了局外人，仅仅是个"挂名校董"而已呢？

查《胡适日记》，1931年3月4日，有这样的记载：

> 与叔永去邀半农，同参观天主教的辅仁大学，其地是贝勒载涛的旧地，新建筑也很像样。城里的学校除协和医校，这是最讲究的了。

看来，在任董事之后一两年间，胡适还是有过偕友人参观校园之举，而且对学校的规模颇感满意。但到了1933年12月30日，辅仁大学拟改组校董会，胡适是否继任董事，日记中则没有明确交代。日记中只是称：

> 陈援庵先生来谈，谈了两个多钟头。他是辅仁大学的校长。辅仁现改组校董会，他来请我做一个董事。

陈垣与胡适谈了两个多钟头，请其继任改组后的校董，但其本人似乎未置可否。

这次陈、胡二人的长谈之后，次日下午，胡适赴辅仁大学作了一次演讲。在此之后的三年多时间里，《胡适日记》中再也未提及辅仁大学董事会之事。

直到1937年5月31日，《胡适日记》中还有一次记载："辅仁大学开董事会。因董事长张溥泉不在，我代主席。"这又说明，胡适是继任了改组之后的新校董的。这也是《胡适日记》中，最后一次提及辅仁大学董事会事务。

继此次"代主席"的校董会之后不久，"七七"事变爆发，中国全民族统一抗战全面展开，胡适临危受命，出任驻美全权大使。此刻，无论从时空上，还是从精力上，都不可能再参与辅仁大学董事会的任何事务了。抗战期间，《胡适日记》中关于辅仁大学的讯息渐次无踪，只是与校长陈垣的学术交往还约略有一些。1949年之后，胡适与陈垣也海天两隔，一在台湾，一在大陆，彼此再无交谊。

1948年，胡适与陈垣合影。

胡适与辅仁大学的这么一点因缘，看似短暂平淡，实则至少还有"挂名校董"二十年的案卷可查，实在并非其晚年忆述的那样，那么轻描淡写，一笔带过。其于1929年出席的"这个校董会的第一次"会议，也并非其出席该校校董会"最后的一次"。只是或因其一贯的无神论立场，或因其社会活动过多而无暇他顾，对出任辅仁校董之事，有意无意地有所忽略罢了。

◎ 教务长刘半农的立案之功

1931年3月4日，与胡适、任叔永一道游览辅仁大学校园的刘半农，在辅仁校董之中，因其还兼任该校教务长，自然属于实务最多、履职最力者。与胡适的"挂名校董"迥然有别，刘氏对于辅仁大学的校务管理方面的参与程度，自然更为深入与充分。

早在1930年4月，刘氏曾与辅仁大学学生座谈，从学校发展历史与未来规划，乃至学生个人发展与社会影响等各个层面，皆高屋建瓴，侃侃而谈，且还不厌其烦，娓娓道来。座谈完毕之后，学生陈祥春、李道南、朱运广将谈话记录整理出来，于同年5月8日刊发于《京报》，题为《辅仁大学的现在和将来》。刘氏本人对此次座谈，也颇为重视，还将学生们的整理稿郑重其事地收入了个人文集《半农杂文》（二集）。

座谈时，刘氏还专门向学生交代了关于学校立案的重要性，称：

我们学校还有一件很重要的事，就是立案。立案，一方面关系学校对于社会的信用，一方面是对于学生所负的一种责任。所以总想于十九年至二十年中办成，俾本校所发的文凭，与国立学校有同等的价值。

　　刘氏说得十分明晓，力争尽快申报立案，实为关涉学校声誉与学生发展的重要工作。言下之意，作为教务长，责无旁贷，必当为学校立案贡献力量。

　　此次座谈一年之后，已出任北平大学女子文理学院院长的刘半农，仍在为辅仁大学立案事宜南北奔忙。1931年4月15日，北平《世界日报》第六版"教育新闻"栏目头条，就刊载了一条刘氏南下赴教育部公务的简讯，足见当时北平各界对此事的关注，以及对刘氏行踪的关切。报道原文如下：

女子文理学院院长刘复赴京
请假三星期接洽辅大立案问题
院长职务暂由沈尹默兼代

　　北平大学女子文理学院院长刘复，原兼任辅仁大学教务长职务，近因辅大立案问题，受该校当局委托，赴京接洽。刘氏已向平大请假三星期，业于前日离平南下，所任女子文理学院院务，闻暂由沈尹默兼代。沈已自前日起到院云。

　　【本报南京十四日下午九时四十分专电】刘复寒（十四日）携眷抵京。

　　据此报道可知，1931年4月13日，受辅仁大学委托，刘氏离平南下，次日抵达南京，此行公务正是为了赴教育部商洽辅仁大学立案事宜。一个多月之后，刘氏给该校师生带来了关于

北平《世界日报》报道

学校立案的确切消息，于5月24日向大家汇报了此行状况，说明了立案工作的最新进展。次日，《华北日报》就刊发了这一消息，报道原文如下：

辅仁大学立案问题
刘复谓教部将派员调查

辅仁大学教务长刘复，昨日（二十四日）上午十时，在校召集合体同学，报告此次赴京，与教育部接洽该校立案之经过，略谓：

兄弟此次赴京，与教育部接洽本校立案手续，结果甚为圆满。本校虽为教会主办，但对于教育部颁布之一切法令章程，无不敬谨遵守，关于立案问题，教部最注重（一）基金，教育部准可私立大学立案必有一定基金保障，以作其将来发展之用途，辅仁对此早有准备，现下美国本笃会为辅仁筹有三十万美金基金，其他如罗马教宗已充许多年补助，当年经费二万五千美金，至于他项建筑费及捐款尚不在内，（二）校址，教育部以教会私立学校校址当借自教会机关，而并非为该校所有，因之屡屡发生事故，殊为不妥，关于此点，本校更不成问题，因为现在学址乃本笃会特赠辅仁大学，校址当为本校所有，（三）组织，辅仁组织大致与教部定章相符，现下有校务长名义，与教章稍背，关于此点，业已征得奥校务长同意，当可随时公布取消，现教部已允于日内正式派员调查本校状况，以凭核办云。

据此报道，可见刘氏此行卓有成效，立案事宜已基本就绪。果不其然，三个月之后，1931年8月22日，当局准予辅仁大学立案；这一消息迅即由南京—上海—北平接连传播开来，陆续见载于南北各地报刊之上。当年但凡略微翻检过各地报刊者，都知晓曾为校董又兼教务长的刘氏，可谓功不可没，终至功德圆满。

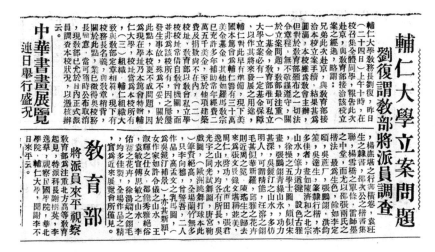

《华北日报》报道

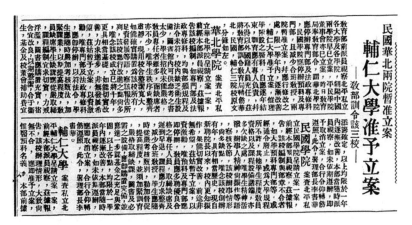

1931年9月2日，《华北日报》报道：《辅仁大学准予立案》。

◎ 教务长刘半农的两通公开信

除了立案这样关系到学校安身立命的大事之外，教务长一职所要履行的职务，其烦冗纷杂的程度，可不是后世研究者在编写现代教育史之类的著述时，随手写下一段或一章"有着重大意义"云云之类的套话，可以简单概括与形容的。

须知，校董可以只是挂名，不经手具体校务；可校董又兼教务长者，却绝非挂名闲职。稍稍翻检一下《辅大校刊》这样的校内刊物，便可知悉，刘半农当年的事无巨细、事必躬亲的繁忙程度。

时为1929年10月间，因为高中部新生对学校开设课程有所质疑，致信校方表示不满，身为教务长的刘半农，遂以一通公开信的方式，予以解释与回应。一般而言，校方在对待这样的新生意见时，大可以当面约谈或集体座谈的方式来沟通，但因为这位新生在表达个人意见时，是以匿名信的方式递呈，故刘氏采取了公开信的方式来回应。

这一通公开信，后来于1930年2月15日刊发在《辅仁学刊》第一卷第四期上，刘氏在辅大校内的教务管理工作之烦冗，仅由此信内容之点滴，也可见一斑了。原信转录如下：

教务长刘复致署名新生＿＿＿＿书

昨接自署"新生＿＿＿＿"者来函，对于本校现行之高中课程与校章所刊布者不符，颇致不满，查校章所刊布之课程，系本年七月上旬本校全体教员共同商定，原拟于开学后实行，后复因校事晋京，承教育部蒋部长面告三事，"一，各大学此后不得再设预科，但可坿办高中；二，预备入文理法商教育各学院之学生应入普通高中，不分文理，其预备进农工等学院者，得入特种高中；三，所有全国中小学校之课程标准，已由部中召集专家，开会议决，将来经行政院及中央党部核准后，即可公布"，随将油印之高初中课程标准各一份，交复携归照办，以致本校原定之计划，未能实行，复恐诸同学有与"＿＿＿＿"君作同样之怀疑者，故将经过情形宣布，即希

公鉴

再，诸同学如有意见陈述，复无不乐为考量，即词句间偶有不检，复亦决不计较，但望署用真名，署用真名为担负责任及自重人格之表示，深望诸同学能于青年时代养成此种良好习惯也。

十八年^①十月九日

上述三百余字的公开信，是为一校之教务长，对于一位入校新生匿名信的坦诚答复。因辅大原设有预科，本也开设预科课程，唯因与当局新规不符，遂改为高中课程。这样的课程调整，本属校方教务管理方面的内部事务，招生开学之前应当已有公布与相关说明，投考者及入学新生，理应事前已经知悉，本不会有什么疑问，更不必说什么不满之意。如果对新设课程有不满意者，大可不必投考该校，何来明知有新设课程，却仍来投考，及至入校后又大感不满，复又致匿名信者？

可问题就出在了起初的"校章所刊布之课程"，"系本年七月上旬本校全体教员共同商定"，"原拟于开学后实行"，可后来刘半农"因校事晋京"，"承教育部蒋部长面告"之后，方才知悉当局已有新规，"随将油印之高初中课程标准各一份"，"携归照办"，"以致本校原定之计划，未能实行"。概而言之，辅仁校方事前公布的预科课程，不但名义上已由"预科"改为"高中"，且课程内容本身也随之做了相应的调整，故而招致了入学新生的质疑与不满。

因此，刘半农以一通三百余字的公开信，对递呈匿名信的入学新生，予以

---

① 原刊误印为"十九年"，结合刊物印行时间及上下文，可知为明显错误，本文转录时径改。

了极为坦诚且耐心的解释。信中将缘何调整课程的来龙去脉，简明扼要地介绍了一番。且此信并不仅仅针对那位递呈匿名信的入学新生，也算是对所有入学新生的一个明确交代，当时应当起到了令诸生涣然冰释，与校方也消除误会的效果罢。

时至1931年4月22日，当时已然南下，为辅仁立案奔忙的刘半农，因为得悉"教育部对于各私立学校所收无正式入学资格之学生，将于本年夏季举行甄别试验一次"的消息，即刻致信校内全体同学，通告了当局这一新举措的来龙去脉，提请大家要特别重视，尽快复习备考，不要因此失去就学机会。

约莫一个月之后，1931年5月27日，刘半农的这通公开信，刊发在了《辅仁学刊》第二卷第十六期之上。原文如下①：

刘教务长致全体同学函

复因为理本校立案事晋京，得悉教育部对于各私立学校所收无正式入学资格之学生，将于本年夏季举行甄别试验一次。试验及格者，准其留校；不及格者，即令退学。查本校同学中，应受此项试验者颇不乏人，特先专函报告，请即从速加紧豫备，以免临时恐慌。事关诸君学业前途甚钜，务各注意为要，即请诸同学公鉴。

刘　复

四月二十二日

寄自上海

---

① 报载原文仅以顿号断句，笔者酌加整理，施以通行标点，转录全文。

　　值得一提的是，当刘氏这通公开信，在辅大校内发布刚刚一个月之后，时为1931年6月26日，所谓"甄别试验"即在北平正式开展。这一考试时间及考试科目，由6月23日的典试委员会第二次委员会议所决定；而出席此次会议的委员之一，就有刘氏[①]。显然，作为辅大在教育部中的"内线"，刘氏对辅大已经相当"照顾"，为校内诸生预留了至少整整一个月的复习备考时间。

新　建　築　校　舍　大　門

辅仁大学，校舍全景（线描图）。

　　总而言之，上述两通公开信所反映出来的，辅仁大学立案前后教务之烦冗纷杂，身为教务长的刘半农工作之细致认真，都可谓现场感十足，令后世读者观之思之，有如重回历史现场一般。

　　不过，这样的关涉校务的公开信，与刘氏所应代表的那个新文化、新文

---

① 关于"甄别试验"及典试委员会相关史事，均见载于《华北日报》，1931年6月25日。

学、新思潮激荡昂扬的新时代，似乎又杳无关联，无甚"代表性"可言。于此也可想而知，上述这两通公开信，既入不了刘氏生前自选的作品集《半农杂文》，在其逝世之后，也不可能由友人选入《半农杂文二集》的。

时至如今，这两通公开信，自然也无法进入那些力图精选"代表作"的刘氏各类文集、选集之中，也不太可能进入所谓现代教育史研究专家的鸿篇大论之中，因此仍为佚信的状况，也就在所难免了。仅就笔者所知所见，《辅仁学志》之类的校内刊物之中，类似这两通公开信的刘氏佚信及佚文，应当还有相当数量，日后若有《刘半农全集》之类的大手笔工程，倒不妨从中辑佚钩沉一番。

◎ 辅大第二、三届毕业典礼上的刘半农讲演

距"甄别试验"约一年之后，时为1932年6月18日，下午四时半，辅仁大学大礼堂中，已辞去教务长一职，仍为校董的刘半农，出席了该校第二届毕业典礼。次日（6月19日）《京报》对此予以报道，却以刘氏致辞的内容，径直做了报道的主标题，题为《刘复反对教育合理化，昨在辅大毕业会上训词》。且看刘氏致辞大概内容究竟如何，据报载原文摘录如下：

　　该校校董前教务长刘复训词，略谓：本人得参加第二届毕业典礼，荣幸之至。本人代表董事会说几句话。本人现有一感想，即此校数年来之飞涨猛进，实为可惊，要皆许多人努力而成功也。查本届毕业生，较上届多添文科一系，实为欣慰。现有人主张取消文科法科，实行所谓教育合理化，本人对此主张，不敢赞同。譬如人之五官百骸，损一即感痛苦，教育亦然。倘文法两科，果而取消，则中国固有文化，当亦随之消灭，是人不亡我，我先自亡。故对本校在

此时期，竟而添有文科毕业生，当为国家额手称庆也云云。

上述二百余字的刘氏致辞摘要，虽然简短，可在这一篇统共五百字左右的简讯报道中，却也占到近半数篇幅，与当时的校长沈兼士致辞篇幅相近。且报社方面，特意将刘氏致辞的主题，径直拿来做了新闻主标题，可想而知，这一致辞的主题与主旨，在当时都特别吸引读者，引起社会各界关注之"看点"的罢。

其实，刘氏致辞的重点，只有一个，即反对理科至上、忽视文科的大学教育理念，始终致力于文理并重，文理兼修并举的办学理念。虽然已辞去教务长一职，对辅仁大学校务教务方面再无实际性质的参与，但刘氏在致辞中的这样一番强调与呼吁，应当还是掷地有声，能令在座诸位及全校师生有所关注的罢。

复又过了一年，时至1933年6月19日，下午四时，辅仁大学大礼堂中，校董刘半农、傅增湘等人，校长陈垣及教授沈兼士、张星烺等，与该校全体毕业学生，及中西来宾五百余人，济济一堂，隆重举办该校第三届毕业典礼。

前两届毕业典礼都来参加的刘半农，此次照例仍然参加并讲演，看似一切循例惯常，并无特别之处。唯一不同的是，此次典礼上的刘氏讲演，终于见诸报端，次日（6月20日）即刊发于《华北日报》之上了。或许，这与辅仁大学办学业绩日渐显著，社会声誉渐趋卓著有关。此次典礼上的校长陈垣致词中，亦有"就过去来看，报纸上殊少本校消息"云云，对这种情形似乎也是有所感知的。

事实上，无论公开刊发与否，刘半农个人一贯的幽默率真、直白畅快的言论风格，从来未曾改变过。前两届毕业典礼上的讲演，虽未曾公开刊发，无从知晓其言论内容究竟若何，可同时期刘氏在北大、师大的讲演内容，有些还是刊发了出来，风格一如既往，仍是嬉笑怒骂、绝不修饰的模样。当然，此次公开刊发的辅仁大学第三届毕业典礼上的刘半农讲演稿，实为其人最后一次参与该校教务活动之记录，亦为其人生前最后一次见诸报端的讲演记录，自是又多了一番珍重与珍贵。

在此，不妨将这份讲演记录细细品读一番，回望一代新文学与新文化健将的别样风采；同时，也可据此领略一下，这位健将与一代名校的深情厚谊。为此，笔者不揣谫陋，酌加整理，摘录报载讲演内容原文如下：

刘半农讲演，略谓：兄弟于贵校各届毕业典礼均已参加，此次毕业学生多系余三四年之朋友，更应参加。现在中国学生有一大变动，就是在"九一八"到今年"五二三"协定为国难时期，在这时期中一般学者都开口国难，闭口国难。有人说国难就好比"掌心雷"，你若念书，就有爱国者对你说，国难期间还能念书吗？你若作文章，就说国难期间还有心作文章吗？这样的口号，一直喊到日本人占锦州、山海关、热河、滦东，还是十分带劲。等到日本第一驾飞机，在北平上空盘旋了三匝，那般共赴国难的学生们，以为平市现非喊口号就可吃饭的地方了，于是当夜就跑到飞机到不了的地方，去暂时休息去了。我们在座的大家，都是麻木不仁者，从前既不顺着他们喊口号，现在又没跟着他们跑，所幸中央政府替我们订好了保护的方法，不但不怕日本的飞机，并且可以赏鉴友邦飞机的技术。胡适之先生说过，要想对付日本，还得五十年后，这句似乎欠妥。第一，现在不能对付，五十年后亦难对付。第二，现在仗着喊口号，五十年后连口号也不会喊了。第三，此次中日协定，如同把我们捆着，日本随时可以打我们，但我们却不能伸手了。如不乘现在挣扎开，等五十年后恐已变成脓血，不打自死了。诸位毕业生受过十六年的教育，才得戴方帽子，在这帽子上不知耗费多少金钱，和父兄的精神。诸位要到社会去了，谨作此离别赠言。

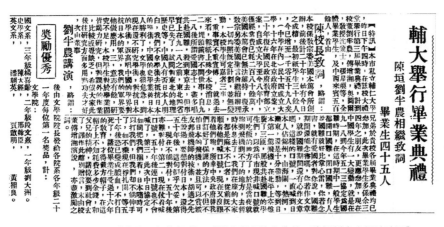

1933 年 6 月 20 日，《华北日报》报道：《辅大举行毕业典礼　陈垣刘半农相继致词》。

上述五百余字的讲演摘要，比之前述出席第二届毕业典礼的二百余字的致辞摘要的主旨倾向，绝不随大流与反主流的力度更为强劲，这两篇摘要或均有"妄议"之嫌，均未能收入《半农杂文》（二集），可称佚文。不过，刘半农向有"妄议"之言论，如果因这一原因而失收此次讲演内容，似乎又有些小题大做了。

须知，在此次讲演一年之前，刘半农就曾公开致信国民党元老且曾为辅仁校董的张继，反对当局因无力抵抗日军而迁都西安。而在此次讲演不到一个月之前，又撰发长文《南无阿弥陀佛戴传贤》，直接讥嘲国民党元老戴传贤只知念佛，政务上无所作为。这些指名道姓的公开信与大块文章，都是以"文责自负"的标示，公然发表在了北平《世界日报》，并收入《半农杂文》（二集）了的。那么，缘何这区区五百余字的讲演摘要内容，也是公开发表了的文本，却终究未能收入其个人文集呢？

个中缘由，实难确考。不过，讲演里冷嘲热讽的指向，乃是当时口口声声不离"国难"二字的所谓"爱国者"，这可能算是犯了"众怒"，冒了天下之大不韪罢。加之讲演中还有些"正话反说"，一时不易令读者理解，且还容易引大众反感的内容；恐怕也是这篇讲演摘要稿难以收入其个人文集的原因之一罢。

值得一提的是，讲演中提到的所谓"五二三"协定，应属记录有误，应为"五三一"协定，即中华民国南京政府北平军分会参议、中日停战谈判首席代表熊斌，与日本关东军副参谋长冈村宁次，于1933年5月31日，在塘沽签订的停战协定，史称"塘沽停战协定"。

签订该协定的历史背景为：1933年4月，日军进攻华北；5月，即攻占通州。国民党政府对侵入华北的日军，继续采取不抵抗政策，由何应钦出面派熊斌与冈村宁次谈判并签订该协定。该协定实际上默认了日军侵占东北三省和热河的合法性，并承认冀东为"非武装区"。该协定使日军巩固了在华攫取的利益，助长了其侵略野心。为此，刘半农在讲演中特别强调："此次中日协定，如同把我们捆着，日本随时可以打我们，但我们却不能伸手了。如不乘现在挣扎开，等五十年后恐已变成脓血，不打自死了。"

这样的大声疾呼，是郑重其事的警示，并没有什么冷嘲热讽、讥刺调侃的"正话反说"，也反映出其人对当局对日军侵略行径始终奉行不抵抗政策的强烈不满。即便多年的好友知己胡适所表达的暂时忍耐，以图后来居上的言论，刘半农在讲演中也表示出十分明确的反对意见，并为之罗列出三大反对理由。其中，第三条理由，也是最为切实郑重的理由，即是上述反对"塘沽停战协定"

的理由。

◎ 辅大校方对刘半农的追悼

此次讲演一年之后，1934年6月，刘半农冒着酷暑深入绥远、内蒙古一带考察方言方音，不幸身染急性传染病"回归热"，返归北平救治无效，同年7月14日病逝。这位时年仅四十四岁的早逝学者，与辅仁大学的短暂因缘，也不得不就此告一段落。

在当年南北各地众多报刊之中，报道刘半农病逝及追悼会者为数不少，可篇幅最巨、报道最详者，莫过于北平辅仁大学中华公教青年会支部编辑的，于1932年6月在天津创刊，由天津益世报馆发行的《磐石杂志》。

时为1934年12月，由刘半农生前题写刊名的该杂志第二卷第十二期，刊发了一篇《刘半农先生追悼会概述》，篇幅颇巨，文章字数约达四千字之多，实为目前已知同类报道中至为详尽者。

值得一提的是，此期杂志虽未标示为"刘半农悼念专号"之类，但相关内容着实不少，且特意集中编排发表。此期杂志前三篇文章，依次为《刘半农先生传略》《刘半农先生与辅仁大学》《刘半农先生追悼

《磐石杂志》第二卷第十二期封面

《磐石杂志》第二卷第十二期，刊发《刘半农先生追悼会概述》首页。

会概述》，且于目录页之后，插印有一幅硕大的铜版图片，即"辅大前教务长刘半农博士遗像"。此番特意郑重之编排，显然是有意专门为之。

据此亦可知，《刘半农先生追悼会概述》一文的作者署名"记者"，此"记者"应当就是磐石杂志社派出的记者，故而记录特别详尽，较之其他报刊的同主题报道更胜一筹。

不难发现，《刘半农先生追悼会概述》一文，在详尽记述了追悼会上蒋梦麟、胡适、周作人、钱玄同、魏建功（？）五人的报告致辞之后，还特别辑录了杂志社方面与辅仁校方的挽联内容，以及相当多的各界名士挽联，这是外界报道中不多见的。譬如：

《磐石杂志》社挽词：

俊德如先生，才配提倡新文化；伟业留辅仁，长令怀念旧规模。

辅大公教青年会挽词：

哲人其萎，愿此长生天国；吾将安仰，痛今后顿失典型。

辅大校长陈垣挽词：

《磐石杂志》第二卷第十二期，目录页及刘半农遗像。

讲话成书，雕龙自足传先业；辅仁有术，扪虱何为吝一针。

此外，《磐石杂志》所搜集辑录的众多挽词中，还有外界少有报道的郁达夫挽词，词曰：

天禄校群书，文盛雕龙，瓦釜扬鞭表斯响；

巴黎传绝学，语新世说，茶花淡影冷余情。

仅据现有文献查考，可知郁、刘二人交往似乎并不密切。不过，二人于新文学方面或许也曾颇有默契，此挽词或可为二人交谊做一个小小的注脚罢。

鲁迅："牙痛党"谈中医

◎ "牙痛党"人的治愈简史

早在1925年11月，鲁迅就曾公开宣称："我从小就是牙痛党之一。"为此，特别在其名作《从胡须说到牙齿》里，专门辟出一个章节，来写"牙痛党"人的生活常态与求医经历。文中这样写道：

鲁迅，在上海存照。

这也是自家有病自家知的一例，如果牙齿健全的，决不会知道牙痛的人的苦楚，只见他歪着嘴角吸风，模样着实可笑。自从盘古开辟天地以来，中国就未曾发明过一种止牙痛的好方法，现在虽然很有些什么

"西法镶牙补眼"的了，但大概不过学了一点皮毛，连消毒去腐的粗浅道理也不明白。以北京而论，以中国自家的牙医而论，只有几个留美出身的博士是好的，但是，yes，贵不可言。至于穷乡僻壤，却连皮毛家也没有，倘使不幸而牙痛，又不安本分而想医好，怕只好叩求城隍土地爷爷罢。

我从小就是牙痛党之一，并非故意和牙齿不痛的正人君子们立异，实在是"欲罢不能"。听说牙齿的性质的好坏，也有遗传的，好么，这就是我的父亲赏给我的一份遗产，因为他牙齿也很坏。于是或蛀，或破，……终于牙龈上出血了，无法收拾；住的又是小城，并无牙医。那时也想不到天下有所谓"西法……"也者，惟有《验方新编》是唯一的救星；然而试尽"验方"都不验。后来，一个善士传给我一个秘方：择日将栗子风干，日日食之，神效。应择那一日，现在已经忘却了，好在这秘方的结果不过是吃栗子，随时可以风干的，我们也无须再费神去查考。自此之后，我才正式看中医，服汤药，可惜中医仿佛也束手了，据说这是叫"牙损"，难治得很呢。还记得有一天一个长辈斥责我，说，因为不自爱，所以会生这病的；医生能有什么法？我不解，但从此不再向人提起牙齿的事了，似乎这病是我的一件耻辱。如此者久而久之，直至我到日本的长崎，再去寻牙医，他给我刮去了牙后面的所谓"齿垩"，这才不再出血了，化去的医费是两元，时间是约一小时以内。

我后来也看看中国的医药书，忽而发见触目惊心的学说了。它说，齿是属于肾的，"牙损"的原因是"阴亏"。我这才顿然悟出先前的所以得到申斥的原因来，原来是它们在这里这样诬陷我。到现在，即使有人说中医怎样可靠，单方怎样灵，我还都不信。自然，其中大半是因为他们耽误了我的父亲的病的缘故罢，但怕也很挟带些切肤之痛的自己的私怨。

相信读罢鲁迅笔下记述，这上述八百字的"牙痛党"人求医史与治愈史，有过牙痛经历的读者无不感同身受，大多总会有一点共鸣。即便没有牙痛经历的读者，恐怕也会因那极其形象生动的文字，要么为之忍俊不禁，要么抚卷微颔，总是有那么一点同情，总会从中获得那么一点启发。

遥思百年前的旧时国度，因为中国传统医学及医药里，并无可以确切治疗牙痛的"古法"或"验方"，就连鲁迅也不得不长期忍受牙痛的煎熬，同时代的大部分"牙痛党"人也莫不如此，除了"叩求城隍土地爷爷"，似乎别无他法。

为尽快止痛治病，鲁迅也曾想方设法，希望能从中国传统医学及医药里，寻求解决之道。于是乎，先将《验方新编》视作"唯一的救星"；"然而试尽'验方'都不验"。接下来，又试验了吃栗子的"秘方"，也无效用。"自治"已无可能的情况下，鲁迅终于选择"正式看中医，服汤药"，"可惜中医仿佛也束手了"，"据说这是叫'牙损'，难治得很呢"。

因为一直坚持医治牙痛，鲁迅甚至还遭到了长辈训斥，责怪他"因为不自爱，所以会生这病的；医生能有什么法？"从"自治"到"求治"，鲁迅的牙痛，却始终无法医治，更不必奢望治愈了。临到这"中医仿佛也束手了"的关头，竟然又挨了长辈一顿训斥，导致一贯硬气的鲁迅，也不得不自认倒霉，"从此不再向人提起牙齿的事了"，甚至感到"似乎这病是我的一件耻辱"了。

鲁迅不得不继续忍耐牙痛，直到在日本长崎寻得一位牙医之后，事情突然有了转机；岂止是转机，简直可以说是一位"牙痛党"人重见天日的历史机遇。原来，当这位牙医为鲁迅"刮去了牙后面的所谓'齿垽'"之后，长期牙龈出血的鲁迅，"这才不再出血了"，医疗费用只不过是区区的两元，治疗的时间"是约一小时以内"。

◎ 不信中医的两大理由

《从胡须说到牙齿》一文，读至"牙痛党"人鲁迅终于在日本牙医那里获得治愈的段落时，但凡有过洁牙经历的现代读者，莫不因之哑然失笑，莫不为之有感却又无言。一旦有了这样的既令人失笑却又着实不必再多做感言的读后感，就很容易理解并即刻会接受鲁迅接下来的一番评述："我后来也看看中国的医药书，忽而发见触目惊心的学说了。它说，齿是属于肾的，'牙损'的原因是'阴亏'。我这才顿然悟出先前的所以得到申斥的原因来，原来是它们在这里这样诬陷我。到现在，即使有人说中医怎样可靠，单方怎样灵，我还都不信。自然，其中大半是因为他们耽误了我的父亲的病的缘故罢，但怕也很挟带些切肤之痛的自己的私怨。"

鲁迅在这里明确地表达了不相信中医；更通过自己作为"牙痛党"人的"切肤之痛"，以完整充分的治疗实践与逻辑分析，证实了自己先前不相信中医，后来及未来也不会相信中医的人生经验。

至于文中言及不相信中医的理由，有"其中大半是因为他们耽误了我的父亲的病的缘故"之语，稍稍读过一点鲁迅作品的读者，对此都不会感到陌生。早在1918年4月发表的《狂人日记》里，小说人物中医何先生被直接描写为吃人的"刽子手"。时至1922年，《呐喊·自序》里更是有这样的直白判语：

我便渐渐地悟得中医不过是一种有意的或无意的骗子。

应当说，鲁迅笔下所有这些对中医的直接痛斥，至三年后写出《从胡须说到牙齿》一文，几乎一气呵成，一脉相承，乃是极为明确的人生经验之表达。只不过，这些付诸笔墨的抒写，有的是借助小说人物之塑造，有的是列举个人生活事件与经历，还有的则是直接表明思想立场式的判断之语。

鲁迅撰发《从胡须说到牙齿》一文，整整一年之后，时为1926年11月，复又撰发《父亲的病》一文；前文中所谓不相信中医的理由，"其中大半是因为他们耽误了我的父亲的病的缘故"之语，在后文中终于得到充分反映与印证。对此稍有了解的读者，自是心领神会，在此也毋庸笔者再做赘言了。

◎ 观念有所转变的《经验》之谈

然而，令人稍感意外的是，大约七年之后，鲁迅对中医的态度似乎又有了一些微妙的"转变"。这一"转变"，在1933年7月撰发的一篇题为《经验》的短文中有所体现。此文开篇即这样写道：

古人所传授下来的经验，有些实在是极可宝贵的，因为它曾经费去许多牺牲，而留给后人很大的益处。偶然翻翻《本草纲目》，不禁想起了这一点。这一部书，是很普通的书，但里面却含有丰富的宝藏。自然，捕风捉影的记载，也是在所不免的，然而大部分的药品的功用，却由历久的经验，这才能够知道到这程度……

短短百余字间，鲁迅对中医经典《本草纲目》的评价，呈现出客观公允的姿态——这样的姿态，似乎可以理解为鲁迅晚年对中医的态度有所"松动"，不再是先前那种剑拔弩张，或冷嘲热讽的态度了。

《经验》一文，先是刊发在《申报月刊》之上，后来辑入《南腔北调集》，应当有着一定的公共传播与社会影响力。不过，毕竟是"灵光乍现"似的短小篇什，并不能引起当世及后世读者的十分关注，故而至今提及者不多。或许，此文也并不能算作鲁迅晚年思想转变的"铁证"，只可当作某种信手拈来的"随意"之作罢。

◎ 此"周树人"非彼"周树人"

殊不知，在鲁迅撰发《经验》一文整整一年之后，更令人始料未及的事件又接续发生了。原来，时至1934年7月，厦门国医专门学校创办《国医旬刊》，刊载了众多中医师以西医知识阐释传统中医的文章，就此开启了当地中医界探索中西医汇通的学术路径。有后世研究者称，该刊坚持"发扬国医学术""与"融贯中西学说"的办刊理念，破除"科学"迷信，树立中医信念，用西医解剖知识佐证中医气化与脏腑理论，正视中西医差异，力戒盲目汇通，表现出学术的继承性和时代的进步性。

乍一看，这样一本学术刊物，似乎很有点与时俱进的特点，再一翻，却会发现撰稿者的观念，基本仍停留在清末洋务派的思想立场之上，"中学为体"与"西学为用"的理想主义色彩浓厚。

当然，联系到该刊创办的历史背景，刊物所表现出来的思想立场与价值取向本也无可厚非。

当时，中国传统医学与医药界正面临空前危机，危机主要来自两个方面，即国内民众的信任危机与其自身的发展危机。造成危机的因素，既有积弊已久的内因，也有因时而动的外因。简言之，类似于鲁迅这样的知识分子，一而再，再而三地表明态度，坚决不信中医，就可以视作这场危机的内因之典型例证。另外，当时的政府当局推崇西医，有意革除中医，已有停止中医营业并勒令药铺整改的相关行政命令发布，这又可以视作这场危机的促发性外因。

在内外交困的空前危机之下，中医界内部力争生存权，力图发出自己的声音，也是顺理成章之事。正是在这样的历史背景之下，《国医旬刊》应运而生，希望为中医重整旗鼓，为中医重树自信，这当然无可厚非。

不过，令人感到始料未及的事，接下来就发生在了这本颇有历史背景的刊物之上。该刊创办当年（1934年）11月间，第1卷第11期之上，竟然刊发了一篇署名为"周树人"的《医药感言》。文章颇为简短，为中医正名立威之意，却是显而易见的。且看全文如下：

医药感言

周树人

医所以寄死生，所恃者药耳，得其药则生，不得其药则死，此七年之病，所以必求三年之艾也。我国自神农尝百草，伊尹著汤液，以药疗病，诚有夺天造命之力，起死回生之功，而为各国之先进。后世不能以时采药，大失灵验之真性，且有以假乱真者，故虽有卢扁之神医，亦不能立除症瘕，而收膏肓之效，此中国医药之腐败所由来也。至宋雷敩，即以炮制之法，倾助药力，以人力而补天功。而西医之科学化验，核取原质，尤见精进，无如中医长守故步，治病以药质而效迟。西医专尚科学，治病以药液而效速，遂致西医流入我神

版三第　　刊旬醫國　　期一十第

醫藥感言　周樹人

藥所以寄死生，所恃者藥耳，得其藥則生，不得其藥則死，此七年之病，所以求三年之艾也。我國自神農嘗百草，伊尹著湯液，以藥療病，誠為奪天造命之力。起死回生之功，而為各國之先進，誠異者，故療有盧扁之神術，亦不能立除癥結，而收齊宣之教，此中國醫藥之屬敗所由來也，至宋需毅後醫不能以時探藥，大失靈驗之異性，且有以假亂真者，以致西藥流入我神州，而一二……

周树人《医药感言》，原载《国医旬刊》。

州，而一二好奇之辈，趋新领异，以为西医之实验，胜我中医之理想，而不知西医之解剖注射，岂能胜我针刺灸砭之奇验，而且我古圣贤具生知之智，精于经络部位，故能所投必效，又能辨品物性味，合世人疾病所宜，其先知先觉，良堪景仰，况乎西医于肺痨一症，何有奇效？时疫一发，何所擅长？更有天花痘疹，无不束手以待毙，即使勉强以应，亦不外施手术以愚人而已。虽然亦未可谓西医全无效灵也，际此新陈代谢，厌故喜新之人实多，我医士苟能以中法为根柢，而以西法为辅助，将科学化验，尽力改良，遇外科与急症，用西法以取捷效，逢内科与缓症，用中法以慎调理，如是医学竞争发明，我政府加以褒奖，不但寿民而强国并可以塞漏卮，而收回利薮也。

　　上述五百余字的短文，纯是就医论医之作，且推崇中医、贬低西医的论调贯穿始终，若非署有"周树人"的作者之名，恐怕很难令如笔者辈后世读者有所注意。不过，也正因为署有"周树人"之名，这篇坚决推崇中医的短文，又令人感到此"周树人"绝非彼"周树人"，此文应当不是鲁迅的作品。试想，即便在1933年撰发的《经验》一文中，对待中医的态度有所转变，也不至于仅仅过了一年之后，迅即就转变为中医的绝对推崇者罢。

笔者以为，同一时代或确有这样的同姓名者，一是作为文坛领袖级人物的，笔名"鲁迅"的"周树人"；一是作为中医学界内部的专家学者，曾为《国医旬刊》撰稿人的"周树人"。

这样的情形，虽然确实十分巧合，却也并非完全没有可能。这样的情形，不由得令人联想到，还曾有一位作为摄影师的"周树人"，也曾经进入过后世研究者的视野。这位摄影师，曾于二十世纪三十年代，一度活跃于平沪新闻摄影领域，其作品曾有不少刊发于平沪两地报刊之上，皆署名为"周树人"。若论所处地域的距离，这位作为摄影家的"周树人"，当然与作为笔名"鲁迅"的那位"周树人"，还更为接近一些罢。因此，这位推崇中医的"周树人"，这位在《国医旬刊》上发表《医药感言》的"周树人"，应当是另一位与鲁迅本名相同者。

在好奇心与探究竟心理的驱使之下，笔者禁不住又往《国医旬刊》的后续期刊里检索了一番，发现这位"周树人"，在随后不久的1934年12月间，该刊第二卷第四期之上，又发表了一篇《时疫论》。同样是言简意赅，同样是类似社论性质的短文，这篇《时疫论》仍秉承坚决推崇中医的立场，大谈中医理论对时疫发病原理的解析，甚至于还抛出了独家"验方"，借此来印证与强化《医药感言》一文中对西医的诘难，即所谓"时疫一发，何所擅长"之责问。

至此,《时疫论》里的一番高谈阔论,倒愈发坚定了笔者的预判——此"周树人"绝非彼"周树人"。因为,此"周树人"只是一意要去"树"立中医之自信与权威,而彼"周树人"却是一心要去"树"立国人之自由与权利——二人思想立场与价值取向,业已判若两人,本即同名异人。

钱玄同：最厌过年的"书呆子"

◎ 小引：公历元旦与农历春节的一场世纪之争

众所周知，中国春节是按中国农历（或称阴历、旧历、夏历）计时的传统佳节，中国人所说的"过年"，皆是指过农历新年，过农历春节。但一个世纪之前，新文化运动席卷中国大地之际，以胡适、陈独秀、鲁迅、钱玄同等为代表的众多信奉新文化的新青年涌现出来，他们热衷于新思潮与新生活，倡导废旧立新，认为过农历新年是守旧俗、不进步的体现。他们提倡按照国际历法来过公历（或称阳历、西历、新历、国历）新年（即元旦），开始有意淡化甚至要求废除农历春节的传统习俗。

他们的这一主张，与"辛亥革命"之后的官方主旨是一致的。当时，刚刚推翻了两千年帝制的民国政府，极力主张社会改革与文化革新，政府机关内外通令皆必须按照"公历新历"来庆祝与安排作息，甚至一度称农历为"废历"，特别强调废旧立新之意。然而，普通民众对这一突如其来的改革举措并不认同，也不遵从，一直是官方例行过公历新年，民间照旧过农历春节，这两种过年方式并行共存。

北伐胜利之后，国民政府曾于1930年开始强制推行过公历新年的政令，将每年元旦认定为新年之始，并将农历春节废除，各大报刊则将这一被官方废止的传统佳节径直称之为"废历春节"。为强力推行禁令，在各大城市还出动过大批军警，一遇农历新年燃放鞭炮、大肆庆祝者即严加取缔，厉行惩处，希望以此来"易风易俗"，确立公历新年的唯一合法地位。

钱玄同

虽然官方强推公历新年的政令没能得到中国民众的普遍认可，但在客观上，还是造成了中国出现了两个新年，即"公历春节"（公历新年）与农历春节（农历新年）。一方面，普通民众自然仍过自己的农历春节，有的在政府强令之下也逐渐接受"公历春节"；另一方面，新派知识分子及公务员、城市小资产阶级等群体，则普遍认可了"公历春节"，但出于家庭乃至家族的传统力量，仍会再过一次农历春节。

有意思的是，比之那些有两个"春节"要过的同时代人，新文化运动的重要人物之一钱玄同（1887—1939），竟有过三个"春节"的过法——他与北大同仁们曾创造过三种过年法。

◎1918年：百年前的农历新年，钱玄同过得"忍无可忍"

时光上溯至一个世纪之前，时为1918年公历元旦[①]，北平文教界似乎还没有什么庆祝活动，不过例行放假而已。百无聊赖的钱玄同，于下午六点才出门，携夫人与儿子至北平青年会看新剧——天津南开学校学生排演的话剧。看到深夜十二点才回家，就算是过了公历元旦。

新年伊始，忽忽又过去了十几日，刚过"而立之年"的钱玄同，却一直精神不振，着实没什么新年新气象可言。其间有"两三日来咳嗽甚厉害，不能多讲话"，于是在学校里的授课也告假不去了；大多数时间均在家编写教材或是闲坐读书。

1918年2月10日，农历除夕这一天，钱玄同却突然一改公历新年以来数十日的安闲懒散面目，大动肝火，大发脾气，在日记中写下了自己不愿过农历新年的满腹牢骚。日记中这样写道：

今日即为除夕。我最厌过年，尤厌过阴历年，因阴历比阳历野蛮。中国幸而已改阳历，岂可依旧顾及阴历？至从阴历过年者必有许多迷信可笑之无意识举动，大与革新社会之道相反。故我家逢阴历年无所谓过年，但因阴历岁首数日店铺什九皆关门，不能不预备数日间之饭菜及点心耳。然大兄之家近年来却极端复古，至阴历年除夕，且悬祖先遗像，供以酒、饭、菜、点，而人跪拜如仪。吾虽满腹不愿，亦有不能不勉强敷衍者。今日午后三时顷，偕妇、子、使、使女同往兄处，举行典礼，晚餐。

---

① 本文记述钱玄同日常生活细节，均据《钱玄同日记》征引或转述而来。参考底本为《钱玄同日记》（整理本），北京大学出版社，2014年。

　　在日记中坚称"阴历比阳历野蛮"，"阴历过年迷信可笑"的钱玄同，作为一家之主，当然可以像前几年一样，坚决不过农历新年。可是，自己的小家庭可以自个儿做主，兄长的家他却做不了主。最终，不得不勉强从事，仍去吃那一顿极不情愿的团年饭。这一回，新青年遇着旧家长，还是不得不妥协了。从农历除夕这一天开始，钱玄同的日记也一下子中断了二十天。不难想象，钱玄同心里那股憋屈，着实是太郁闷了。

　　且说心底那股郁闷实在无处发泄，钱玄同索性化身"王敬轩"，化名给《新青年》编辑部写信；该信冠以《文学革命之反响》的题目，以一位"老学究"的身份痛骂新青年。结果，这一通子虚乌有的"老学究"来信，被编辑刘半农全文转发在了当期杂志上，还煞有介事地写了一通作为答复的公开信。就这样，钱玄同与刘半农的"二人转"，在《新青年》上与众多新青年的激扬文字同时登场，煞是热闹。一时闹得沸沸扬扬，满城争睹奇文。

　　因不得不在兄长家过农历新年，需要想个法子泄愤减压的钱玄同，伏案疾书而成的这封信，洋洋洒洒数千言，措辞激烈尖刻，表达着极度的"忍无可忍"之情。信中故意"反其道而行之"，把自己装扮成"反动势力"，极力罗织新文化运动种种罪状，大肆攻击推行新文化、倡导新生活的人是不要祖宗，数典忘祖之徒。没曾想，刘半农也因之撰写了万余言的《复王敬轩书》，针对"王敬轩"所提出的所有观点一一加以驳斥，把实无其人的"王敬轩"批驳得体无完肤。

　　这一来二去的两封公开信，皆在同一期杂志上刊发——把钱玄同讨厌过农历新年的激愤与郁闷，都聚焦在一处爆发了出来。没有人会料到，这样的个人情绪之发泄，却因依托《新青年》杂志这样的畅销刊物平台，在当时的北平文教界造成了极具轰动性与戏剧性的社会影响。

有相当一部分同时代学者与后世研究者均认定，《新青年》上发表化名信及回信，实际上是钱、刘二人特意演绎的一场"双簧"戏；二人均为《新青年》的轮值编辑，他们就是要故意制造一场淋漓尽致的论战，以便把新文化与旧势力的冲突实质充分诠释，把社会改良与革命的问题引向深入，以此来唤起社会各界的持续关注与充分重视。

前排坐者：钱玄同（左二）与朱希祖（左一）、蔡元培（左三）、陈独秀（左四）、黄侃（左五）等同仁及北大文科国学门学生合影，摄于1918年。

后来，鲁迅也称这场论战是一场"大仗"，并称赞钱玄同化名写信之举"只要能打倒敌人，嬉笑怒骂皆成文章"。但即便是鲁迅恐怕也想不到，这场"大仗"的诱因，却是因为钱玄同讨厌过农历新年，实在是憋屈郁闷才突发奇想而造成的罢。

◎1919年：五四那一年，钱玄同将"双十节"当作春节来过

话说1918年的农历新年，因兄长的固执守旧，也不得不随俗过年的钱玄同，一方面大感不满，化名"王敬轩"泄愤；另一方面急中生智，又有了"新招"。

次年，1919年，钱玄同索性农历、公历新年都废除掉，决定来年要将"双十节"当作春节来过。至于为什么又突发如此奇想，还得从1919年公历新年之际，《新青年》上一篇《恭贺新禧》的文章谈起。

原来，于1919年新年首期《新青年》上刊发的这篇《恭贺新禧》，要求直接将公历新年取消，改作庆祝辛亥革命成功，即将每年的10月10日视作新年。

文章先是描述公历新年的景象，以及自己的新年感受，作者这样写道：

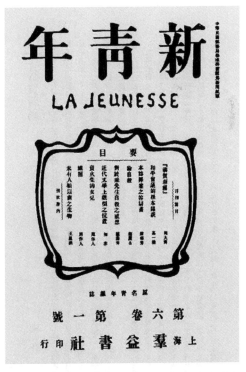

《新青年》1919年第六卷第一号，刊有陈大齐《恭贺新禧》及钱玄同支持"双十节"为新年的声明。

今天是大年初一，各处衙门的门口都扎起了一座彩牌楼，红红绿绿的很好看。大街上的店铺里，懒洋洋的挂着国旗，好像含着一种不

得已的苦衷。朋友们的“恭贺新禧”帖子已经从四五日以前陆续送来了——依了一等邮政局的通告，特别标明“元旦投递”的，也在元旦前的两日前递到了——我也手忙脚乱的检那递来的贺帖，预备写帖子去回贺。

而就在此刻，作者却心生一系列疑问，文中这样表述：

忽然心里起了一个疑问，又起了一个改良的念头。疑问是：我们为什么要贺新年？贺新年是有意义的事情吗？改良的念头是：何不废了贺年的礼节，改做别的有意义的礼节呢？

「恭賀新禧」

陳大齊

今天是大年初一，各處衙門的門口都紮起了一座彩牌樓，紅紅綠綠的很好看。大街上的店舖裏，懶洋洋的掛着國旗，好像含着一種不得已的苦衷。朋友們的「恭賀新禧」帖子已經從四五日以前陸續送來了——依了一等郵政局的通告，特別標明「元旦投遞」的，也在元旦的兩日前遞到了——我也手忙脚亂的檢那遞來的賀帖，預備寫帖子去回賀。我在這個時候，忽然心裏起了一個疑問，又起了一個改良的念頭。疑問是：我們為什麼要賀新年？賀新年是有意義的事情嗎？改良的念頭是：何不廢了賀年的禮節，改做別的有意義的禮節呢？

我對於我的疑問，細想了一回，覺得只有一個消極的回答說：賀新年是沒有什麼意思的。地球在太陽的周圍，一刻不停的，遵了那橢圓的軌道，在那裏走，並不是有一個起點非拿他當做一年的元旦不可的，也並沒有一個終點非拿他當做一年的除夕不可的。不過我們任意選定一天，當他一年的第一日，等到地球下一次又走到軌道上這一點時，便拿他當做第二年的第一日。今天是民國八年的元旦，那班講「夏正」的先生們定要說他是戊午年十一月三十日，自然是沒有道理；若說他是必然的元旦，斷斷乎不能把他改做十二月一日，二月一日或別的日子，似乎也欠通。要曉得地球的運行，本來沒有始終，所以並沒有天然註定的元旦；我們拿了「六月六狗生日」來做元旦，也未嘗不可

恭賀新禧　一

陈大齐《恭贺新禧》

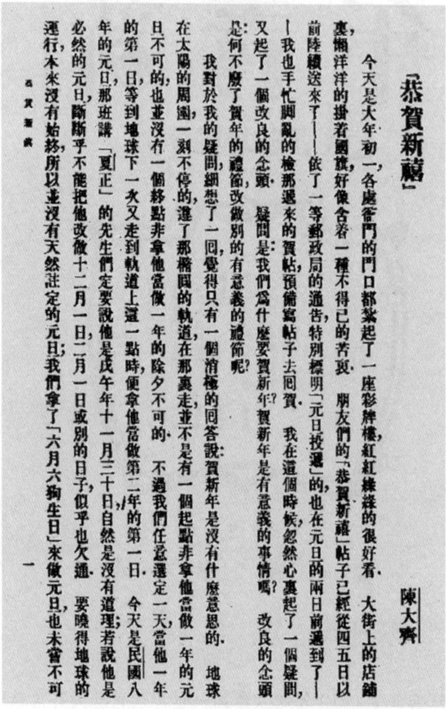

既生疑问与改良之念，作者随即分析称：

贺新年是没有什么意思的。地球在太阳的周围，一刻不停的，遵了那椭圆的轨道，在那里走，并不是有一个起点非拿他当做一年的元旦不可的，也并没有一个终点非拿他当做一年的除夕不可的。不过我们任意选定一天，当他一年的第一日，等到地球下一次又走到轨道上这一点时，便拿他当做第二年的第一日。

基于上述这样的分析，作者遂认定：

民国前一年的十月十日不是我们中华民国的国民第一天抬起头来做人的日子吗？我们几千年来的国民，虽然有了人的身体，却没有人的资格……到了民国前一年的十月十日那一天，武昌起了革命，虽没有把层层的奴隶完全摆脱了，却因此生出一种觉悟来：从此不做奴隶了，要做人了。这一天，实在可以算得我们国民更生的日子，或是做人的生日。中国人最快乐的日子要算是新年，我想把新年的快乐移到双十节去，岂不是把无意义的快乐变成了有意义的快乐吗？

最后，作者抛出主张，号召与呼吁称：

辞岁的改在十月九日夜里辞奴隶，请年酒的改在十月十日请共和酒；小孩子买花炮放，也在这一天；店里的学徒戴了新帽子，穿了新鞋子，摇摇摆摆逛市场，也在这一天；写了帖子大家恭贺，也在这一天；见了面，拱拱手说："恭喜恭喜"，也在这一天……

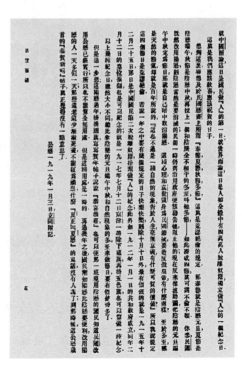

钱玄同支持"双十节"为新年的声明。

这篇文章的作者陈大齐（字百年，1886—1983），也是北大教授，十年后还曾一度出任北大代理校长。当时，陈氏将此文投寄给了作为《新青年》轮值主编之一的钱玄同。读到这篇来稿之后，钱氏深表赞同，对作者提倡新风尚、改革旧习俗的大胆建议很是认可。于是，此文发表时，在文后又添了一段自己写的"附记"，明确表示：

北大同仁合影，左起：刘半农、沈尹默、陈大齐、马裕藻、张凤举、周作人、李玄伯。

百年要把一月一日的祝贺新年废止，改为十月十日祝贺中国国民做"人"的纪念；这个意思，玄同甚为赞成。……就中国而论，这日是国民做"人"的第一日；就世界而论，这日是人类全体中有四万万人脱离奴籍，独立做"人"的日子，这真是我们应该欢喜，应该祝贺的日子。

据《钱玄同日记》记载，从这一年（1919）开始，钱氏确实就以"双十节"替代公历新年，自己与同仁们在小圈子里"实行了两年"。直至1921年，他个人"后来觉得事实上不甚方便"，又改过公历元旦的公历新年了。

◎ 1921—1923：钱玄同登报贺年，大张旗鼓过公历新年

1922年12月29日，这一天午后，钱玄同兴冲冲地走进北京《晨报》馆，去刊登即将到来的1923年新年的贺年帖。因为报社将于新年元旦之后休刊五天，放假过新年，钱玄同只得赶在1922年12月31日之前刊登贺年帖，刊登一日花费大洋两块。

其实，这登报贺年的"新风尚"，钱玄同已是第二次操办了。1921年底时，钱氏首次在《晨报》上刊登私人贺年帖，来向众多师友致以辞旧迎新的祝愿。这一方面是一种过新年的"新招"；另一方面，是在向同仁们暗示，已经放弃把"双十节"当作新年来过的做法了。

为了给自己"恢复旧制"做解释，钱玄同去《晨报》登完贺年广告之后，伏案疾书，在当天的日记中写道：

我又以为若认为这祝贺为无意思的，则固不必贺新年，亦何必贺双十。据我看贺新年也不算全无意思，我们在现在的中国贺新年有两种意思：（一）这是我们中华民国的新年，不是满清忠奴——遗老们的新年。满清忠奴尚未死尽，我们对于我们的新年很该看重。（二）一月一日是民国政府成立的纪念日，实是我们应该祝贺的。至于常日少往来的朋友，到了新年向他贺年，这也不能说全无意思，因此我从今年起恢复贺年了。

钱玄同从1921年"恢复旧制",照常过公历新年。于是,1921年底,即将迎接1922年公历元旦之际,又实行了登报贺年的"新法"。在解释完之所以"恢复旧制"的缘由之后,钱玄同在当天的日记中,还为自己登报贺年的做法颇为自得,详细记录了实行这一"新法"贺年的一些细节,写道:

《晨报》可登贺年片,甚为便利,我今年的即登《晨报》,所以明年的也还去登《晨报》。……我是主张用公历的,但有对抗遗老的意思的东西,我必写民国纪年。我贺新年的意思以前于第一种居多,故两年都用民国纪年。今年而且大书特书"国历"字样,这是我的《春秋》笔法!哈哈!

钱氏还将这两年登报贺年的款式也附在了日记中,如下:

1922年贺年帖　　　　　　　1923年贺年帖

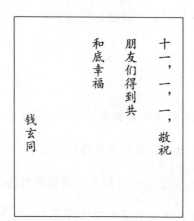
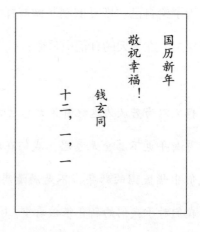

1922年12月31日,这一年的最后一天,钱玄同又把这一天过成了除夕。他在日记中写道:

傍晚访士远，今天他们那边弄了些玩意儿，算是过年。秉雄亦往，喝酒吃年夜饭，吃年糕，放花筒爆仗，捉曹操……闹得高兴得很。

这里提到的"士远"，即沈士远（1881—1955），乃书法家沈尹默之兄，著名的"北大三沈"（沈士远、沈兼士、沈尹默三兄弟）之一。至于"秉雄"，即钱秉雄，钱玄同的长子，"中国原子弹之父"钱三强（原名钱秉穹）的大哥。钱氏父子与沈家人一道欢度"新历除夕"，在当时可谓新青年们的新风尚了罢。

1923年1月1日，钱玄同的"公历春节"过得也颇不一般。他说：

我们做了中华民国的人，当这国历的新年，不可没有些子点缀；明儿阖家出外吃一顿饭，并且喝一点酒，算是过新年。

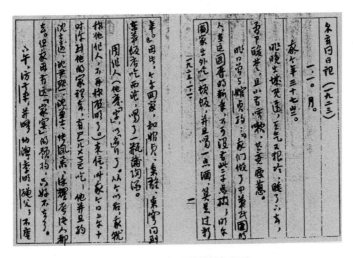

钱玄同 1923 年元旦的新年日记

当天中午，钱玄同一家人同到东华饭店吃西餐，喝了一瓶葡萄酒。为了这顿意义非凡的家宴，他甚至推掉了周作人与"北大三沈"等同仁们的新年宴请。当晚，又把这一系列的公历新年事迹点滴，都仔细地记录在了日记之中，使得后世读者可以据此直观这百年前的新年元旦，钱玄同等新青年们是如何搞出过年新花样的。

◎ 1923：钱玄同还是吃了农历新年的团年饭

前边刚提到，钱玄同的"公历春节"如何大张旗鼓，如何"新潮澎湃"，可1923年农历除夕的团年饭，他还是不得去赴了宴，还是心不甘情不愿地过了这农历新年。

1923年2月15日，除夕夜。且看他自己在日记里怎么说的：

下午一时，回家。偕秉雄和秉穹同到大兄处；因今天是旧历除夕，不得不去"吃祖宗教"也。到，祭祀已毕，兄嫂都已走开，我们便不干那磕头的无聊的事了。

次日，日记中又有记述称：

昨晚，商店祭神时的炮声闹了一个通宵，简直没有间断过。睡得很不安宁。

至此，钱玄同的三种过年法精简为两种过年法，可仍然还是在农历除夕夜里颇感烦恼，"睡得很不安宁"。不难理解，在那个近现代中国转型的时刻，身

钱玄同（前排右一）与周作人、俞平伯、刘半农等友人的新年聚会，摄于 1929
年 1 月 1 日。

处传统社会与革新时代的新青年们，恐怕都会为"新"与"旧"两个字的交替
而备感焦虑，都曾经为究竟过哪个"年"有过焦躁与纠结罢。

◎ 1935：农历春节期间的"书呆子"专访

1935 年 2 月，这一年的春节期间，拖着神经衰弱的颓软身子，戴着高度近
视眼镜，视线却不十分清晰的钱玄同，勉强支撑着病体，接受了北平《世界日
报》的专访。

钱氏一贯的反复古激进立场依旧，面对这家北平大报的记者专访，谈到更
多的仍是目前的反复古业绩——先推行简化字治中国文字的"标"，最终要取
消汉字治中国文字的"本"。

钱氏可能并不知道，也从未关注过，《世界日报》究竟为何要专访他，又
究竟要怎么报道他。1935 年这一年，对他来说是病入膏肓之年，是神经衰弱、

高血压、眼疾等一系列病症，令其疲于招架的一年。病体沉重难支，甚至告假半年，养病在家，教学与治学都有搁置的迹象，实在是有点行将就木之感了。就在1934年底，曾答应为弟子魏建功新著撰序的事也一拖再拖，根本无法动笔，只得作罢。他在1935年3月14日的致歉信中写道：

建功我兄：大著《古音系研究》印成已多日而拙序迄未交卷，可胜惭悚！去年十二月中告兄，此序决于寒假期内成之，故欲借阅校样，拟将全书籀绎一过，即行属草。不意尊处将校样送来之上一日（十二月廿一日），弟即患头目眩晕，息偃在床；然彼时预计，距寒假尚有祺月，及期或已痊愈。然尚以为稍稽旬日，或能动笔也。今又将两月矣，目眚未疗，精神仍惫，伏案不及一小时，辄觉头重，心悸手颤，暂时竟不能用脑。现在只好请兄见谅，先将大著装成发售。弟病愈必当补作此序，得于大著再版时补印入册，则甚幸矣。

廿四年三月十四日 玄同白

建功我兄：大著古音系研究印成已多日而拙序迄未交卷，可慚愧！去年十二月中告兄，此序決於寒假期內成之，故欲借閱校樣，擬將全書籀繹一過，即行屬艸。不意尊処將校樣送來之上一日（十二月廿一日），弟即患頭目眩暈，息偃在床；然彼時預計，距寒假尚有朞月，及期或已痊瘉。然尚以為稍稽旬日，或能動筆也。今又將兩月矣，目眚未瘵，精神仍憊，伏案不及一小時，輒覺頭重，心悸手顫，暫時竟不能用腦。現在只好請兄見諒，先將大著裝成發售。弟病瘉必當補作此序，得於大著再版時補印入冊，則甚幸矣。知堂老人序中云，"志在必寫，雖或建功力求分寫而亦不可得也"。弟意正與此老相同。書此致歉，敬頌撰安。

玄同白。

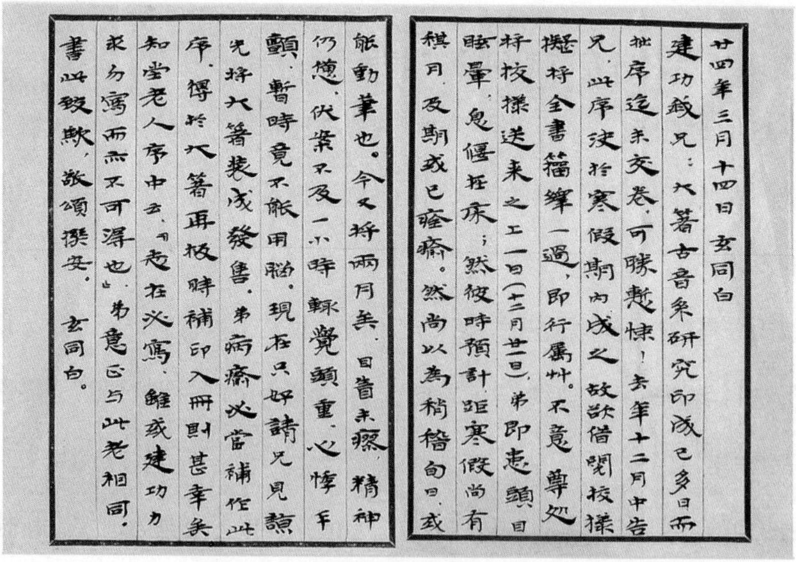

钱玄同致魏建功信札

由此可见，钱玄同的1935年，的确病来如山倒，是自顾不暇的。为什么他还要拖着如此不堪的病体，非得接受《世界日报》的专访呢？归结起来，可能有两大原因。一来是因为其主持《世界日报》的"国语周刊"已有七八年光景，在此期间，报社方面对其推行的"简体字运动"一直予以关注与支持，发布了不少相关新闻与报道。这样看来，如果不接受"老东家"的专访，于情于理都说不过去。二来是因为其主编的《简体字表》即将出炉，接受专访，以较大篇幅来表达个人主张及近期业绩势所必然，也顺理成章。

然而，钱玄同恐怕也想不到，他抱病接受的此次专访，报道出来的却并不是平铺直叙的访谈内容之记录，而是有所"包装"，有些"八卦"，简直可以说有点"标题党"的意味——那篇专访报道，除了对采访人钱氏冠以"文字学专家"之外，竟还加有副标题"书呆子气十足"。

那么，"标题党"既然已经盯上了"书呆子"这个公共"看点"，又究竟是怎样去抒发这"十足"的"书呆子气"的呢？专访报道内容很足，连载了四次之多，不妨先来品读一下连载头回的内容。在此，酌加整理，摘录原文如下：

文字学专家　钱玄同

因为遭母丧的原故没有考上秀才

他在十八岁的时候曾经办过《湖州白话报》

"书呆子"气十足

中国社会，被封建势力，支配了三千多年，造成许多畸形状态，遗留到现在，仍未改造完成。文字是传达思想意识的工具，文学是思想同意识的表现，本来不能算是奇特的，然而历来的帝王，为得保持个人的"天下"，利用孔子"民可使由之，不可使知之"的两句话，为愚弄人民的原则，所以定出开科取士的方法，并限定律诗、策论、八股一类的范围，笼络人民的思想，同时人民为得"登仕"之途，以"应制"为不二法门，能够升官发财，也就文诌诌起来了。因此民间的真文学，便在这种情形之下被牺牲了。历史告诉我们诗经是商周时的民间文学，晚周民间的歌谣，被屈原取来，修改成楚辞，秦始皇和李斯的"国字统一"政策，到汉武帝和公孙弘的"文体"复古政策，虽然确定了文言文的正宗，但民间的歌谣和五言诗，也在那时候蓬蓬勃勃盛行，甚至于"赵代秦楚之讴"使得汉武帝也心爱，而且特设采访、编制、演习的衙门，叫做乐府。五言诗到汉末两晋、六朝的时候，竟侵占了庙堂文学之席，而为文人学士最流行的诗体。两宋朝的词、金朝的"弦索西厢"，同元的杂剧、小令、套数等，都是民间文学嬗变的。施耐庵的《水浒传》，和现在大小报纸上的长篇白话小说，都是文人受了民间文学影响的作品。

清末到民初时候，西洋文学侵入，梁启超等独创一格，打破了传统的拘束。民文学革命以后，白话小说、新诗、话剧、歌剧等作品，及文法和新式标点符号的通行，推翻了庙堂文学，而直到现在大众文学的勃起。因此一部三千年的整个中国文学史，都是潜伏着民间文学。自然，一个有数千年悠久历史的国家，真正民间的文学，不是现在历史上记载的那样简单，其余的完全被时代所淹没了。同时我国不识字人的数目那样众多，毫无疑义的可以说是历代帝王实行愚民政策的结果，因为一个要真正能达到科举时代的功名最后阶段，是必须用很长时间，一般小民能力不及时，当然只有改道了，而形成少数知识阶级存在的怪现象。所以，在民国七八年的时候，许多读书之士，起而做文字改造工作，同时创造注音符号及国语罗马字，为整个文字改造的工具。十余年来，经政府与民间的合力推行很见功效，不过政府当局，为广行起见，特于上月召国语统一筹备委员会委员黎锦熙、汪怡往南京，于上月二十六日开会，商讨铸造汉字旁带注音符号之铜模，以便推行。最后结果，在最近的将来，也许可以实现。

钱玄同是受过庙堂文学的教育的，四岁时（一八九〇）便开始读十三经，十六岁（一九〇二）正式应过考，对于旧文学很有根底。后来他又受业于章炳麟，研究小学，所以复精于文字音韵之学，他在北大、师大、燕大、清华等学校，先后都教授文字学及中国音韵沿革的课程，现任师大国文系的主任，还担任这类的功课，同时他是个文学改造运动中的健将，与黎锦熙一同主持中国大辞典编纂的工作，而且更进一步主张推行简体字，为改造文字过渡的办法，一个对于新旧文学有素养的人，而从事于一种最进步的运动，是值得介绍的吧。

（一）钱氏介绍及其"应制"前后

钱氏于清光绪十三年（一八八七）生于江苏苏州，但他的籍贯是浙江吴兴，他的家庭是个书香世家，父亲是进士，做过礼部主事，晚年还做过绍兴、扬州等处的书院山长，到光绪二十四年（一八九八）去世。他的长兄钱恂，做过驻俄使馆参赞，驻荷

钱玄同《论简体字致黎锦熙汪怡书》，1935 年 8 月 24 日。

兰及义大利公使，留日学生监督，自然称得起家学渊源了。所以当他四岁的时候，便被督促的开始读十三经，用了十年的工夫才读完，因此在他过去的数十年内的整个时候，都是用在做学问上，所以到了现在，富有书呆子气，不修边幅，同很深的近视眼镜，说起话来，总是滔滔不绝，在现在以"圆滑"应世的人看起来，觉得是未脱"呆气"，虽然他也是有着普通人那样艰深的阅历。此外他更有一种怪癖，对于家庭生活，远没有书本那样的感到兴趣，虽然他也同普通人一样的在北平有个家庭，但是从前在师大的教员宿舍，住了十多年的时光，现在又在孔德学校住了六年了，所以到孔德学校，还可以会见他。

钱氏十二岁同十四岁的时候，正是戊戌同庚子年，（一八九○──一九○○）虽然那两年是中国史上的一个大的转变期，但是对于他并没有发生甚么影响。所以在他十四岁（一九○○）读完经书后，便开始练习，做八股文章，同试帖诗，戊戌变法的时候，虽然一度将八股文取销，但政变以后，就又恢复了。他做八股文的第二年是辛丑年，（一九○一）清廷改八股文试帖诗为策论，他就跟着习做经义策论。他十六岁的时候（一九○二）回到故乡，去应县考，县考考取后，又去应府考，府考考取了，预备应道考，可是学台到下一年（一九○三）的正月才来，他的太夫人，却于他府考完毕后，不到一个月，就逝世了。在那时遭亲丧的人，是不能应考的，所以他未中秀才，不过是个前清的童生罢了。那时革命声浪很高，提倡维新的《新民丛报》，同较前主张保皇的《清议报》，当他十六岁的那年冬天，他都很秘密的看见了，因此他的思想，起一个大荡漾。他丧母之后，离开苏州回到故乡，住在他的一位父执家中，他从那时起，就开始读新书报了。第二年（一九○三）上海发生了"《苏报》案"，震动了全国，因为当时的革命党章炳麟、邹容、蔡元培、吴敬恒、张继等，在上海的《苏报》上鼓吹革命排满，章炳麟的《驳康有为书》，及邹容的《革命军》两本书，更对满清政府极力反对，主张根本推翻，虽然蔡吴等得逃往海外，章邹却捕入西狱，那时的民气，更是十分激昂。钱氏在他故乡，又秘密的看到了《驳康有为书》与《革命军》，使得他的思想，有了一个极大的转变，他不但不守旧了，并且反对保皇，他固然赞成维新，他更主张打倒满清政府。因此在他十八岁的时候（一九〇四），约了几个朋友开办《湖州白话报》，便是一个极大的表现。

上述两千余字的报道，乃是1935年2月6日《世界日报》上的独家报道，对钱玄同的这次专访，访谈内容整理后连载了四次，上述内容还只能算是"开场白"。

这样的"开场白"，实际上还只是简述钱氏生平及其生活时代的背景。开头的两大段，论述所谓中国三千年的庙堂文学与民间文学此消彼长的状况，从少数人才能受用的、用于谋取功名的庙堂文学发展到为大多数人可用的普罗文学、大众文学，再从这一文学功能变迁谈到文字功能的变迁，遂"柳暗花明"地隆重推出此次专访主角——钱玄同。

在推出主角的同时，记者更注重挖掘主角身上的历史性与矛盾性，即以钱氏本人两段生涯（前半段被动地活在复古的时代气息中，后半段主动地活在反复古的时代气息中）的比较，来着力体现书呆子气究竟是一种什么样的气质。

应当说，就公共传媒的角度而言，《世界日报》记者的"包装"是相当成功的。所谓"书呆子气"，是普罗大众经常予以调侃与讥讽的一种人类气质，这种气质是与不通人情世故，只管读书治学的知识分子紧密相连的。对这种气质的调侃与讥讽，当然也是从科举制度式微以来，才在社会生活中蔓延开来，逐渐成为一种社会风气的。以科举谋求功名的路径断绝之后，"万般皆下品，唯有读书高"的社会信条就此作废，在民国初期的"精英政治"尚只具雏形之际，知识分子大多生活窘迫，经济拮据；加之不谙世事，埋头读书，原有书生气、才子气等尚有所保留的批评语，开始泛化为"书呆子气"这一更为通俗形象、毫无保留的讥讽语。自晚清以来，大凡生活困顿的知识分子，都免不了要领受世人所赐"书呆子"之标签的。

1935年2月6日，农历大年初三这一天，此时，要将曾经的新文化运动健将，时为大学教授，且有政府当局所委专业职务，还时常在各大报刊亮相，至少在《世界日报》上要主持周刊，有着一周一次公共亮相频率的钱玄同，直接评价为"书呆子气"十足，且以此为标题，来推出此次专访报道——《世界日报》此举，既可谓别出心裁，亦可谓用心良苦。

不难发现，从钱玄同个人的生活履历来考察，1887—1903年这十六年的生活可谓中规中矩，在庙堂文学与科考中俨然古人一般，丝毫没有反复古、新文化的气息。这一时期的钱玄同，"书呆子气"自然是相当严重的。而1904—1935年，则是大张旗鼓、反复古的三十一年，力挺白话文、力推简化字；痛斥古文，最终还要取消汉字，这不得

1936年，钱玄同在北京双辇胡同。

不说是新青年的做派，是摩登新潮的，似乎与"书呆子气"再沾不上边了。

但须知，这三十一年间，钱玄同之所以在反复古、新文化运动中得心应手、建功立业，却仍是基于前十六年里打下的古学基础——即古文字学与古音韵学，即古学传统中的小学。能在古学传统自身基础上彻底动摇古学根基，能从古学内部系统打破古学迷信，并将这种动摇与打破，与建立新标准联系起来，这绝非易事；钱氏本人也纠结其中良久，耗尽才思、精力、岁月。

从这一角度来看，新文化运动要从新文学革命（即白话文替代古文，为大众文学开路）层面，再沉降到简化字革命（即以新体字替代旧体字，为统一国语奠基）层面，仅仅做一番感性呼吁与文字抒情是远远不够的，没有"书呆子气"的真功夫是肯定不行的。也正是因为钱氏在文字学领域的"书呆子气"，为之钻研已久，用心已深，才能夯实反复古与新文化的基础。

当然，无论是这前十六年，还是那后三十一年的"书呆子气"，就普罗大众看来，都是有点不切实际的，都是有某种劳而无功、莫名其妙的固执秉性的。不过，《世界日报》需要的只是社会大众关注度，只有大众更多关注与互动，才有更进一步理解"书呆子气"中所蕴含的知识分子理想之可能性。

因此，在专访标题中打出"书呆子气"的幌子，采取"标题党"策略，就是要以一种对知识分子世俗印象的貌似迎合，实则吸引公众更多关注与进一步理解"新文化"健将群体的生活、治学、思想乃至理想。接下来，记者将钱氏的近期观点与学术计划——公布，"书呆子"的理想，注定是令世人惊讶一番的。原文酌加摘要，转录如下：

专访钱玄同之报道（一），原载北平《世界日报》，1935年2月6日。

（钱氏称）我们固然愿意用注音符号，但同时我们又主张应该兼用罗马字母，制成"国语罗马字"作为国音字母的第二式，国语罗马字至少有下列几种用处：（一）可以适用罗马字母打字机和罗马字母铅字印国语的文章，（二）对于向来用罗马字母拼合的中国人名、地名，拼音不对的，可以更正。拼法分歧的可以统一，将来中国的外交部、邮务局、电报局、铁路等处，可以不再用外国人所拼的声音不准确的中国人名、地名等等。（三）国语文中遇着不能音译的外国词儿，可以直将原字写入，不必再用不准确的音译。近代另有人制造一套"拉丁化的中国字母"，与"国语罗马字"的拼法不同，钱氏说，它不是拼国音的，而且制造的人，是反对中国国语统一的，主张中国国语统一的人们，不用去研究它，因为和它不相干。简体字的问题，到现在总算是引起了社会的注意，但仍待研究推行。钱氏认为汉字笔画太多，书写费时，是一种不适用的符号，改用拼音是治本的办法，减省现行汉字的笔画是治标办法，而治标的办法，实是目前最切要的办法。

有的人认为笔画减省之后，造字的本意不可复见了，但钱氏以为文字本是语言的符号，语言是用声音来表示思想情感的，文字就是这种声音的符号，只要有若干简写的形式，大家公认为某音某音的符号就行了。什么肖形，什么表意，全是不必要的，所以造字的本意不可复见，在实际应用上，是不受丝毫影响的。

读经问题现在又被人注意了，广州方面，已实行从小学起，皆须读经，这件事颇引起学术教育界的注意。钱氏说："中小学"读经是绝对不应该的。几部经书，本是古代的历史材料，大学生若研究古史，经书自然必要参考，但亦无所谓读经。至中小学生，则经书全无用处，把这种文理艰深的古书，强迫少年们去死读，使他们"哑子"吃黄连，说不出的苦，真所谓"非徒无益，而又害之"。至于有人认为现在的人心不古，欲用读经来挽回旧道德，那种见解，恐怕是只有愚人才想得出来的。所以读经的结果，只能造成许多固陋不通的人。

最后记者询钱氏对于文字学研究方面的见解，他说："要研究我国文字，应该从最古的甲骨钟鼎起，研究到现在的俗体小写，然后才能知道文字的历史之变迁"，对于音韵，应该利用科学的语音学来研究我国古今的韵书同各地的方音。本人研究文字音韵以外，对于伪书的考辨，同清代思想史的研究，也很有兴趣。但现在因年岁渐老，神经衰弱，最近病了一个多月，竟致不能多用心，颇觉悲忧。只希望以后尚能致力于文字音韵的研究，对于改革文字同统一国语的工作尚能多努力一点，也就心安了。至于考辨伪书同研究清代思想史，虽因颇感兴趣，不愿搁置，但亦不敢作多大贡献之奢望。

专访中，钱玄同提到注音符号与罗马字母兼用，制成"国语罗马字"的意见，其实就是汉字现行拼音方案的前身，这是为国语读音统一所做的尝试与创举。

民国创建伊始，早在1912年7月10日，教育部总长蔡元培在北京召开中央临时教育会议；8月7日，就通过了"采用注音字母案"。12月，教育部依此决议案，制定"读音统一会章程"，聘吴敬恒为主任。章程规定的会议任务是（1）"审定一切字音为法定国音"；（2）"将所有国音均析为至单至纯之音素，核定所有音素总数"；（3）采定字母，"每一音素均以一字母表之"。

1913年2月15日，"读音统一会"在北京召开。为了进行审音工作，会议决定把章太炎的纽韵文加以修改，作为会上的记音字母，审音的办法是依照清朝李光地的《音韵阐微》中的常用同音字作为"备审字类"，印发给会员，由会员审定读音，用会上规定的记音字母注音。审音之后，就是核定音素，采定字母，制订方案。提出各种各样的字母方案，主要有三派：（1）偏旁派，仿日本片假名，用音近之汉字，取其偏旁笔画为字母；（2）符号派，自定符号为字母；（3）罗马字母派，以罗马字母注音与拼音。各种方案的设计者互相竞争，各执己见，争论不休。争论了两个月而无结果，最后通过了鲁迅及浙江会员许寿裳等的提议，采取审音用的"记音字母"，定名为"注音字母"并议决《国音推行方法七条》。

然而，关于国语读音统一的方法之争论，却并未因所谓的国家法定标准之确定而结束。同为章太炎门下的弟子，无论钱玄同还是鲁迅，虽然都认可先师发明的纽韵文注音符号，但在是否使用或兼用"罗马字母"的问题上，都各有主张，坚持各自的研判。

钱氏在专访中说得很明白，罗马字母的便捷性，就在于这是一种国际通行的符号，一是可适用于打字机，二是可统一纠正国外错误拼音，三是难以音译的外来词可直接输入，仅此三项，便可知"国语罗马字"存在的必要性与合理性。事实证明，钱氏的意见是有远见卓识的，国人现在所用的拼音字母，正是由罗马字母演化而来——这也说明了"书呆子"得理不饶人的那股专横之气，虽然看似偏执可笑，却自有其价值。

至于简化字的实施，钱氏认为只重其作为表音符号的现代功用，没必要谈什么肖形表意的古代功能。这样的极端立场，可能令同时代人感到惊骇莫名，一时无法接受。即便到了此次访谈八十余年后的今天，稍有中国书法传统意识者，也绝不会认同这一立场。

不过，如果联系到钱氏的书法修为及其水准来考察，这一极端立场的产生，并非装模作样的标新立异，更不是无理取闹的异想天开。其人之所以对汉字产生如此革命的立场，其实也经历过"复古"的试验，只不过试验一步一步走向失败，复古不成，还发现古史不可迷信，古史里面还有不少伪史，只得反复古，进而"革命"了。

说到这里，就不得不引用其密友周作人所撰，那篇万余字的《钱玄同的复古与反复古》了。文中对钱氏在文字学方面的复古试验之三次失败，记载得一清二楚，其人对古汉字的识见与研究，早已超越同时代所谓的书法家与小学家们；更足以让那些认为钱氏是"汉字罪人"的人，发现自己的无知与自以为是。

原来，钱玄同第一次复古试验，始于民国元年（1912），是试图用小篆来抄录一部《说文窥管》。这是一部清代中期学者的著作，只抄录了十四叶（即

周作人《钱玄同的复古与反复古》手稿

二十八面），因为古代流传下来的小篆文字也不够用了，因此无法抄录完全。

第二次复古试验，是用小篆来抄录其师章太炎的《小学答问》。经过苦心研究，一方面改造小篆的写法，参以楷书笔法；另一方面有的字找不到小篆体的，只得替换以在古文意义上可通用的字，最后终于写成。可是，周作人认为，改造小篆的写法，虽不难看，但的确也"不大好认"；而将"认"字写作"刃"字，更是"一见难识"。

第三次复古试验，也是最后一次试验，书成后印制于民国二十二年（1933），这是用篆隶两种书体抄录章太炎的《新出三体石经考》。这一次虽然也算成功，但毕竟所用字体已不再纯粹是先秦以来的小篆体，而是混用汉代以来的隶书。三次复古试验，从1912年至1933年，耗尽二十余年光阴，终于还是归于流产。

按照周作人的说法，这三次复古试验，对钱玄同的治学理念乃至社会观念，都产生了极大的影响，也正是其人从"极右"走向"极左"的重要诱因。对此，周氏有过一番极精辟的判语：

这是文字复古的经验，从极右的写小篆起手，经过种种实验，终于归结到利用今隶、俗字简体，其极左的反动则是疑古，主张破坏过去的一切，即是线

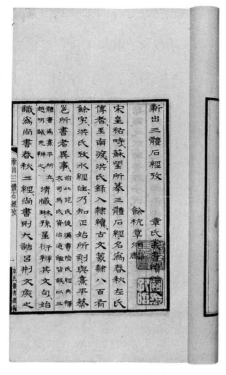

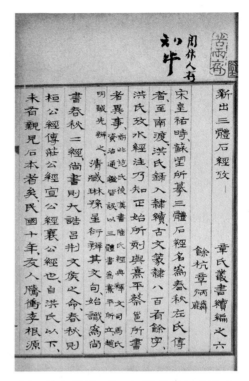

章太炎著《新出三体石经考》，钱玄同手书上板，民国二十二年（1933 年）北平精刻本。

钱玄同抄录《新出三体石经考》手稿本，周作人旧藏。

装书扔进毛厕坑，四十岁的人应该枪毙等说……

　　可以想见，一个真正的、纯粹的"书呆子"，在完全信守书本知识与所谓古学传统的前提下，仅仅是为了搜集、整理与恢复古代汉字的完整形态，经过二十余年艰苦努力，却逐渐得出一个不可恢复的结论时，将会是怎样的心态与心境。

　　在此前提之下，钱玄同走向极端的反复古，当然要比那些只管身着长袍布鞋，照本宣科四书五经的旧派文人们，更为彻底，更为坚决。与此同时，其人的反复古之举，当然也还要比那些只是留过洋、喝过洋墨水、穿西服吃西餐的摩登青年们，反得更有底气，反得更有目标。也正是在这样的试验基础之上，复又源自其治学经验之下，钱氏极力主张应当取消汉字，其个人观点很明确，那就是："认为汉字笔画太多，书写费时，是一种不适用的符号，改用拼音是治本的办法，减省现行汉字的笔画是治标办法，而治标的办法，实是目前最切要的办法。"

与"反汉字"的主张一致，钱玄同也极端厌恶所谓的"读经"教学，为之特别指出："'中小学'读经是绝对不应该的。几部经书，本是古代的历史材料，大学生若研究古史，经书自然必要参考，但亦无所谓读经。至于中小学生，则经书全无用处，把这种文理艰深的古书，强迫少年们去死读，使他们'哑子'吃黄连，说不出的苦，真所谓'非徒无益，而又害之'。"

试想，这类主张及其实施步骤，这些意见及其绝无妥协的态度，不正是钱氏本人复古不成之后，一种"反其道而行之"的报复心理使然吗？没有对其二十余年的复古理想与经验之认知，恐怕也就很难理解，钱氏这一身"杀气"，究竟源于何处，又为何如此强劲彪悍。

此外，钱玄同还曾主张四十岁的人应该枪毙，大致是指四十岁之后的人，大多再无思想活力，更无创新意识，于人于己于社会已无贡献，只能坐享其成，因循守旧而已，所以该死，所以无再存活下去之必要了。接受此次专访时，年已四十六岁的钱氏，当然知道光阴可贵，一去难返；在复古与反复古的纠结中，已然耗尽了其人四十岁之前的活力与创造力，当然要有所作为，有所成就才行。于是，"书呆子气"十足的他，开始激烈地表达其反复古与新文化主张，开始全力推进其拼音与简体字两套方案。这两套方案与其说是他的学术蓝图，倒不妨说是他的人生"理想国"罢。

此次专访之后，钱玄同忍着眼疾和高血压的苦痛，独自起草《简体字表》，于当年6月完成，编选简化字达两千余。在此期间，仍带病主持《世界日报》的"国语周刊"，并屡有关于简体字研究的论文发表。8月21日，教育部终于以部令11400号公布《简体字表（第一批）》，规定"在社会上比较通行的简体字"三百余字，在小学教科书和初等教育中一齐使用。《简体字表（第一批）》大量采用"宋元至今习用的俗体"，基本沿袭了钱玄同等汉字改革的初衷。看来，"书呆子"的"理想国"计划，终于有了一步一步实现的迹象了。

然而，与此同时，关于钱氏身体状况恶化的报道，也时常见诸报端。其人常年患神经衰弱症，请半年病假，右眼视物不清等现状……均缀以"钱玄同"大号字标题的简短新闻，隔三岔五地，一小条一小条地报道出来——这与其所主持周刊整版整版的学术论文，形成了令人感慨莫名的某种对应。四年之后，时为1939年1月17日，钱氏因脑溢血猝亡，终年五十二岁。

"书呆子"的一生，就此终结。后人往往只记住了其人呼吁取消汉字，声称线装书应当扔进茅厕，认为四十岁的人该枪毙等"奇谈怪论"，却都未曾耐心展阅这一次八十余年前的专访报道，更不必说循着他的日记，看看他最厌过年，变着法儿反对过旧历年的种种轶事。

行文至此，不得不感叹："书呆子气"十足的钱玄同，其人交叠在复古与反复古的一生，都远比世人所能想象到的程度要深沉、复杂得多。

梁实秋：对普罗文学表态
——以《世界日报》相关报道为中心

◎ 创办"学文周刊"之旨趣

梁实秋

1934年7月，应胡适之邀，梁实秋（1903—1987）结束了在青岛山东大学任教的四年生活，返回北平。1934年9月，赴任北京大学英文教授，开始了另一段文学与教学生涯。1935年3月4日，在《世界日报》主编"学文周刊"，他在发刊词中写道：

文学颠倒成学文，恐怕容易令人联想起孔夫子所说的"学有余力，则以学文"那句话，这一联想很不妙，岂不有人要说：

"啊，你们是有闲阶级，你们是拿余力来从事文学，你们是吃饱饭没事做闲扯淡！"……文学这东西原不是人生要素之一，没有什么大用处，我不相信有人在饭未吃饱以前还谈什么文学，文学原是在"吃饱饭没事做"的时候来赏玩的。……有闲暇的人在有闲暇的时候学习一点文事，总不失为有益无损的事罢。"学文"的意义，如此而已。

当年知悉梁实秋与鲁迅正在论战的读者，不难看出这发刊词里，有意点出了所谓"文学的阶级性"的话语。显然，"饭未吃饱"的无产阶级，与"有闲暇"的有闲阶级，这两者的文学立场与态度是迥然有别的。因此，梁氏毫不掩饰地宣布："饭未吃饱以前还谈什么文学？"

当然，梁氏的真实意图，并非是要去争论搞文学到底需不需要吃饱饭的问题，而是要用一个周刊的版面，来系统持续地阐释其"文学是无阶级性"的基本立场，且要说明"文学这东西原不是人生要素之一，没有什么大用处"，文学只是"有闲暇的人"所应有的志趣之一。

显而易见，这种文学主张与思想立场，在当时已然大潮涌动的普罗文

梁实秋《"学文"的意义》，即《世界日报》之"学文周刊"发刊辞。

学的文坛流行风尚之下，有些不合时宜。于是乎，至1935年6月3日，"学文周刊"即宣布终刊，仅仅支撑了三个月时间。

事实上，从1927年到1936年，在梁、鲁论战八九年的历程里，至1934年时，已近尾声。早在1930年，鲁迅把"丧家的""资本家的乏走狗"的帽子，扣在梁氏头上之后，论战也从起初的个人观念之争，激化为施以人身攻击的"骂战"。始终还保持着文士底线，尽力表现斯文风度，难以做出"当街对骂"式姿态的梁氏，在这场"骂战"中当然不可能占上风，可以说是已经败下阵来了。

遥思二十世纪三十年代以来，由于中国政局的内忧外困，所导致的"有闲阶级"的文学活动日益圈层化与弱化，以及在此情势之下，"为群众服务"的左翼文学运动后起勃发之势，已经形成了一弱一强的鲜明对比。继之而来的所谓普罗文学蔚然成风，无可阻挡地成为一种社会风尚与文学风气。在这一风尚与风气之中，即使不经历论战与骂战，梁氏的文学主张与观念立场，也不太可能占上风。

此刻，"逆风而行"的梁氏，仍在伏案翻译莎士比亚等外国文学，仍致力于"有闲阶级"的文学趣味。"学文周刊"虽然后来未能长久办下去，但在当时的北平却已足够引人注目。周刊创刊后第四天，《世界日报》记者即登门专访，对梁氏生平履历、文学生涯、思想主张等进行了较为充分的访谈。时为1935年3月8日至12日，《世界日报》分五次连载了此次专访内容。

◎六千字专访报道，管窥文学主张

迄今为止，除了通过梁、鲁论战，可以管窥梁氏文学主张与观念立场之外，此次专访的内容，可谓梁氏早期生涯中的最全面自述。联系到十余年之后，梁氏迁居台湾的情况，此次专访的内容，又可以视为其人在国内公共媒体上公开表达个人文学理念的最后陈辞。

此次访谈内容，至今仍未见辑入梁氏各类文集之中，也因之颇具现代文学史之补遗价值。在此，笔者酌加整理，转录全文如下：

对西洋文学有深刻研究的梁实秋
梁于民十二在清华毕业后即赴美留学
回国以后因为没有路费就逗留在国内

本报记者茜蘋

（一）

西洋文学输入中国，已经有二三十年的历史，在这短的数十年内，我国文学受了极大的影响，虽然对于西洋文学有深切了解的人，并不是那么多，像在国内自豪的人。梁实秋氏，对于西洋文学是有相当研究的，在国内做介绍工作也有相当成绩。最近两年内，除开在北大教课外，还从事在翻译莎士比亚集，已译出六册，预定十年或十五年内完成，将由文化基金会出版。暑假还要做本关于文学理论的书，题目好像是《美在文学中的地位》①。在一个天际荡漾着春意的时光，我穿过街头，成双成对的怀春男女队里，走到一条充满"贵"的意味的胡同，去拜访梁先生。

---

① "美在文学中的地位"乃《文学的美》中之一章，于1937年1月发表于《东方杂志》，为论文而非书稿。

梁实秋专访之报道，连载于1935年3月8至12日的北平《世界日报》。

他的客厅里，虽然是中西式杂陈，但是西式的沙发，同旧式的硬木柜，都放得很适当，假若稍有移动些的话，恐怕就要失去了他现在的雅致了。梁氏穿着豆灰色的衣服见我，一幅圆圆丰满的脸庞，露着笑容的对我招呼着。我们在西边沙发上坐好后，便开始谈话。首先我不客气的像法官那样的问他的年龄、籍贯，同他的家庭，他仍堆着笑容告诉我。梁氏今年三十四岁，是庚子乱的第二年生在北平。他的原籍是浙江杭县，但是在他祖父的时候，便搬到北平来住，他的父亲梁绩三，在北平警界做事二十余年，现在年老告退在家休养。梁氏那年投考清华学堂的时候，因为是分省区考试的，他不便于回到浙江去考，所以便呈请入大兴籍，他的弟妹却仍报为杭州籍，这在中国社会，自然是件可笑的事。梁氏原名"梁治华"，直到游美归国后才以字行。

这恐怕是一般人都不大知道的。梁氏最初在陶端方办的陶氏学堂读书，那时还没有公立小学，因为学校教育刚刚兴起。他没有受过牛马式的私塾教育，很幸福的完满他的学校生活。所以他说："我完全是读教科书出身的。"后来革命成功，陶氏学校解散。他便入公立第三小学——就是现在的新鲜胡同小学。十四岁毕业，便考取清华学堂，那时是朱家宁做直隶巡抚，同他一齐考取的有五人，梅贻宝也是其中之一。他在清华读了八年书，民国十二年被送到美国去留学，在美国第一年是入的美国西部Colorado大学，是一个小的大学，他因为出国时只有预科程度，不易入别的大学，同时这个大学，又为哈佛大学承认的西方五个大学的一个，他希望入哈佛大学，所以便先入了这个学校，一年后就入了哈佛大学的研究院。在这里他听到了白璧德教授的演讲，在这里他受了古典的训练，读了一年，又因为哈佛大学过于老旧，同时很想到纽约去看看，又入了纽约哥伦比亚大学研究院，这个学校在美国是比较新式的，可以自由学习。

可是一年后，他因为几个朋友，如闻一多、熊佛西等都提前回国，所以他也一同的回来了。因为清华的官费生是五年，那时恰好颁布一个新的章程，在国外三年期满，准许回国考察一次，但是不供给路费，官费仍可保持，可是梁氏回国后，没有路费使着他再去享受那两年的官费，他不得不抛弃两年官费，而逗留在国内。

我们相信，假若他能再继续研究在国外，恐怕他对于西洋文学的成就，还不只如此吧！

（二）

梁氏被阻在国内后，他为得生活，不得不去找点工作，而正式开始的走入社会。那时他在美国有知交的朋友梅光迪，——当时梅氏在哈佛大学教

梁实秋编译《约翰孙》，商务印书馆，1934年1月初版。

中文，与东南大学有点关系，便介绍他到那里去教书，所以回国时便先到南京。他同张欣（歆）海、余上沅等，在东南大学教了半年书，被革命的胜利，把他们赶到上海去找生活。余上沅办新月书店，他在那里当编辑，靠着笔杆吃饭。到民国十六年的时候，上海暨南大学改组，郑洪年当校长，英文系没有人去，便聘了叶公超，洪深，余上沅同梁氏等，叶公超干了一年便辞了职，梁氏则在那里教了一年多，后来听到风声，赵畸筹办青岛大学，正在筹备时，就去帮助办理一切事情，开学后担任英文系主任，兼图书馆馆长，就在这个学校做了四年事。这么长的时间里，自然经过了些风波。后来北京大学约请他担任功课，同时他自己也因很想到北平来，所以在青岛大学告了一年假，暂时在平小住。今年暑假后，是否回青岛，或仍在北平，现在恐怕他自己都不知道。

"先生最初发表文章是什么时候开始的？"我再继续的问他。他说，最早发表文章还是在清华读书的时候，那时报纸的副刊，正是鼎盛的时候，他时常写些关于文学的东西发表，后来在新月书店当编辑的时候，因为职务的关系，时常的写文章，大半也是关于文学方面的，现在用力在翻译莎士比亚集，并且预定每半年要写一本小的书籍，关于他在半年中的研究，这是一本关于文学理论的，书名预定为《善在文学中的地位》。①

"先生对于文学的主张如何？"当他回答我那个话题后，我又进一步的这样问他。这个问题，我虽然觉得有点宽泛，但他却不在意似的给了我一个圆满答复。他说："我主张文学应走稳健的路，不要追逐时髦，附随潮流。我曾经

---

① 原文误将"美"字印为"善"字，关于此文，详见前注。

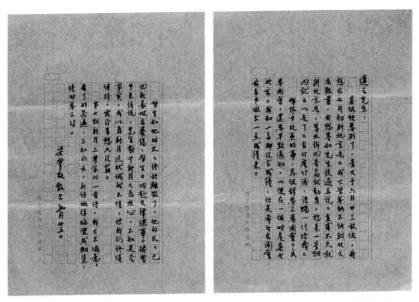

梁实秋致胡适信札，应写于1934年5月22日。信中提及赴北大任教及"译莎"计划等。

攻击过浪漫主义，而且发表一篇文章，叫做《现代中国文学浪漫的趋势》。自然这是一篇反对的文章。后来在上海的时候，那时普罗文学刚刚开始，我同赞成普罗文学的人，争执了三年，当时鲁迅他们办有很多的杂志，可以发表意见。我们只有在《新月》杂志上发表，也可以算是我的一点主张。"那几年上海有一个问题的争执，同去年大众文学一样的争执的问题，就是普罗文学，由少数人的意见，而扩为全国的问题，革命主义者认为政治经济都不好，不满足现状，而想彻底革命，这是态度比较左倾的。梁氏他们的态度是比较和缓稳健的，是属于改良主义一派，而被激怒的分子称为资产阶级的代表，固然他们的生活是历来没有吃过苦，所以他们那样的环境里，只能产出这样主张。梁氏又补充说："现在普罗文学被禁止，他们的杂志被封闭，我现在对他们倒是很同情。因为我们是赞成民主的政治，政府对他们言论不准自由，我们认为是遗憾。但是我们对于普罗文学的专横，也是同样的表示不满。"由这些话里，我们可以看出他是个富有情感的文学家，对于一个曾经同自己发生极端争执的对象的不幸，仍是十分的同情。同时他对于事情的利害，又能用理智分析得这样清楚，几乎使我有点不相信他是个三十四岁那样年轻的人。

（三）

"现在中国文学的路线如何？"我们点燃一支烟后，我这样的问他。自然这不是一个简单的问题，所以梁氏给我们一个详细的解释。他说："中国的文学，现在只有三条路线，第一是普罗文学，急进的文学分子，都可以属于这派，影响最大，现在的大学生，差不多都是思想很左倾。这种急进，不一定是指参加实际政治工作的人，就是普通的一般大学生，因为现实政治的关系，自然而然的形成到这种地步。第二是民族文学，这是政府同党部提倡，也有相当的力量，不过因为年代浅，尚未能得到多数青年的信仰。"他说到这里，又继续点着一支烟，并且仰靠在沙发上接着说："第三是没有党派的，他们完全对于文学有兴趣，无所谓党派，虽然不是拿文学当玩意儿，但是也不像以上两派那样的另有作用，所以有人说这是第三种人，而以这种为最多。将来文学的理论，一定会抛开这些立场，拿文学当做职业，不拿他当做政治运动的工具。"黑暗渐渐的袭进来，他的兴头正浓，灯都忘了"掌上"，我们就这样的谈。

"普罗文学的长处是，把文学当做玩艺儿。我们相信，将来的新文学，一定是要抛弃政治背景的。"我刚要提出问话的时候，他又这样的补充了几句。我问他对于大众文学的意见怎样，他说这个问题，他没有跟上去参加讨论，实质上说也是变形的普罗文学，不过想出一个新的名词而已。他是一个完全赞成白话文的人，这个运动，仍是大的白话文运动。从前胡适、陈独秀的白话文运动，到现在还没有截止，他们不过是继续这种运动罢了。

"先生觉得新旧诗怎么样？"我因为他最近在天津某报文学副刊上发表了一篇关于论诗的文章，所以我这样的问他。他仍是仰靠在沙发上说："新诗是有进步的地方。从前的人做的是半新不旧的诗，现在比从前进步的，其实是变得更像外国式。不过，有的仍是像旧诗一样，堆砌、糊涂。因为现在做新诗的人，颇有摹仿法国式的，我们应当继续五四的路线，要清楚明白。"并且他很自谦的说，他自己没有诗意。同时他更明白的说，现在有的诗简直叫人看不出他的意思，因为看诗或文章，是先有内容说的是甚么东西，他说很少有合乎他的脾胃的。我便接着问他对于诗的格调音韵，是否应当讲求的。他说："诗的格调音韵，仍是可注意的，因为诗原来就是一种美术文学，不过要像旧诗的死板讲求平仄，或者要那样的堆砌，就可以不必了。""中国是最识机的，对于利害关系，看得很清楚，真正留下的古的文字，还是没有用处的。因为那些人用尽毕生的精力，做求功名利禄，而拿文字当附属品，不是利用文学为登仕之途，便是用文学去歌颂权威者，而为自己谋利益，所以造成中国的一种畸形文学。"他把烟头抛在烟盘里后，好像忽然起一种感觉似的，我不好再追问他，所以另外提出一个问题。

（四）

"文学与时代的关系，应当怎样看法？"这在文学上是一个问题，因为有的人绝对主张文学与时代，有极深切的因果关系，同时更有一部分人说，文学是超越时代的，我们当然也可以知道梁氏对于这个问题的意见，所以我这样的问他。梁氏站起来开着灯，坐下说："我对于这个问题，不像普通说法。若说文学是在时代以前的，那就变成了'理想'。我认为文学是有两部分，一部分是与时代有关系的，另一部分是与时代没有关系的，无论在甚么时候，同样的可以博得读者的感动。"

"先生从前翻译过一本《阿伯拉与哀绿绮思的情书》，是那本书的内容，虽然经过几个世纪，但同样的可以在现在感动读者。是否能够解释先生这段话？"我举出一本书的实例，自然是可以使着大家的话，可以更明白些，阿伯拉是个和尚，当他没有做和尚以前，热恋着哀绿绮思，可是事实多故，没有成眷属，哀绿依思便去做尼姑，而阿伯拉也就当了和尚，这是两个人同脱离红尘后，阿伯拉写给哀绿绮思的情书，但不是像普通情书的富有"喜"的意味。因为是述说过去的情形，及当时他的心境，所以来得悲惨。那是一个实在的发生，虽然经过五百多年，仍是能感动着他的读者，所以我提出这一个问题。梁氏听了笑笑，说："这一部还不是个好例子。我国的《红楼梦》《水浒》比较的是个好例子。那些作品，也是经过长时间到现在还是一样的能受到人们的欢迎。我现在正在翻译莎士比亚，莎士比亚的作品，现在欧西仍是不朽的作品，就是因为他们对于人生认识更清楚，更深刻，而能产生伟大

梁实秋译《阿伯拉与哀绿绮思的情书》，新月书店1928年初版。

的作品。"梁氏受了中华教育基金会之托，翻译莎士比亚集，现在已译成六本，预备在十年或十五年内译成。

"西洋文学，我们有摹仿的必要吗？"梁氏是对于西洋文学有深刻研究的人，这当然是个适当的问题。同时依着一般人的理想，一定觉得他是主张摹仿的，为得他在外国受过相当薰陶。然而他却说："西洋文学，不能完全摹仿，因为两国的语言文字，风俗习惯不同，所以文学背景也不同。中国旧的文学是死的，不是真正同生活接近的。现在新文学是一定要和实际生活接触才成，专靠摹仿西洋是不中用的。不过关于西洋的文学技术，有许多是可摹仿的。"因此我们更相信梁氏是对于西洋文学，极有研究，方能说出这样中肯的理论。他并且补充的说："中国若是摹仿西洋文学，就与写中国旧文学一样的不适宜。中国的旧文学，封建的意味很足，因为当时的帝王，为得维持自己的地位，用这种文字去麻醉人民，我们现在自然是应当按我们的需要而创造一种适合现实生活的非摹仿的新的文学，这倒可以算是目前重要的实务。"他的话头愈来得锋利，理论也随着他的谈话而充实，我当然是很喜欢的，而得到这样一篇好材料，所以问话也较预定的增加了，这时在我们之间，充满了友好，不像是初去访问时的样子。

（五）

"文学是不是应当有国界的？"虽然已经是天黑了，但我们的谈话，并没有减少。我再进一步的这样问他。"文学自然是有国界的。"他这样说了一句，吸了一口烟又说："也有共同的地方，不能完全黑白分明的有分别，里面有很多相通的地方。文学家虽然总想打破国界，但是人在某地方生长的，语言同生活的不同，也就自然的形成一种界限。"他说话很有条理，一件事情，他都说得出理由，我想这一定是有过相当的训练同涵养的。我因为认为是有国界的，所以问他中西不同的点在甚么地方，他说："中国与西洋文学不同处，最根本点即是做人态度不同，中国是受佛教道家的影响最大，尤其是道家老庄的哲学，所以中国人一面是出世，一面是处处显得小巧，总是以不吃亏为上。西洋人生活态度是积极的，中国人生活态度是保守的，而不是积极的，例如中国诗人都是逃避现实的。小说戏剧，并没有相当地位，虽然在这方面是较有写实的意味。在外国小说戏剧，同为社会重视。中国文学是紊乱的，没有真正走到建设的路线。"

我想不到一个那样简单的问题，他会说出这样多的理由，所以我接着的问他，"要怎样的时候，才能产生伟大的作品？"他说："从文学史上看，要想有伟大的作品产生，不但要有相当的人才，而且要在社会安定的时候，假若社会不安定，人民在流离颠沛中，那有那种心情同精力去创造？即或有伟大的作品产生，那种社会里，是否能够保存，又是一个问题，所以伟大的作品，总是在安定的社会里产生的。"中国有句"穷而后工"的俗话，虽然不是指社会说，但是一个人的穷乏，与社会是有因果关系的，而梁氏的这样主张，或许是受了他个人安定生活的关系。但是我想社会不安定才能产生出伟大的作品，因为社会安定的时候，好像水之平流，社会的不安定，好像是水之有波涛，在波涛的水中，往往可以发生很好骨节，一个人也是这样，在安定生活中，只是平凡的。同时中外许多大作家，都是这样产生的，中国的《石壕吏》同《长恨歌》等，都是在紊乱时代产生的，到现在才能使人津津的诵读着。我们两人的意见，有些不同，所以关于这个问题，谈得特别长久。

"现在有人发起中国本位文化运动，先生的意见如何？"我们同时的吸着了烟，略为顿息了一下，我才这样的问他。他说："西洋文化，我们应当大量的去学习。而我们中国好的地方在哪儿？"呷了口茶，又继续说："文化不是完全靠建立成功的，是水到渠成的，所以我觉得这是一个劳而无功的工作。"他说完后，我又问他将来研究工作如何。他说："现在正研究写一本文学理论的书，暑假内可以写成。以后想半年内出一部书，并且还打算编辑教科书。"他说了转了转身体，才说："以中国人的力量，去研究西洋文学，很难得有伟大的成绩，仅只是研究出给中国人看，但是也得有个大团体来做这件事，因此我又时常想抛弃西洋文学，而想去研究中国文学。但是想起我自己以往所受的教育，对于中国文学的研究根基太浅，所以现在暂时仍是研究西洋文学。不过早晚还是要研究中国文学的。"我们的谈话，随着漆黑的天而中止，他很客气的送我出门。（完）

◎ 小结：普罗文学与将来的新文学

不难发现，在这篇近六千字的访谈报道中，除了介绍梁氏生平、文学生涯之外，谈的最多的还是二十世纪三十年代的中国文学生态、趋向与评判。整个访谈中，梁氏在畅谈其文学观念与思想立场之时，总是或多或少地表达着对普罗文学的同情与不满。值得注意的是，梁氏在访谈中提道："现在普罗文学被禁止，他们的杂志被封闭，我现在对他们倒是很同情。因为我们是赞成民主的政治，政府对他们言论不准自由，我们认为是遗憾。但是我们对于普罗文学的专横，也是同样的表示不满。"

可见，对于普罗文学被官方禁止，梁氏表示同情与遗憾，但对这一文学理念的主张本身的"专横",同样也表示出了不满与质疑。对此,其评判与寄望乃是:"普罗文学的长处是,把文学当做玩艺儿。我们相信,将来的新文学,一定是要抛弃政治背景的。"

梁氏在访谈中这样的表态,很容易让人去联想与比较,在此五年之前鲁迅对于《新月》被查禁所持的论调。那篇长达一万八千字的雄文,题为《"硬译"与"文学的阶级性"》,于1930年3月,在上海《萌芽月刊》第一卷第三期上发表。此文主体内容乃是坚决驳斥梁氏对其"硬译"之批评,更捎带将梁氏所撰发的《文学是有阶级性的吗?》一文予以痛斥;不但据此将梁氏作为反对"无产阶级文学"的典型来批判,更把当时正在受到当局查禁整治的整个新月社团体统统讥嘲了一遍。此文文末倒数第二段称:

> 这一回,新月社的"自由言论"遭了压迫,照老办法,是必须对于压迫者,也加以压迫的,但《新月》上所显现的反应,却是一篇《告压迫言论自由者》,先引对方的党义,次引外国的法律,终引东西史例,以见凡压迫自由者,往往臻于灭亡:是一番替对方设想的警告。

鲁迅这样的论调,当然是有些冷嘲热讽之意的。可是如果将这样的论调,挪移至梁氏此次访谈中所表达的对普罗文学的同情与不满,那么,梁氏所表达的又何尝不是"一番替对方设想的警告"呢?

所以,从这个意义上讲,梁氏此次访谈中对普罗文学所持论调,倒真不是冷嘲热讽式的,而是确实站在"文学是无阶级性"这一基本思想立场之上,主张"将来的新文学",无论是普罗文学还是"第三种人"的文学,都"一定是要抛弃政治背景的"。

换言之，"将来的新文学"不会再区分"阶级性"，只有抛弃了政治背景的文学，才是梁氏心目中的纯文学与新文学。

◎ 楔子："山大私生活"中的图书馆风波

除了与普罗文学之间的种种纠葛，以及与鲁迅旷日持久的论战之外，此次访谈报道中，在正式进入访谈环节之前，记者茜蘋介绍梁实秋近况的一席话也值得注意。报道中这样写道："赵畸筹办青岛大学，正在筹备时，（梁氏）就去帮助办理一切事情，开学后担任英文系主任，兼图书馆馆长，就在这个学校做了四年事。这么长的时间里，自然经过了些风波。后来北京大学约请他担任功课，同时他自己也因很想到北平来，所以在青岛大学告了一年假，暂时在平小住。今年暑假后，是否回青岛，或仍在北平，现在恐怕他自己都不知道。"

这一番介绍，透露了两个重要信息，一是梁氏在青岛山东大学工作四年，"这么长的时间里，自然经过了些风波"；二是梁氏此次赴北平，当时外界所得消息只是其向山大告假一年，并不是转赴北大任教，所以记者认为："（梁氏）今年暑假后，是否回青岛，或仍在北平，现在恐怕他自己都不知道。"

有必要加以说明的是，访谈报道中透露的这两个重要信息，第二个信息是因记者不十分了解梁氏近况造成的，因当时梁氏已在北大任教半年有余，根本不存在"是否回青岛"的问题了。那么，梁氏在青岛山东大学工作四年期间，究竟经历了什么风波？或者说，是否正是由于这些风波，才令其告假一年，转赴北平以待抉择呢？这些疑问，在记者访谈之前的介绍中，虽约略显出了苗头，但并未有进一步地说明与解释。为此，不妨再来回顾一下梁氏赴山大任教的历史。

时间回溯至1928年5月，南京政府教育部决定筹办国立山东大学，并于1930年5月，任命杨振声（1890—1956）为国立青岛大学（即山大前身）校长。时至1932年9月，国立青岛大学正式更名为国立山东大学，赵太侔（1889—1968，曾用名赵畸）出任校长。因杨振声主校期间，已力邀梁实秋、闻一多、沈从文、老舍等一大批知名学者、作家赴校任教，赵太侔主校至1936年，也一直秉持广揽人才、充实师资的办校方针，山大一时阵容鼎盛，气象不凡。

梁实秋在山大任外文系主任兼图书馆长，直至1934年告假一年转赴北平，在山大度过了四年时光。就目前已知的文献记载，以及后世研究者对梁氏山大生活的相关著述来考察，大致认定是这样一种情况——梁氏在山大任职期间，教学治学皆别开生面，师生对其备感怀念。简言之，梁氏在山大的事迹，留下的皆是佳话与美谈，似乎没有什么前述记者所言"自然经过了些风波"的相关记述与披露。

殊不知，对梁氏山大生活的忆述与评价，并非千人一面、众口一辞的只是赞誉，当年即有不同的声音发出，其中亦有批评与指摘之言。就在《世界日报》专访梁氏两个多月后，1935年5月24日至29日，《世界日报》第十版"学生生活"栏目，连载了一位署名"海伦"的学生由青岛寄投的稿件，题为《山大私生活》。正是在这一稿件中，有相当一部分内容涉及了梁氏山大生活，并对其有所批评与指摘。

值得一提的是，在《山大私生活》一文连载六天的情势之下，梁氏在此文刚刚开始连载的第一天（5月24日），迅即致信报社，对文中相关问题予以反驳。此文连载尚未完结之时（5月28日），报社即将梁氏致信公开发表出来，当天的版面之上，上为《山大私生活》，下为梁氏致信，颇似公开"辩论"。应当说，如此这般在同一报纸、同一版面、同时刊发的师生公开"辩论"，实不多见。

在此，为便于后文考述，先将《山大私生活》中关涉梁氏的内容，摘录如下：

图书馆是一个大学的生命线，所以我开头就先说到他。山大图书馆的藏书实在不能算少，在梁实秋先生任馆长时，因了他个人的趣味，把所有关于莎士比亚的书籍，各种各色的版本，上下古今的批评与注释，尽可能的都买来，结果便成功了这种传说，说是在国内大小图书馆里所藏关于莎翁之书籍以山大为首屈一指。莎翁的书确是不少了，可是关于现世纪人所著的书在这个图书馆里便寥若晨星。不但此也，梁先生还把一大批认为与青年思想有害的书籍检举出来列为禁书不准借阅。但是这儿却有一个奇特的例外，就是被称为"无产阶级的圣经"的 The Capital[①] 不但未禁，且把它作为图书编目的例子，把书名，作者姓名等等一一清晰的工笔写出来，明目张胆的贴在图书馆墙上。这种矛盾的现象该怎样解释呢？"资本家学乖了，要把×××请进文庙里"[②]，记得从前左派的人这样说过，可不知梁先生是否取意如此。

《山大私生活》一文六次连载的第一天（5月24日），涉及批评梁实秋者，

---

① 此书即马克思所著《资本论》。
② 此语意谓"要把马克思请进文庙里"，源自郭沫若于1926年所作《马克思进文庙》一文。

1935 年 5 月 24 日，北平《世界日报》刊发《山大私生活》。

即为上述三百余字的内容。这些批评意见，主要集中在梁氏对山大图书馆的管理工作，归结起来无非三点，一是购藏莎士比亚著述过多；二是购藏当代著述过少；三是列出"禁书"不准借阅，却并不禁止借阅马克思著述。

针对《山大私生活》中这三点批评，梁实秋致信报社，予以逐一辩解与反驳。报社对此信也相当重视，于梁氏此信发出后四天（5月28日）即予刊发。原文如下：

梁实秋先生来函

编者先生：本月二十四日贵报学生生活栏《山大私生活》一文，有涉及鄙人而与事实不符之处，敬请更正为荷。

（一）"梁实秋……因了他个人的趣味，把所有关于莎士比亚的书籍……都买来。"山大有"莎士比亚"一学科，三四年必修，购置参考书不能算是"个人趣味"。关于莎士比亚的书，浩如烟海，山大所备不及万一，"所有的都买来"之语，未免幼稚。

（二）"现世纪人所著的书……寥若晨星。"这须有事实证明，山大图书馆有图书目录，现世纪人所著书是否"若晨星"不辩自明。山大购书向由各系教授及主任提出，图书馆长并无权抉择。

（三）"梁先生还把一大批认为与青年思想有害的书籍检举出来列为禁书。"事实不是如此。我奉图书委员会之命曾把《情书一束》之类及浅薄的三角恋爱小说之类约三十本从书架上取下来保留。一个大学的图书馆，在开办的第一年就先购置这些东西，我

1935 年 5 月 28 日，北平《世界日报》刊发，梁实秋的公开信（局部）。

以为可耻。这种东西与"青年思想"毫无关系。我是主张思想自由的，所以马克斯的《资本论》，英文本中文本都有，这怎能算是"矛盾"？

山东大学曾经发生过风潮一次，我也在被攻击之列，我的罪状恰似上面我所辩正的那几点。我离山大已一年，不过问图书馆事已三年，竟还有撷拾流言，横加诬蔑。山大只有五年历史，我主持图书馆只有一年，成绩不必说，罪恶也不至于大得使图书馆糟到无可挽救的地步罢？

梁实秋　五月二十四日

无须多言，梁氏致信中的逐一辩解与反驳，理据充分，令人信服。值得注意的是，梁氏对山大图书馆藏书的挑选，确实有一定的"个人趣味"，或者说有比较强的"个人原则"。

诚如梁氏坦言，确实曾将《情书一束》之类及浅薄的三角恋爱小说之

类"列为"禁书"，从图书馆下架，不许学生取阅，之所以这样做，乃是因其认定："一个大学的图书馆，在开办的第一年就先购置这些东西，我以为可耻。这种东西与'青年思想'毫无关系。"

而禁了《情书一束》却不禁马克思著述，则是因为梁氏自认"是主张思想自由的"，"所以马克斯的《资本论》，英文本中文本都有"。

应当说，梁氏在山大图书馆的管理工作，可能并不一定能为校内所有师生理解，撰发《山大私生活》的这位"海伦"即为其中之一。试想，既不迎合部分学生青春期喜欢阅读的情感类文学读物的需求，又有违当局不欢迎更不支持马克思主义著述进课堂的意旨，梁氏在山大图书馆的所作所为，从某种意义上讲，可谓两头不讨好。因此，也势必招致如"海伦"这样的学生，撰发《山大私生活》这样的文章来表达不满与质疑。

此外，梁氏信末提及"山东大学曾经发生过风潮一次，我也在被攻击之列，我的罪状恰似上面我所辩正的那几点"，这一事件值得重视。因就目前所知记述梁氏山大生活的文章或著述中，包括梁氏本人的忆述文章中，均未有相关记载。虽这次"风潮"的具体细节尚不可确考，但由此可知梁氏自山大去职的原因，应当是多方面的。一方面固然有胡适力邀，追求更适宜的治学与"译莎"环境的因素；另一方面恐怕也是有一些校内极不愉快的，诸如"风潮"冲击之类的因素，校内外主客观因素合力驱使之下，方才促使其去职北上的罢。

1934年9月，梁氏赴北京大学出任英文教授，开始了另一番文学与教学生涯。1935年3月4日，为北平《世界日报》主编"学文周刊"；三个月之后，6月3日，"学文周刊"因故停刊。而署名为"海伦"的《山大私生活》一文的发表，文中对梁氏任教山大期间言行的嘲讽与攻击，以及梁氏致《世界日报》

"学生生活"栏目编辑的那一通带有申明与辩解意味的信函，均出现在其主持"学文周刊"的末期，是否正因此事受到影响，而致其无心主持副刊工作？这一疑问，虽无法确切解答，却似乎又可以想见，这一事件应当有所影响。

这一事件的出现，也从侧面反映了一个事实，即梁氏山大生活并非皆是愉快场景与美好记忆，掺杂其中的"杂音"与"隐情"应有不少，颇耐人寻味，也颇值得探究。当然，这一事件的出现，更直接印证了前述专访报道中所言"自然经过了些风波"云云，确非空穴来风、捕风捉影之说。

冯友兰："苏俄讲演"罹祸记
——以《世界日报》相关报道为中心

◎ "七七"事变一年之前的专访

著名哲学家、历史学家、《中国哲学史》的作者冯友兰（1895—1990），曾于1936年7月间，接受北平《世界日报》专访。同年7月12至14日，该报连载刊发了此次专访内容，第一次将这位当时在学界已享有盛誉，但外界公众并不熟知的著名学者推向前台，令普通市民及都市人群也对其有所了解。

须知，当时年届不惑的冯友兰，正值其个人学术盛年，在清华大学兼任哲学系主任与文学院长，俨然已为二十世纪三十年代清华园里的学者楷模。如今，

冯友兰

查阅1932年的《清华文学院同学录》，可见首页"评议会"成员集体合影之中，身形俊朗挺拔的冯氏，位居照片中央，时任清华大学校长的梅贻琦反倒倚身侧立，令观者感到冯院长的风头神采，大有盖过梅校长之势。时至1934年8月，其成名作《中国哲学史》由商务印书馆初版，因此书列入"清华丛书"专项出版，陈寅恪在审查报告中，盛赞此书"取材谨严，持论精确，允宜列入清华丛书，以贡献于学界"，一时引起海内外学界高度关注，社会各界读者更是好评如潮，一时洛阳纸贵。至此，冯氏已基本确立在国内学界的学术地位。

与其在国内学界的声名鹊起相对应，冯氏还是北平《世界日报》的"常客"，关于其人讲演、座谈、报告，乃至个人行踪，都时常见诸报端。不过，该报记者对其个人的专访，还是该报创刊以来的第一次，也是该报历史上的最后一次（因"七七"事变爆发，该报旋即于1937年12月停刊）。虽然此次专访篇幅不算特别可观，但后世研究者仍可从中获得不少极为特别的历史信息。

在此，为披露与分享这份难得一见的冯氏专访报道，也为了便于后文据此略加考述，笔者酌加整理，转录报载全文如下：

哲学家冯友兰

他是河南唐河县人

弟景兰妹沅君也都是有成就的

（一）

哲学是社会上层建筑物的一部分，他是观念形态的一种，内容与形式，完全由该社会的经济基础规定。近世哲学的趋势，可以说是由"玄"而"实"。

冯友兰专访之报道，1936 年 7 月 12 至 14 日连载于北平《世界日报》。

十世纪以来的实存主义、实用主义、新唯实主义，都是向实的方面迈进，与玄学越离越远，于是从前太过轻视的唯心论，渐渐失去信仰；同时还发生了科学与哲学分离的哲学思潮，直到现在仍是被学术界争执的问题。

冯友兰氏，是我国现在研究哲学最有成就的。他所作的《中国哲学史》，便可以看出他在哲学上的供献。当民国四年的时候，中国的哲学界，还是很幼稚的——指研究西洋哲学说。他却对于哲学，发生了很大的兴趣，在当时仅有哲学系的北京大学攻读哲学。后来到美国哥伦比亚大学研究哲学，四年于斯，未曾稍更。回国后在河南中州大学（现改为河南大学）、广东大学（现改为中山大学）、燕京大学等校教授哲学课程，民国十八年起担任清华大学哲学系主任，直到现在。冯氏现年四十一岁，生于清光绪二十一年（一八九五年），原籍是河南唐县，民国初年的时候，因为河北省唐县名称相同，改为唐河县，所以现在他说是唐河县人。他的弟妹也都是有相当成就的，清华大学地质系教授冯景兰，是他的弟弟。以写小说驰名文坛的冯沅君女士，是他的妹妹，这当然是足以使人羡慕的。他的父亲是戊戌年的进士，曾经做过湖北崇阳县知县，现任教育部部长王世杰，就是崇阳人。他当学生的时候，曾经见过冯老先生。我想冯老先生的学识同教授方法，定是与众不同，所以他的子女都能有相当的成就。因为他父亲在武昌做官的关系，所以他们全家都到武昌，那时冯由他母亲教他读书认字，自然是因为他父亲忙碌的关系。后来他父亲去世，于是他的全家又回到原籍。宣统三年，他在开封的中州公学读书，那个学校里分中学及法政专门两部，他是在中学部读书的。民国元年夏天，冯氏到武昌中华学校读书（现已改称为中华大学），过了半年，已是冬天了，上海的中国公学，黄克强在那里当校长，要各省保送官费生，于是他便从武昌回到开封应考。被录取了后，于民国二年春天，开始在中国公学读书，那时有大学预科及法政专门两部，冯氏入的是预科，原定章程是三年毕业，可是他只读二年半便毕业了。冯氏民国四年夏天在中国公学预科毕业，便在上海考升北京大学。他考北大的关系，固然那时北大是中国唯一的大学，但主要的原因，是他想学哲学的关系。本来那时北大的章程上要设西洋哲学，中国哲学，同印度哲学三系。

哲学家冯友兰
在美国攻读哲学四年
学哲学的原因他自己也说不出

（二）

冯氏是想研究西洋哲学，当时能教西洋哲学的，北大有一周慕西，恰巧那时周氏病故，所以他只得研究中国哲学了。那时北京大学的校长，是由工科学长胡仁源代理，教中国哲学的有陈介石，马夷初，陈汉章，同教西洋哲学的陈大齐。到民国七年夏天他在北大毕业。毕业后在开封第一甲种工科学校教了

冯友兰（文学院院长），辑自1932年《清华文学院同学录》。

一年的国文。民国八年的时候，河南省政府招考留学官费生。本来河南省政府在民国元年时，规定留学额廿名，到民八有缺额，所以那年补行招考。冯氏被录取。就在那年十月初由沪出国赴美，是在哥伦比亚大学研究院，攻读哲学，后就在哥伦比亚研究院毕业。并未改变过学校。现在他自己还说："在我认识的朋友中，始终未改学科的，只有我自己一个人。"毕业后他得了哲学博士学位，于民国十二年回国，总共在美国四年。冯氏回国后，河南中州大学刚开办，他在那里担任文科主任同哲学教授，直到民国十四年秋，到广东大学（现在的中山大学）担任教授，冬天因为广东大学闹风潮，就到燕京大学担任教授。民国十七年的时候，罗家伦担任清华大学校长，邀他去担任秘书长兼哲学系的主任，十九年又兼任文学院长职务，直到现在。当民国二十三年暑假的时候，曾经到俄国去游历，秋季回国后，曾在平市大学演讲苏俄的情形，可是到冬季的时候，就因为这个原故，被某方面捕去，并且解到保定某军事机关，终因并无嫌疑，过了第二日便被释放回校了。我们谈完了关于他个人的事，于是就继续谈些问题。首先我问他怎样的对于哲学发生兴趣。他说："我对于哲学发生兴趣很早。当民国二年入中国公学的时候就立志入大学的时候研究西洋哲学。当时听说北京大学教西洋哲学的周慕西很好，所以就去投考北大。后来因周病故，当时甚为失望，不得已只好改学中国哲学。不过仍是用旧方法，读中国书，不能说是完全的研究哲学。在美国留学几年，才得到西洋哲学的基本知识。美国那时的实验主义很盛，我也受了相当的影响，现在却偏重实在主义了。至于为什么想学哲学，无非对于哲学感觉兴趣，自己也说不出所以然来。"

哲学家冯友兰
他说哲学是对于事的作逻辑分析的
他认为读经是专门家的事

（三）

在事实上常是这样的，一个人嗜好某种物件或是喜好某样事件，不见得能够举出具体的原因，也许是有一种玄妙的关系吧！于是我继续请他解释实在主义的意义，因为他现在是偏重实在主义。他说："实在主义本来是对观念论而立的。就是外界实物——不仅是具体实物。离开我们的心，有客观的存在，普通名辞所指的'共相'，也是客观的。实验主义也不错，不过可认为是我们求知识的方法，当做形而上学，却是不对的。"旋又请他说明哲学的意义，他说："关于哲学的意义，普通人有两种见解，都是不对的。第一种主张说，哲学是科学的总合，那么科学大纲，岂不是成了哲学大纲。第二种主张，说人的知识没到精确的程度者是哲学，到精确的程度者是科学，这种说法，哲学就是'坏'的科学。其实哲学与科学有个最大的分别，就是科学是对于事物作一种物质的分析，哲学是对于事物作逻辑的分析。化学家物理学家，可以将某物分析为原子电子等，而哲学家则将其分析为方或圆及其他性质，所以科学所说是可以试验的，而哲学所说是不能试验的。""至于中国哲学与西洋哲学的异同"，他说明了哲学的意义后，他继续的这样讲下去。"近来我常说，中西的不同，大部分是古今的不同，因为西洋已经近代化，而中国没有近代化。"冯氏这几句话，虽然很简单，但是却很透彻，因为他的话，解释了一切。于是我又问他些关于教育制度，读经，改革文字等问题，他说："现在有的人说中国的教育制度错误，这话是不对的，应当增加别种教育如乡村教育，以补充现在教育制度即可，以替代现在教育制度则不可。说大学教育不好，也是不对的。只能说中国教育没有达到理想的程度。其实现在的教育进步很快，比我们上大学的时候，已经是好得多了。现在人对于旧学问之知识，也比从前好得多。至于提倡读经，要个个都读经是不对的，那只是专门家的事情。改革文字也有必要，简笔字却没有多大利益。文字改变了以后，汉字研究的工作，便成了专门家的事了。"最后我问他将来研究的计划，他说："我将来研究的计划有两个，一是继续研究中国哲学史，固然书已经出版了，但是有很多问题，还须研究。二是打算写点哲学的书，这两种工作，就很繁重了。"（完）

◎专访中提到的"苏俄讲演"

上述两千余字的专访内容，将冯友兰个人生平、治学生涯、学术旨趣等基本信息，简明扼要地勾勒了出来。专访一开始，就提到了家学渊源背景之下，冯氏兄弟姐妹个个学有所成的情况，如冯友兰弟弟冯景兰为清华大学地质系教授；妹妹冯沅君（原名冯淑兰）女士，则更是驰名文坛的小说家。其实，早于此次专访前一年，在1935年6月19日，《世界日报》就专访过冯友兰的妹妹冯淑兰，曾冠以《时代妇女介绍——国学家冯淑兰》的醒目标题加以连载报道。看来，冯氏一家的治学之道的确是非同凡响的。

再来看冯友兰青年求学时期最向往的，当时在国内仅有的大学西洋哲学教授周慕西。周慕西（1879—1914），福建厦门人，哲学家。早年留学于英国、德国，师从康德学派代表人物李耳教授（A. Riehl，1844—1924）。1911年以中国留德学生首批博士学位得主之一返国，任北京大学教授兼哲学系主任，不幸遽于三年之后以恶性疟疾死于英国伦敦，年仅36岁。

周慕西是北大早期的学科领军人物之一，冯友兰对之心生向往，但终因其英年早逝，失之交臂。在西洋哲学错失良师之际，却意外地成就了冯的中国哲学研究之道。试想，如果周当时健在，作为学生的冯在西洋哲学领域步其后尘，恐怕最终也只是成为北大的一位哲学教授，只能是在学科教学层面发挥学力，远不会有其开创《中国哲学史》那样的社会影响力了罢。

此外，专访中提到的，导致冯友兰被捕的那个"苏俄讲演"，也特别值得注意。这一场曾给冯氏带来短暂纷扰的讲演，其内容曾发表于《世界日报》之上，刊载时间为1934年10月25日、26日。

当时，从欧洲、苏俄考察归国的冯氏，在清华座谈会上畅谈国外见闻。对当时国内颇感神秘，当局也严厉封锁消息的苏俄概况，冯氏对清华师生们发表了专门讲演。除了对苏俄的个人农场、合作农场、公社、国营农产等相关制度介绍观感之外，并对苏俄现行社会制度是否符合共产主义制度，有明确的说明与评述。最后，冯氏得出结论：

总之苏俄是有一定的主义，一定的计划的。他们现在的口号是以苏维埃

冯友兰讲演《在苏联所得之印象》，1934 年 10 月 25 日、26 日连载于北平《世界日报》。

社会制度，加上美国的工业化。如果他们能作得到，是可以成为世界一个新地方。

　　由于冯氏的讲演主题是当时国内社会的敏感话题，加之其个人又对苏俄的建设成就与未来发展表现出了极大关注与支持之意，因之遭到当局无端猜忌，甚至启动了侦查与逮捕程序。

◎ 因"苏俄讲演"被捕始末

　　关于冯氏因"苏俄讲演"被捕，《世界日报》于 1934 年 11 月 29 日也有过专题报道，对这一事件的来龙去脉有过公开披露，颇具参考价值。在此，笔者也酌加整理，转录报载全文如下：

清华文学院长冯友兰昨日被捕

昨日下午已解往保定

【特讯】清华大学文学院长冯友兰，昨日下午一〇时，忽被保定行营派来之特务人员，会同平市公安局人员，在该校将其传去。记者闻息，当向该校及各方调查，兹分志各项详情于后：

【特务人员到校】昨日正午十二时许，保定行营派来之特务人员，会同公安局人员等共十余人，乘大汽车即停于该校大门口，下车后，即入校，声请见该校秘书长，当由该校秘书长沈履出见，略谈片刻，该人员等即称欲与该校文学院院长兼哲学系主任冯友兰谈话。沈当时因不知有特殊事故，乃派人引该人员等赴文学院哲学系主任办公室，是时冯正在办公，当由冯亲自接见。

【冯态度极坦然】冯出见后，该人员等即对冯声称：谓奉保定行营命令，请冯有话商谈，并以某种嫌疑，请冯暂时离校。冯聆悉之下，态度极为坦然，并立即应允随该人员等离校，冯原拟即乘特务人员所乘之汽车启行，旋该校以过于拥挤，乃为冯另配一小汽车，由特务人员二三人伴同乘车入城，时约下午

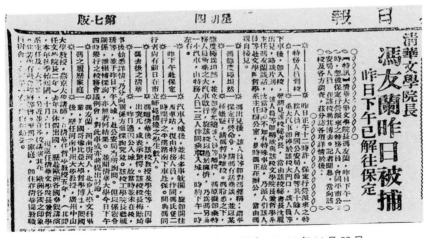

《冯友兰昨日被捕》，原载北平《世界日报》，1934 年 11 月 29 日。

一时左右。

【昨下午赴保定】汽车入城后，并未多事耽搁，旋即开往西车站，复由特务人员，伴同冯氏登二时开行之平汉路南下车赴保。闻与冯同行者尚有前日在市立师范捕获之学生数人。

【冯去后之清华】冯离清华后，该校教授及学生等，因事出突兀，咸表示惊愕。该校校长梅贻琦，昨日适因公入城，故当时并未在校，事后始悉详情，乃分向关系方面探询究竟。该校工学院长顾毓琇等，并于昨日下午入城，赴公安局有所询问。但以系密令关系，虽辗转探询，亦无若何结果。并闻清华大学今日下午四时举行之校务会议例会，对此事或亦将提出讨论。

【冯之履历家庭】冯友兰，河南唐河人，北京大学文科毕业，美国哥伦比亚大学哲学博士，回国后，历任河南中州大学教授，（其间任文学院长二年）去年休假出国，历赴欧洲各国参观讲演，本年秋季始回国。十月六日，复返任清华文学院院长兼哲学系主任。最近并在各校讲演其在欧洲各国之印象。其著作有社会经济等书。至冯之家庭，即住在清华园教职员宿舍，有一子一女，其尚年幼云。

　　上述这篇约八百字的报道表明，冯友兰的被捕时间为1934年11月28日下午，被捕当天即被押往保定行营。

　　所谓保定行营，是指由国民党政府于1933年初，将原直系军阀曹锟在保定的督军署改编而成的军政机构。这一机构，在地区事务上享有军政特权，直接受命于蒋介石——逮捕政治犯及参与学潮的学生，均可由特务人员越过普通司法程序处置。冯友兰之所以被捕，正是因其讲演关涉苏俄，被保定行营方面判定有政治犯嫌疑，故而实施特务人员入校抓捕的行动。

如今看来，冯友兰的讲演，完全是以一位中国学者的身份，而不是政治家的身份来评判苏俄社会制度及国家现状的，根本就谈不上什么政治犯嫌疑。这是就制度论制度，就现状谈现状，讲演中丝毫没有鼓吹苏俄政治的内容，更没有宣扬共产主义等具体政治倾向。因此，保定行营方面的特别行动，实在是过于敏感与滥用公权了。

果不其然，就在冯氏被捕之后不久，一天之内消息迅即传出，学界哗然，表示强烈抗议，随之社会各界，也纷纷附议，提出集体抗议。同年11月30日，《世界日报》的"教育界"版面头条，刊发题为《冯友兰被捕原因，闻系共党指供》的新闻，终于对冯氏被捕给出了一个官方解释。当然，这个说法仍是模棱两可，含糊其辞的——看来是保定行营方面要自己找个台阶下了。且看报道全文如下：

冯友兰被捕原因　　闻系共党指供

如无重大嫌疑及证据即可保释

教育界闻人分电各方为冯解说

传梅贻琦定今日下午赴京

【特讯】清华大学，自该校文学院长冯友兰被捕后，该校教授，多甚系念，除已由该校当局，致电南京及南昌各要人，请予开释外，并有冯之友人，自平函电京、沪、保定各军政当局营救。据平市某方得南京来电，谓冯系保定所捕之共党所指供，如无重大嫌疑及证据，即可保释，某方昨已转达各关心冯氏者云。

【蒋梦麟等会谈】清华大学文学院长冯友兰前晚被捕后，即解至保定行营讯办。该校校长梅贻琦，以冯平素行动极为谨慎，除从事教育及学术事业外，颇少与外界接近。自冯被捕后，即于昨日用电话约请北大校长蒋梦麟，平大校长徐诵明，中法大学校长李麟玉等教育界闻人，及该校各院长教授等，会商营救方法。交换意见结果，当决定先分由出席人员，分头探询冯被捕之真相，并联电蒋、汪及教长王世杰，军分会及保定行营为冯解说，请予恢复自由。校长梅贻琦，并拟于日内赴京，（一说梅今日下午即离平）分向关系方面呼吁云。

【该校公布消息】清华大学文学院长冯友兰被捕后，该校秘书处，昨公布消息一则，原文照录如下：清华大学文学院长冯友兰，前午被保定行营派员会同平市公安局自校传讯，随解保定后，清华师生，咸表惊愕，该校当局，即一面派员赴平公安局探询情形，一面连电南京教育部次长段锡朋，部长王世杰，保定军委会委员长行营主任钱大钧，教次兼国防会副秘书长钱昌照，请就近查询原委，并设法营救。昨（二十九日）并由平市文化学术界领袖，联名分电蒋委员长，行政院汪院长，声述冯之学术造诣，为国际学术界所推崇。平时讲

《冯友兰被捕原因》，原载北平《世界日报》，1934 年 11 月 30 日。

学，素无不轨行动，祈求从速开释，以重学术，而维国际声誉。

在这一报道之后的两天之内，冯友兰即宣告获释，清华大学与北平各大学的联合营救行动取得了效果。《世界日报》12月3日有报道称，北京大学法学院长周炳琳，于12月2日即致电教育部长王世杰，报告冯氏已平安返校。换言之，冯氏至迟于12月1日前后即获释。由此可见，迫于社会各界压力，冯氏在被关押、审查两三日后，即刻被释放了。对于这一事件，鲁迅于当年12月18日致杨霁云的信中，也为之愤然写道：

安分守己如冯友兰，且要被逮，可以推知其他了。

由此可见，这一事件的社会影响还是相当大的。社会各界对国民党政府高压政治均表现出强烈不满，社会舆论随之出现了一边倒的情况。

◎ "苏俄讲演"与治学理念之转变

另一方面，也应当看到，向来"安分守己"的冯友兰，虽然在被捕前后的具体言行中，并没有表现出明确的带有共产主义色彩的政治倾向，但其治学理念却已经潜移默化地受到了马克思主义哲学的影响。马克思的政治经济学理论，以及物质基础决定上层建筑等相关论点，确实都已经开始影响其学术视野与价值取向。

譬如，冯氏在1935年9月发表的《秦汉历史哲学》中就曾提道：

"在现在的世界中一切经济先进的民族，都成了'城里人'，经济落后者都成了'乡下人'，换言之，即经济落后的民族国家都成了经济先进者的殖民地了"。接下来，更明确指出"工业革命可以说是近代世界所有革命中之最基本者，有了工业革命，使别的建筑在旧经济基础上的诸制度也都全变了。有一个人说工业革命的结果'使乡村靠城市'，'东方靠西方'，我觉得这话很对。东方没有工业革命，就变成'乡下人'了。这是个基本意思。我们用这个基本意思来看历史，一切都可以看得通。"

不难发现，这里提到的"有一个人"，这个人是指马克思。这里提到的"基本意思"，指唯物史观——冯友兰的上述观点，显然承袭了《共产党宣言》的意旨。

稍有区别的是，冯氏当时从《共产党宣言》中所受到启迪，还不是资产阶级必将走向灭亡的历史规律，而是落后国家必可通过工业革命寻求发展的社会规律。

再者，《秦汉历史哲学》中还提出这样一种观念：

依照唯物史观的说法，一种社会的经济制度要一有变化，其他方面制度也一定跟着变化……一切社会政治等制度，都是建筑在经济制度上，有某种经济制度，就有某种社会政治制度，换句话说，有某种物质文明，就要有某种精神文明。这都是一套的。

显然，冯氏能表述出这样的观念，其学术思想受到马克思主义唯物史观影响的迹象，是清晰可见的。

至1936年前后，冯友兰这种受历史唯物论影响的哲学理念，更进一步延伸到中国社会运动及时代思潮的研究领域。在1936年完稿的《中国现代民族运动之总动向》一文中，就曾论述了与清末洋务派与五四运动思潮有所不同的"体用观"。

冯氏认为，洋务派思潮是只要近代化的物质文明，却不要近代的精神文明，这是"体用两橛"；五四运动思潮则是以精神文明为本，却忽略了中国社会的物质基础，对此也不赞同，认为这是"体用倒置"。此刻，冯氏的哲学理念及中国哲学史研究，开始独立于上述两种思潮之外，寻求非极端、体用两全、现代化的中国哲学新生方案。尤为重要的是，这番学术新思路与理念新路径的由来，并不是通过纸上推演，书斋研学凭空构想而来的，而是与此次欧游，尤其与考察苏俄有着直接或间接的联系。

遥思近九十年前，因"苏俄讲演"突然被捕，又很快被释放后的冯友兰，虽然还不至于与国民党政府彻底决裂，其治学理念却就此发生了一场"裂变"，因此开始了更为明确的转变。

后来，冯氏在《世界日报》专访中提到的要"继续研究中国哲学史"，"固然书已经出版了，但是有很多问题，还须研究"云云，确实也落到了实处，形成了阶段性的学术成果。此次专访四个月后，1936年11月，其著《中国哲学史补》由商务印书馆初版。在"补编"性质的这部著作中，延续并深化了欧游以来深受影响的辩证唯物主义方法，对五四运动思潮做了进一步剖析与评判，与五四运动代表人物胡适等人的思想理念出现了明显的分野，并做出了针锋相对的辨析与解说。

清华大学评议会委员合影，中立者冯友兰、梅贻琦等。

其实，早在《中国哲学史补》成书之前，冯友兰欧游归来之后的多次讲演中，就已经预演了批评五四运动思潮的论调，并以一己之力，有意发起与胡适的论战。譬如，时为1934年11月6日，冯氏在燕京大学的专题讲演《我在欧洲的印象》中，就已经展露出了哲学史家的思想锋芒。此次讲演中，冯氏曾明确指出：

胡适之先生又常举出八股文，打屁股，缠足等为中国的特色，是中国的污点，这话也是不对的。看看欧洲的历史，再到欧洲的博物馆去走走，这类的东西，相似或相同，各国都有。……这样来看，人在同时，同一环境，同一制度之下，都是差不多的，并没有中外的分别。

做出以上这些辩证与评判之后，冯氏进一步得出结论称：

我们不能根据经济状况而批评某民族的长进或不长进，也不能离开制度而抽象的批评某件事。

继而又为之总结陈辞，强调个人当时的主张称：

这次到欧洲走一走，觉得我所抱定的主张，更加事实上的证明，而更坚固，就是一切事都没有中外之分，只有古今的不同。①

仅从此次讲演的主旨而言，可以十分明确地感知冯友兰在游访欧洲与苏俄归来之后，学术视野与治学理念都发生了一次裂变。至此，冯氏开始思索并强调，将中国本有文化加以神圣化与妖魔化都失之偏颇，理应以现代人的理智来考察中国哲学思想的源流与发展。在这一历程中，研究者的思想方法体系中，应当有辩证法，更应有唯物论思想，不应当守旧拒新，更不应当非此即彼，东西方泾渭分明。

由此至终，冯氏终生探寻与思索的中国哲学，不但要摸索出其源流与历史，还要指明其本有价值与时代意义。其人笔下的中国哲学及其历史，就是要让国人明晓，西方文明不是万能之神，东方文明也并非万恶之源，古往今来，东西方文明的交替发展历程，只不过有先后快慢之分，而没有本质上的孰优孰劣。

综上所述，不妨推想，冯氏从一位纯粹的哲学及哲学史研究者，转变为哲

---

① 冯友兰讲演内容，均摘自《世界日报》1936年11月7日、8日之连载报道。

学家以及后世所谓"新儒家",最终成为一代学术巨擘,这一系列人生境界之转变,与其个人生涯里的游访苏俄及"苏俄讲演",恐怕或多或少有着一些微妙关联罢。

顾颉刚：办报缘何"妨碍邦交"

——《民众周报》查抄案始末及其他

◎ 上海租界巡捕突然查抄《民众周报》

1937年5月19日，上海《立报》刊出一则特讯，竟然是报道著名学者顾颉刚（1893—1980）将在法庭受审的消息。作为"古史辨"学派的领军人物，已在史学研究领域声名鹊起，身为北大教授的顾颉刚，怎么会触犯法律，接受审讯呢？其中究竟，不妨细读当年这则特讯。在此酌加整理，转录报载全文如下：

《民众周报》昨被捕房查抄

主编者为北大教授顾颉刚　第一特院定今晨审理

【本报特讯】本市四马路开明书店，昨日下午四时许，突被中央捕房中西探捕搜查，抄去北平通俗读物编刊社编辑出版的《民众周报》一万余份，旋又沿四马路一带各书店杂志公司继续查抄，将各处寄售的《民众周报》全部抄去。据说：查抄原因，是奉法院命令，因为该报屡次刊载"妨碍邦交"的文字。按《民众周报》发行人为李一飞，以前由徐炳昶编辑，现改由北大教授顾颉刚主编，内容多通俗文字，普通中等学校学生阅者最多，现已出版至三卷第九期，以前在北平印刷，后因推广销路起见，自二卷四期起，改由开明书店承印。该报在北平销数较多，达六七千份，沪阅者较少。闻该刊已向中宣部呈请登记，尚未领到登记证。该案定今晨九时在第一特院开庭审理。

《〈民众周报〉昨被捕房查抄》，原载上海《立报》，1937年5月19日。

原来，就在这则特讯刊发的前一天，1937年5月18日，上海开明书店遭到了租界巡捕房的大肆查抄。查抄的原因，就是由顾颉刚主编的《民众周报》"屡次刊载'妨碍邦交'的文字"。查抄的报纸数量是惊人的，多达一万余份，且连沿途各寄售此报的书店杂志公司都被搜查，显然是要"一网打尽"，绝不留下《民众周报》一丝一毫的言论"余响"了。那么，究竟《民众周报》有没有"妨碍邦交"呢？如果有，究竟又是什么样的文字，可以够得上"妨碍邦交"的程度且必得为此承担罪责呢？

◎ 上海租界法庭开审《民众周报》查抄案

5月20日，《立报》继续报道该查抄案开庭审理情况，终于较为详尽地说明了这一案件的来龙去脉。报道全文如下：

《民众周报》被抄案昨开庭审讯

法院还要调查

捕房在两处共抄去万余本

本市开明书店因发售北平通俗读物编刊社顾颉刚等编辑的《民众周报》，前天下午被捕房查抄，昨天上午一特区法院，分两处开刑庭审理。一起是中央捕房在福州路开明书店抄去五百零六本案，于十时许由戴景泽推事，开刑二庭审讯。一起是中央捕房会同嘉兴路捕房在梧州路三九〇号开明书店总厂抄到一万三千五百九十本案，于正午十二时许，由刑五庭推事盂庭柯审理。捕房代表律师张师竹，钱恂九分别在两处陈述案情，谓捕房奉到第一特院搜查票，即于十八日下午四时许，派探捕按址搜查，当在两处搜获《民众周报》一万四千零九十余本，查此项刊物，实触犯刑法第一五三条第一款及出版法第七条之罪，依此提起公诉，应请依法处置。庭谕本案侯调查后，再定期开审，所有出版品，暂存脏物库。

按：刑法第一五三条第一款规定："以文字图画演说或他法，公然煽惑他人犯罪者，处二年以下有期徒刑，拘役或一千元以下罚金。"

出版法第七条规定，略谓"为新闻纸或杂志之发行者，应于首次发行期十五日前，陈明法定各项，呈由发行所所在地所属省政府或隶属于行政院之市政府转内政部声请登记。新闻纸或杂志，有关于党义或党务事项之登载者，并应经由省党部或等于省党部之党部，向中央党部宣传部声请登记"。

看来，在查抄次日的开庭审理中，顾颉刚并没有被宣判有罪或无罪，当庭没有公布明确的判决。但有罪之嫌疑是明确的，顾氏所办报刊，的确可能触犯了当时的刑法与出版法——顾氏所办《民众周报》，已经造成了"公然煽惑他人犯罪"的恶劣影响。不过，如果顾氏因为编印了一份小报，竟然成了民众的"教唆犯"，那么先前报道中所谓"妨碍邦交"与之又有什么关联呢？或者，至少要先搞清楚，这份小报究竟是怎样"公然煽惑他人犯罪"的呢？

《〈民众周报〉被抄案昨开放审讯》，原载上海《立报》，1937年5月20日。

◎ 上海《立报》调查《民众周报》

次日，5月21日，《立报》继续调查该案件，开始探究顾颉刚等可能的罪责，究竟出自何处。这已是《立报》连续三天报道该案件了，在法庭调查刚刚启动之际，便将带有揣测性质的调查结果公之于众，显然是要将这一案件的新闻性与影响力进一步扩大。且看报道全文如下：

《民众周报》中有冯玉祥的白话史

被查抄听说是捕房主动　　那篇文章犯忌还是疑问

【本报特写】北平通俗读物编刊社编辑的《民众周报》被查抄以后，前天一特法庭开庭，捕房起诉的理由是说该刊"妨害秩序，煽惑他人犯罪，并且违反出版法"。

昨天据开明书店表示："《民众周报》在发行以前曾经向内政部声明登记，第二卷四期起，改在上海出版，开明书店也曾送请本市市政府审查，并且代向党部请求向中宣部依法声请登记，虽然登记证还没有领到，但并不是根本违反出版法。"

这次查抄《民众周报》的原因，据说完全是租界方面的主动。搜查票也是捕房向法院请领的。

昨天记者特地搜集了几本《民众周报》来，想从这上面找出一点有被查抄"资格"的东西，但结果仍觉得这是一个很普通的杂志，这杂志里除去编者徐炳昶，顾颉刚的文章，与冯棣的漫画，每期看到以外，军委会副委员长冯玉祥也时常有文章发表。例如该报三卷七期有冯所作的《丘八农村诗》，很可一读，现在转载在下面：

其一，水声

乡村四野静无声，

隔窗惟闻水汩汩。

夜半坐起眠不得，

默念同胞正被屠。

四省土地劫夺去，

三百万枪敌收储。

救国若不趁今日，

眼看就要灭民族。

还有第三卷五期上，也有冯先生的《乡居纪事诗》十首，此外也还有不少，大概冯先生的诗文，总不至于犯禁吧！

该刊现在的主编者顾颉刚，是北京大学的毕业生，现在是北大的教授，平时专攻史料，以研究古史辩为名，曾发表过"秦前无人类，大禹为蚯蚓"等异论，据一般人知道，他也不是什么"激烈分子"，所以《民众周报》被抄的原因，还是一个疑案。

这事情发生以后，北平方面没有什么消息传来，是否一样被"抄"，现在还不知道。不过开明书店已经把被抄的详情通知通俗读物编刊社了。

《民众周报》中的"救国救民"漫画

《立报》认为，《民众周报》的内容实在太普通，根本没有被查抄的"资格"。显然，媒体与民众都不认为宣传抗日有什么不妥，更谈不上"妨碍邦交"的罪责。记者还专门逐一查阅该报，越查越感到莫名其妙——该报上竟还有冯玉祥的诗作多首，当局军委会副委员长的文字都刊登在该报上，还有什么理由去查抄该报？冯诗的内容，也是坚决抗日的；换句话说，如果顾颉刚等人确因宣传抗日而被查抄与审讯，那么冯副委员长是否也将被审讯？

当然，为了媒体自身的安全起见，上述这些言下之意没有直接提出来，但透过报道内容稍加分析，却是显而易见的。最后，《立报》还撂下一句话，看看北平方面有什么消息没？意思也很明确，既然在上海租界被查抄了，看看北面当局对此又有什么反应。

◎ 主编顾颉刚透露查抄缘于"妨碍邦交"

北平方面的消息在十余天之后，的确是传来了。《世界日报》6月2日在"教育界"版面刊出一则特讯，题为《民众周报暂时无法出版》。这篇特别报道，不同于上海方面的揣测与猜度，言辞较为肯定，基本坐实了《民众周报》的嫌疑，对审判结果也有基本确定的预测。主编顾颉刚在接受采访时还明确声称，《民众周报》之所以被查抄，就是因为上海租界当局认定，这一刊物的内容妨碍了所谓的"邦交关系"。

《民众周报》暂时无法出版
沪公共租界今日再度审讯
顾颉刚谈话多感慨

【特讯】北平通俗读物编刊社，编辑之《民众周报》，内容注重灌输普通常识，如自然、经济、法律等常识，负责编辑者为徐炳昶、顾颉刚，初出版时在平发行。后改由上海开明书店发行，近来销路已达万余份以上。上月十八

《〈民众周报〉暂时无法出版》，原载北平《世界
日报》，1937年6月2日。

日下午上海开明书店，突被公共租界中央巡捕房抄去此项刊物，同月十九日捕房律师以该报触犯刑法第一五三条第一款（即以文字图画演说或他法，公然煽惑他人犯罪者，处六年以下有期徒刑，拘役，或一千元以下罚金。）及出版法第七条（为新闻纸或杂志之发行者，应于首次发行期十五日前，呈明法定各项，呈由发行所在地所属省府或市府转内政部声请登记。）之罪提起公诉，并将开明书店经理章锡琛传讯。上星期五又曾开庭审讯，今日再行开庭审讯，即可判决，闻将受罚金之处分。据通俗读物编刊社负责人，兼该刊编辑人顾颉刚昨谈《民众周报》，目的仅在灌输国民常识，对于邦交，尚无妨碍之处，此次被上海公共租界捕房查抄，律师虽陈述理由，但恐仍是因邦交关系，此案了结后在上海发行固无望，在他处发行亦多困难，恐将要停刊若干时期，惟销路已达万余份，而阅者实际将达十万人以上，若许读者爱护之热忱，及编者作者年余来之心血，均付诸东流，实令心寒云。

果然，与北平方面"闻将受罚金之处分"的消息完全吻合——两天之后，6月4日，审判结果出来了，判处"发行人"章锡琛卅元罚金。开明书店方面表示不服，即刻提起上诉。6月17日的《立报》，又将此事报道了出来。报道全文如下：

《民众周报》案上诉状今日递进

【本市消息】本市开明书店经售的《民众周报》，月前被捕房查抄，一特法院判处"发行人"章锡琛卅元罚金，并令《民众周报》在呈准登记前暂停发行后，判决书业已送达开明书店，该店对判决各点表示不服，已由法律顾问孙祖基，拟具辩诉书，决于今日连同证物上诉高二分院。内容辩诉三点：

（一）发行人为李一飞，并非开明书店经理章锡琛，故判决书谓被告章锡琛为错误。

（二）《民众周报》发行前，已依法向党政机关声请登记，移沪发行后，亦依法声请登记，并无违反出版法情形。

（三）新闻纸或杂志在声明登记而登记证未领到前，例可预先发行，故不能在"未呈准登记前暂停发行"。

显然，开明书店的上诉，只是针对《民众周报》并未触犯出版法，自己也是合法经营，不应受到罚金处罚，且还要继续发行《民众周报》。上诉状中只字未提刊物内容是否妨碍"邦交关系"，仅仅是就法律条款进行辩诉而已。

与《立报》同时，《世界日报》也在当天刊发了开明书店上诉的消息，内容大致相同，只是提到了判决时间为6月4日。看来，上海、北京两地还在关

《民众周报》案开明书店上诉，原载上海《立报》，1937年6月17日。

注《民众周报》何去何从，还在关注如开明书店这样的知名出版机构能不能胜诉，还能不能再发售该报。

◎ 平沪两地媒体转归沉寂，舆情随之突然平息

然而，令人不解的是，上诉的结果如何，两地报纸都没有后续报道了。也就是说，平沪两地当局达成某种"共识"，平沪两地媒体也随即达成某种"默契"，此事至此尘埃落定，不再对外做任何解释与披露，平沪两地公众，对此事也不必再做关注了。

那么，《民众周报》究竟是不是因"妨碍邦交"而被查抄的呢？如果确实如此，那么，刊物中又有哪些内容"妨碍邦交"呢？这两大疑问，仍然是平沪两地舆情突然平息之后，悬在读者心中无法平息的疑问。

其实，稍稍检阅此案前后的顾颉刚生平事迹及周报内容，很容易就能得出结论，一清二楚地解答上述两大疑问。《民众周报》就是一份通俗的、面向基层民众的普通文化读物，但在"九一八"事变之后，该报则迅即成为宣传抗日的言论阵地，顾颉刚本人也倾力加入抗战宣传的知识分子队伍中去。无论是这份刊物，还是其主编，在日本军方眼中，无疑都是有

《民众周报》中的"国难"系列漫画

"煽动"反日情绪，"有碍邦交"的。于是，向公共租界方面施压，迅即酿成了这一查抄案。

另一方面，还应当看到，国民党政府对此案没有任何干涉，完全听由租界方面单方面任意行动，实际上也默认了顾颉刚等人的罪责。在开庭审理过程中，虽然没有重罪判罚，但也没有宣布无罪。最终仍然以小额罚金及停办的方式，给了租界及日本方面一个交代，息事宁人而已。这种判决结果所透露出来的当局姿态，正是国民党政府在"九一八"事变之后，西安事变之前，对日主战或主和意旨始终摇摆不定的情状。至少，还没有下定决心要发动全民族统一抗战，甚至连民间自发的抗日宣传都不愿响应，更没有支持可言。

此外，还应当看到，顾颉刚等人之所孤掌难鸣，不仅仅是因为在基层民众中的抗日宣传，触怒了日本军方；其中还有另一个重要原因，乃因顾氏等知识分子坚决主战，曾间接参与了西安事变，在公共领域对政府当局已经构成了较大的舆论压力。在此情势之下，对其言论行为予以必要的、适度的警告，恐怕也一直是当局有意要采取的，正好利用《民众周报》在上海租界被查抄一案，将这一警示传递出来。

◎ 《民众周报》查抄案或与西安事变有关

从这个角度去理解《民众周报》查抄案，再检阅一下顾颉刚等人在"西安事变"前后的相关言论之报道，颇可印证。

原来，就在西安事变之前两个月，时为1936年10月12日，《世界日报》"教育界"版面头条新闻，正是顾颉刚等人草拟主战宣言之预告。且看报载全文如下：

教育界时局宣言即发表　请政府全力卫国
顾颉刚黎锦熙等已签名　并将征求各界人士联署

北平教育界，拟发表一时局宣言，该项消息，曾早志八日本报。现此项宣言，已由顾颉刚黎锦熙等教授签名，日内即可将全文公布，顾等为发起人，总计签名者有五十人左右。公布后，凡赞同该项主张者，可自由签名，将来即将签名册，送达中央，或印布全世界，以证明华北人心所向，究竟如何。至该项宣言，所主张者，闻有六项，大要如左：（在发起人签名未完毕前，内容或有修改，此仅其最初原稿）

（一）政府立即集中全国力量在不丧国土不辱主权之原则下调整中日关系。

（二）中日外交绝对公开，宣告塘沽协定，何梅协定及上海协定无效。

（三）不许外人干涉中国内政及在华有非法军事行动。

（四）反对在中国领土内以任何名义成立由外力策动之特殊行政组织。

（五）政府立即增兵边防，一，保守国土，不容再失尺寸；二，相机收复××失地。

（六）政府立即以××制止走私活动。

又宣言中，曾有最警策之一段，兹录如下：

"在昔靖康之世，宋虽不竞，犹有太原之撄；端平之世，宋更陵夷，复有淮西之拒。我黄帝子孙，数千年来，虽时或沦于不才

《教育界时局宣言即发表》，原载北平《世界日报》，1936年10月12日。

之肖，从未有尽举祖宗所贻，国命所系，广土众民，甘作敝屣之弃者。此有史以来所未前闻之奇耻大辱，万不能创见于今日。是则同入等觇民意之趋指，本良知之促迫，所敢为我政府直言正告者也。"

可以看到，顾颉刚等知名学者联署的宣言，一方面有坚决明白的表态；另一方面又以宋代历史为喻，更有以史鉴今的激烈批评。这样的宣言，当然不可能为当局所接受；在此次报道之后，该宣言的最终定稿也因当局施压，最终未能在北平公开发表。

不过，上海方面的报刊，却对此宣言有过高度关注与跟踪报道，如《申报》就曾于10月17日发表题为《文化城中文化界之呼声》的评论文章，公开宣称：

宣言发表后，此间一般人士，均取热烈之赞助态度，现发起人等正在继续征求签名，参加者颇为踊跃，闻俟签满相当数目时（五千或五万人未定）即用合法手续，递送中央，以表示民众之公意。

顾颉刚当年的日记本中，确曾夹有一张该宣言发表之后的"剪报"，题为《平津文化界对时局的宣言》，联合署名者虽未有五千或五万人之众，可也足足有一百零四位平津地区知名学者作家列名其上。除了牵头的徐炳昶、顾颉刚等，诸如钱玄同、冯友兰、钱穆、梁思成、林徽因、沈从文、朱自清等知名学者作家均在其中，真真阵容庞大，宛如《水浒传》中一百单八将排座次一般，众好汉齐聚一堂，要向当局同声质问，郑重宣告。

这份八百余字的联合宣言（致当局公开信）之报道，表明其应当就是在上海某报登载过的，但报刊名称尚无从确考①。接下来，顾颉刚等人的行动，进一步"升级"，竟借学术活动之便，直奔西安，面晤张学良去了。

◎ "这次事变是顾颉刚替张学良策划的！"

据《世界日报》系列报道，顾颉刚等于11月13日赴陕，预计要开展为期十天左右的学术活动。由国立北平研究院与陕西省政府合组之考古委员会，于11月16日在西安召开全体大会，顾氏此行即为此次大会而来。11月26日，此次会议及相关学术活动结束，顾氏等返归北平。返平次日，顾氏向记者谈及西安之行的感受，其中竟然提道：

在西安曾晤见张学良，伊精神甚振作，态度积极，一改当年之风度。

《顾颉刚昨谈游陕观感　在西安曾晤张学良》，原载北平《世界日报》，1936年11月28日。

---

① 此事见载于《顾颉刚日记》第三卷，台北联经出版公司，2007年；具体内容详见本文附录。

报道中只是简略述及，顾颉刚在西安曾面晤张学良，二人何时何地晤谈，谈论什么，并没有明确表述。

不过，可以根据《顾颉刚日记》[1]获知，顾、张二人面晤应为 11 月 21 日下午或晚间，且还有杨虎城在场。当日日记载：

二十一日，访张汉卿未晤。王振乾来。与之同到东北大学，晤金锡如。张汉卿派车来接，到其家。晚杨虎城设宴。

另据王振乾所撰《顾颉刚先生的西安之行》[2]一文中的记载，则可以大致将西安事变前后，顾、张面晤情形补述出来。文中提道：

他们听说张学良那时正学宋史，就以讲宋史为名，向张灌输"促蒋抗日"的思想。他们劝说张要学民族英雄岳飞，要吸取岳飞抗金失败的教训，争取全面的团结抗战，不要孤军作战和孤注一掷；力量要集中，不要抵消；准备要充分，不要轻举妄动；争取当成功的民族英雄，不要甘做失败的民族英雄。

而在西安事变之后，顾曾致电，写信给张，表达了支持全民抗战、和平解决事变的个人意见。文中记述：

西安事变后的第三天，十二月十四日，顾颉刚先生在燕大召开教职员理事

---

[1]《顾颉刚日记》，中华书局，2011 年。
[2] 此文原载《文史资料选辑》第十二辑，北京出版社，1982 年。

会，发出致傅作义电，支持傅作义的绥远抗战。十八日燕大教职员会联合北平教授致电国民政府，亦致电张学良，顾先生个人也写信给张学良，主张和平解决西安事变。于是北平城里就有谣言说："这次事变是顾颉刚替张学良策划的！"

综上所述，可见《民众周报》查抄案，可能不仅仅是一桩简单的、因言触祸式的"禁书案"。这一案件所反映的，不但有国民党政府在对日邦交政策上所秉持的忍让妥协立场，更有在这一时局背景之下，顾颉刚本人坚决主张抗战的那份"书生意气"。而这份"书生意气"之不识时务，使其言行的政治风险与日俱增，查抄《民众周报》案，或许正是当局借机对其发出的一个警示信号。

记得当年顾氏在力邀徐炳昶加盟通俗读物编刊社时，就曾致电称：

我们现在最要紧的职务，是捉住这机会，来唤起民众……彼此邀几个肯切实做事而不好名利的同志，真正做些救国救民的事业起来。我们编印唱本、画片，有四个目标：一是唤起民族的意识，二是鼓励抵抗的精神，三是激发向上的意志，四是灌输现代的常识。①

或许，在顾氏看来，辛苦办报的目的，只是向基层民众讲解时局，振奋民众精神而已；自己与同仁们只是一道通过办报救国救民，根本没有任何政治投

---

① 电文摘自《顾颉刚书信集》，中华书局，2011年。

机或商业牟利之目的。

再者，保家卫国、守土护民乃一国政府之本分，顾氏以学者身份办报宣传并呼吁全民抗战之举，不过是"天下兴亡，匹夫有责"的爱国情怀使然。因此，顾氏十分坚定地认为，此举根本不可能触犯政治底线，更谈不上"妨碍邦交"的罪责。孰料，自己在学术研究之余，耗费大量的私人时间与精力，倾力办成的一本通俗刊物，竟落得个被查抄封禁的下场。

顾颉刚

◎ 《民众周报》十年艰辛终复刊

不过，查抄与审讯，还是无法扼制顾氏骨子里的那份"书生意气"。就在《民众周报》被查禁不到一个月的时间里，其人又发起通俗读物编刊社与西北移垦促进会共同组织暑期西北考察团，通过考察偏远地区民间状况的方式，一方面为将来复刊开拓更多的地方读者，做好前期调查与宣传工作；另一方面，也借此机会进一步扩大编刊社的知名度与影响力。

此时，顾氏已身为移垦促进会负责人，在《世界日报》于1937年6月3日对西北考察团组团的首次报道中，称其因编务繁忙而无法参加此次考察。采访之余，其人仍不忘对记者申言，再次表达《民众周报》为合法刊物，理应复刊的愿望，明确声称：

1937年3月14日，顾颉刚在禹贡学会理事长办公室。

（编刊社）已有中央亲字第十四号人民团体许可状，及教部平市社会公安等局立案公文，自为合法团体，民众周报亦早向中央内政部请示登记，并有公安局公文证明，故亦有法律上根据云。

当然，所有的申言与辩白，终究是无济于事的，《民众周报》还是停办了。顾氏也终于抽出时间，奔赴西北。临行之前，公开发表《我们为什么到西北》一文，文中虽多讲考察注意事项及考察要点等，文末仍留下"伏笔"，再度表达了对任何侵略行径绝不妥协，对唤醒民众工作绝不放弃的基本立场。文中这样写道：

我们现在从事开发西北工作，虽然为时尚不算晚，但假设这种工作，能早在五六十年之前便开始，免得友邦人士偏劳。当然，早已不是这种现象了。可惜我国人民不知长进，致使西北的富源荒废至今。但是，这种后悔无用，我们也就不再多谈了！"亡羊补牢未为晚也"，我们且努力赶上去吧。

西北考察之行，正值"七七"事变。顾颉刚等仍坚持预定行程，跋涉边疆，不改初衷，甚至还在包头设置了通俗读物编刊社的分社。十年之后，顾氏以苏州国立社会教育学院民众社的名义，自己又亲任主编，终于在1947年复

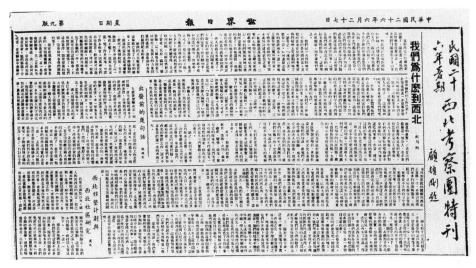

顾颉刚《我们为什么到西北》，原载北平《世界日报》，1937年6月27日。

刊《民众周报》。

《民众周刊》（即《民众周报》复刊号），1947年在上海出版。

这本刊物初名《民众周报》，仍在上海出版发行。刊物体裁与风格，仍一如既往，仍是一份办给农民、市民、工人看的通俗读物。因刊物内容更丰富，即刻又予以扩编，从第二期起即改为《民众周刊》。复刊后读者众多，需求日增，1948年起又改为三日刊，直至1949年4月终刊。可以说，正是顾氏一以贯之的"书生意气"，方才使得《民众周报》在历经十年艰辛之后，终于得以复刊。而这样的复刊效果，也算是为十年前那桩因所谓"妨碍邦交"而遭到查禁的案件，来了一场"事实胜于雄辩"的"拨乱反正"罢。

◎附：平津文化界对时局的宣言

国民政府，行政院，军事委员会钧鉴，全国各报馆，各通讯社，各杂志社，各机关，各法团暨全国人民公鉴：溯自沈阳之变，迄今五载，同人等托迹危城，含垢忍泪，不自知其运命之历届。去秋以来，情势更急，冀东叛变，津门倡乱，察北失陷，绥东告警，丰台撤兵，祸患连骈而至，未闻我政府抗议一辞，增援一卒，大惧全国领土，无不在可断送于日人一声威吓之中。近来对华进行交涉，我政府所受之威胁虽尚未宣布，然据外电本诸东报所传，谓日本又有侵害中国主权之五项新要求对我提出，姑勿论所传之虚实如何，任承其一，即足以陷我民族于万劫不复之深渊，堕"中国之自由平等"之追求于绝路；中山先生所遗托于吾人之重任，数十年先烈所麋躯洒血以殉者亦将永绝成功之望。我全国人民，至于今日，深知非信仰政府不足以御外侮，精诚团结，正在此时，深不愿我政府轻弃其对国民"最后关头"之诺言，而自失其存在之领导地位。故为民族解放前途计，我政府固有根本拒绝此诸条款之责任，而为国家政权安定计，我政府亦当下拒绝此诸条款之决心。在昔绍兴之世，宋虽不竞，犹有顺昌之撄；端平之世，宋更陵夷，复有淮西之拒。我中华民族，数千年来，虽时或沦于不才不肖，从未有尽举祖宗所贻，国命所系，广土众民，甘作敝屣之弃者。此有史以来所未前闻之奇耻大辱，万不能见创于今日。是则同人等觇民意之趋向，本良心之促迫，所敢为我政府直言正告者也。同人等以国防前线国民之立场，在此中日交涉紧张之际，唯愿政府明瞭华北之真正民意与树立救亡之目标起见，特提出下列数项要求，望政府体念其爱国赤诚，坚决进行，以孚民望而定国是，不胜祈祷之至。

一、政府应立即集中全国力量；在不丧国土不辱主权之原则下，对日交涉；

二、中日外交绝对公开，政府应将交涉情形随时公布；

三、反对日人干涉中国内政，及在华有非法军事行动与设置特务机关等情事；

四、反对在中国领土内以任何名义成立由外力策动之特殊行政组织；

五、根本反对日本在华北有任何所谓特殊地位；

六、反对以外力开发华北，侵夺国家处理资源之主权；

七、政府应立即以武力制止走私活动；

八、政府应立即出兵绥东，协助原驻军队，剿伐藉外力以作乱之土匪。

徐炳昶	顾颉刚	杨振声	钱玄同	陶希圣	梅贻宝	黎锦熙	冯友兰
洪　业	马寿龄	林志钧	张奚若	姚从吾	孟　森	陈其田	容　庚
崔敬伯	钱　穆	叶公超	梁士纯	唐　兰	张子高	张荫麟	蔡一谔
朱光潜	陆侃如	郭绍虞	张佛泉	齐思和	沈从文	于永滋	朱自清
萨本铁	梁思成	林徽音	张景钺	孙云铸	谭锡畴	饶毓泰	徐辅德
汪奠基	董人骥	李季谷	沈嘉瑞	崔之兰	王日蔚	薛文波	赵　斌
艾宜栽	常松椿	王梦扬	杨　堃	黄子卿	金岳霖	曾远荣	李继侗
杨武之	周先庚	熊迪之	陈　桢	严既澄	容肇祖	雷洁琼	侯树彤
杨秀峰	焦实斋	卢郁文	田洪都	谢玉铭	赵承信	冯沅君	谢景升
夏　云	刘　节	李安宅	于式玉	熊乐忱	刘敦桢	冯家升	连士升
吴世昌	黎琴南	李一非	李荣芳	薛瀛伯	聂崇歧	邓嗣禹	刘盼遂
顾廷龙	陈鸿舜	李书春	董　璠	杨荫浏	朱士嘉	容　媛	马锡用

侯仁之　陈梦家　沈心芜　饶毓苏　王承书　张振达　丁汝南　张凤杰
等一百零四人同叩。

中华民国二十五年十月十三日

吕思勉："诋毁岳飞"与"乡贤曹操"

◎ 史学名著因"诋毁岳飞"被呈请查禁

时为1935年3月16日，北平《世界日报》报道了一篇南京市政府呈请教育部，要求查禁一种书籍的新闻。报道全文如下：

吕思勉的怪论"岳飞是军阀""秦桧才真爱国"
京市府请查禁吕著白话本国史

【南京通讯】精忠的岳武穆，遗臭万年的秦桧，一为举世所敬仰崇拜，一为万古所唾弃诟骂，不但史乘斑斑可考，即松木参天的西湖岳坟，凌云浩气，忠义昭然，瞻仰徘徊，谁不肃然起敬。可是，也颇有矫奇立异之说，并以著述见行于世者。最近南京市政府呈请教育部通令查禁吕思勉著自修适用《白话本国史》，即系因其第三编近古史下，持论大反常理，诋毁岳飞为军阀，推崇秦桧为爱国大政治家。兹将所举该书内容数点列下：

"第一章，南宋和金朝的和战。第一节，南宋初期的战事。内称'大将如宗泽，及韩、岳、张、刘等，都是招群盗而用之，既未训练，又无纪律，全靠

《吕思勉的怪论》，原载北平《世界日报》，1935 年 3 月 16 日。

不住。而中央政府既无权力，诸将就自然骄横起来，其结果反弄将骄卒惰的样子'。第二节，和议的成就和军阀的剪除。内称：'我说秦桧一定要跑回来，正是他爱国之处，始终坚持和议，是他有识力肯负责任之处，能看得出挞懒这个人，可用手段对付，是其眼力过人之处，能解除韩、岳的兵柄，是他手段过人之处，后世的人，都把他唾骂到如是，中国的学术界真堪浩叹了！'又称：'岳飞以郾城打了一个胜战，郾城以外的战绩，都是没有的。最可笑的，宗弼渡江的时候，岳飞始终躲在江苏，眼看着高宗受金人追逐'。"

　　吕思勉（1884—1957），字诚之，江苏常州人。其人与钱穆、陈垣、陈寅恪在国内史学界享有"现代中国四大史学家"之誉（严耕望语）。报道中被呈请查禁的《白话本国史》，正是奠定其史学大家地位的代表作之一。

　　这部著述在国内学术界是颇受关注的，被认为是以一己之力开创了中国通史编撰的先例。顾颉刚就曾在《当代中国史学》中总结评价称：

中国通史的写作，到迄今为止，出版的书虽已不少，但很少能够达到理想的地步，本来以一个人的力量来写通史，是最困难的事业，而中国史上须待考证研究的地方又太多，故所有的通史，多属千篇一律，彼此抄袭。其中较近理想的，有吕思勉《白话本国史》。

吕思勉

那么，这一中国史学界"先例"式著作，为什么会出现"诋毁岳飞"的奇谈怪论呢？对此，当时的学界、文化界又是怎么看待的呢？

◎ "诋毁岳飞"源自胡适？

话说呈请查禁《白话本国史》的报道发布两年之后，竟有人找到了这一著述"诋毁岳飞"的学术观念之"源头"，称吕著中的这一系列奇谈怪论，其实源自胡适。

时为1937年4月15日，上海《立报》刊发了一篇评论文章，题为《大学程度的时局观》，作者署名杜文。当时正值全民族统一抗战的时期，此文作者针对《大公报》某作者将主战派讥讽为"初中程度的时局观"，颇感不满，遂"以其人之道还治其身"，径直将主和派讥讽为"大学程度的时局观"。

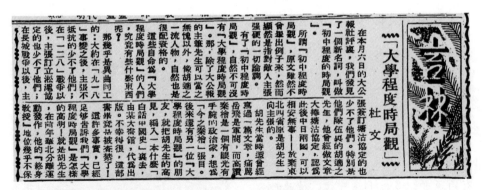

《大学程度时局观》，称吕著观点源自胡适，原载上海《立报》，1937年4月15日。

为此，此文还特别强调，胡适作为主和派的代表人物，对社会舆论起到了相当大的误导与毒害作用。随后，文中列举了一个自以为十分具有代表性，很能说明问题的事例——胡适曾有过称颂秦桧、贬损岳飞的言行。文中这样写道：

胡先生当时还曾经写过一篇文章，痛骂岳飞是军阀，而高赞秦桧是一个有眼光有手腕的政治家，想为"今之秦桧"张目。

紧接着，作者更借此进一步引证出一桩连环"学案"来，明确声称：

后来还有另一位"大学程度时局观"的朋友，就把胡先生的高见，编入一本什么《白话中国史》里去，由某大书馆，代为出版。不幸得很，这部书毕竟是被查禁了！

据此文所言，吕思勉竟然是承袭了胡适的观点，并将之写入《白话本国史》的。针对这一破天荒的"大发现"，熟知文坛掌故，又有相当文史功底的知名报人曹聚仁（1900—1972）再也按捺不住了，即刻撰文予以驳斥，并于4月19日发表于《立报》之上，题为《关于岳飞与秦桧》。此文一针见血地指出：

《白话中国史》，出版于民国十二年，胡适的文章，刊于民国二十一年的《独立评论》，说该书作者把胡适的意见编入，未免有点牛头不对马嘴。

显然，曹氏认为吕著不可能承袭了胡适的观点。因为吕著出版在前，胡文发表在后，彼此相隔近十年时间，的确是风马牛不相及了。然而，曹氏的论述也是有误的，因为那篇事关岳飞评价的胡适文章，其发表时间与发表刊物，他都没有写对。

据考，胡适所撰《南宋初年的军费》一文，写成于1924年10月30日，发表于1925年1月3日出版的《现代评论》第一卷第四期。此文主要从史料角度加以考察与梳理，对南宋初年的军政史事做了一番细致深入的评述，文中确曾提到"宋高宗与秦桧主张和议，确有不得已的苦衷"，"秦桧有大功而世人唾骂他至于今日，真冤枉也"云云。

而于1923年9月，由商务印书馆初版的吕思勉所著《白话本国史》，则比胡适此文发表出来要早了一年多的时间。且与胡适文中对历史人物的捎带评价不同，吕著对秦桧有着更多的、更为直接的正面评价，对岳飞则仅以军阀视之。

吕著认为，原先随徽、钦二帝北狩的秦桧逃脱跑回，"正是他爱国之处"；

胡适

秦桧"始终坚持和议，是他有识力，肯负责任之处"，"能解除韩、岳的兵柄，是他手段过人之处"；"后世的人，却把他唾骂到如此，中国的学术界，真堪浩叹了"。至于岳飞，吕著明确予以了负面评价，书中有这样的评述："只郾城打一个胜战，……郾城以外的战绩，就全是'莫须有'。最可笑的，宗弼渡江的时候，岳飞始终躲在江苏，眼看着高宗受金人追逐。"

除此之外，更严重的问题在于，"南北宋之际，大将如宗泽及韩、岳、张、刘等，都是招群盗而用；既未训练，又无纪律，全靠不住；而中央政府既无权力，诸将就自然骄横起来"，业已形成了

吕思勉著《白话本国史》，1923 年 9 月初版。

吕思勉著《白话本国史》，1935 年 4 月订正版。

各地军阀威胁中央政府的态势。因此，对外议和、对内削藩就成了高宗和秦桧的不得已之举，否则南宋根本无以支持一百五十多年。

◎ 北洋军阀不查，国民党要查

如果说，胡适的文章，只是捎带着替秦桧翻案，是间接质疑岳飞的历史地位；那么，吕著显然要重新评判岳飞，郑重其事地要为秦桧树碑立传了。如果暂且抛开普通民众的常识惯性不论，胡、吕二人的观点都有详实的史料支撑，而且都在学术研讨的框架之内，虽语出惊人，但应当还没有达到"误导迷惑民众，毒害社会风气"的程度。

然而，在特定历史语境中，是可以放大胡、吕二人的学术观点，并将其在公共文化中的影响力，进一步延伸与扩展的。

因胡、吕二人都曾或间接或直接地表达过"岳飞是军阀"这样的观点，这样的史学"新说"与历史人物"新评"，也是可以影射当时的中国时局的。众所周知，1920年代的上半段，正是北洋军阀与各地军阀割据并立、战局四起的年代，能够力主各路军阀议和停战，带来百年和平大局的"今之秦桧"，当时的确未有其人。如果当时确有此种人物现世，饱受军阀混战之苦的中国民众，应当是衷心赞许的，虽然他们从内心深处并不认为这样的人物之历史地位，其实正与八百年前的秦桧是一致的。

应当说，看似更为极端的吕氏言论，所表达的反而可能仅仅是纯粹的学术观点，而胡适的言论，则于学术研讨之外，颇有隐喻现实之意。令人感到奇怪的是，二人的文章也罢，著述也罢，在1920年代都是顺利发表与出版的，却似乎并没有引起当局与时人的特别关注，当时也没有来自公共文化领域的公开批评之声。

据此或可揣度，北洋军阀统治时期，可能是将主要精力投在了其势力范围内的军政统治，没有更多精力用于十分细致精准的意识形态管控，但凡没有明确、直接触及其军政统治的言论，并没有施加特别严苛的审查与打压。换句话说，军阀只看重枪杆子，并不十分在意笔杆子，他们没有政党思维，没有精准管控意识形态的迫切感。因此，在北洋军阀统治的时代，胡、吕二人的这些学术观点与言论，根本就入不了军政长官的"法眼"。

然而，到了国民党政府时期，因为自身政权的确立就曾有赖于意识形态领域里的革命意识之灌输与培养，在推己及人、推政及众的经验总结之下，政党思维与党政意识的空前加强之下，自然就有了意识形态管控的迫切感，整个情况就大不相同了。

还在重印的吕著，其"贬岳尊秦"的观点，与主流意识形态所倡导的忠领袖、爱国家思想有明显的抵触，自然要纳入当局意识形态管控的视野之内。而查禁该书，也已在此书初版十二年之后了——此刻，正值国家接连经历"九一八""一·二八"事变之后，对日方针也处于主战或主和之间摇摆不定之际。

此时的国民党政府，当然要禁止任何扰乱民心、挑动民情的"歪理邪说"出笼。《白话本国史》虽是旧教材，可此时不同往日——旧教材遇上了新时代，就好似在同一片林子里飞来飞去十几年的老鸟，此刻却因新时代的历史语境悄然转换，突然变成了"出头鸟"，正好撞在了新政权刚刚举起来的新枪口上。

◎ 龚德柏炮轰"诋毁岳飞"论

接下来的问题是，《白话本国史》是四册一套的自修教材，篇幅颇大，并不是一篇能让人一目了然其中心思想的时论文章。国民党政府当局又是如何从茫茫书海中，独独将这部书挑出，又逐页翻检，终于在第三册第三编中的一两个章节里发现如此重大的意识形态问题呢？

经多方查证，方才知晓，查禁此书的政府行为，果然并非政府相关部门发端，而是源自一位知名报人的公开批判。

原来，公开批判吕思勉学术观念的这位知名报人，即是当时在国内报刊界名噪一时的龚德柏（1891—1980）。其人曾在北平与成舍我合办《世界晚报》，还曾任《世界日报》的主编；后又自己创办《救国日报》等报刊。因为敢言，抨击时政颇力，时人又称之为"龚大炮"。

"九一八"事变后，龚氏曾出版《征倭论》一书，主张对日长期作战，提出持久战一说，轰动一时。其人在报界是主战派的领袖人物之一，自然是容不得任何赞颂主和派的言论与观念的。他认为岳飞是民族精神，是国魂，是民间的岳王，是主战派的精神偶像；而吕氏竟然敢于"诋毁岳飞"，就等同于"危害民国"。

《救国日报》于1932年在南京创刊之后，作为主编的龚德柏，开始在自家报纸上大张旗鼓地批评吕思勉著作及其论点。先后撰写《由宋朝历史证明抵抗与不抵抗之利害》《不抵抗主义之由来》《弱国坚持和议之危险——举宋金之例为论》等评论文章，以时局与史事相结合的手法，痛陈"贬岳尊秦"之危害，将对吕著的批判，逐步从道德

龚德柏

层面上升到政治层面。不过，由于其批评过于苛刻偏颇，将学术研讨激化为政治评判的做法，也曾招致报界同行及部分读者的不满。

譬如，《朝报》编辑赵绍更就与龚氏有过笔战。为此，龚氏还将赵氏及《朝报》老板王公弢一并告上法庭。1935年4月29日，《世界日报》就刊登过一条龚氏与《朝报》打官司的消息。

显然，在特定历史情境之下，吕思勉的"贬岳赞秦"之说，一旦脱离了纯学术研讨的场域，纳入公共传播领域，进入大众读者视野之中，将会发生怎样的不可逆转的抗议与批判。通过上述种种事迹可知，这一抗议与批判的声浪，又是如何通过以"龚大炮"为代表的知名报人之运作，进一步放大，放大到政府当局必得有所回应，必得予以查禁的程度。

《龚德柏与王公弢等涉讼》，原载北平《世界日报》，1935年4月29日。

时为1935年5月2日，国民党政府教育部关于取缔吕思勉所著《白话本国史》的训令终于颁布，这场原属公共文化界与学术界的论争，终以当局的强力介入而尘埃落定。

事实上，早在该训令颁布之前一个多月，商务印书馆方面便颇"识时务"，让吕氏修改了关于岳飞与秦桧的章节，重新出版了所谓"订正版"；并在封面煞有介事地标注了"订正版"字样，以示与之前版本的区别。

◎ 胡适依旧"诋毁岳飞"

显然，在社会舆论与政府管控的双重压力之下，吕思勉及出版方必须有所表示，以修改原书章节来息事宁人，给政府与民众一个交代。然而，在吕著终被取缔这一事件前后，胡适的观念却一如从前，其"贬岳尊秦"与"薄古厚今"的论调，始终没有多大的改变。其人凭借多年经营的社会地位与多重跨界身份，继续演绎着借学术观点渗透公共文化的一贯做派。

譬如，胡适于1934年在《独立评论》杂志上，撰发《写在孔子诞辰纪念之后》一文，论说近数十年中国社会之进步，与至圣先师孔子实无多大关系，却又盛赞同时代无数热血青年英勇献身的精神，表示正是这些现代青年的牺牲，方才推动了社会进步。文中有这样的说法：

我们谈到古人的人格，往往想到岳飞、文天祥和晚明那些死在廷杖下或天牢里的东林忠臣。我们何不想想这二三十年中为了各种革命慷慨杀身的无数志士！……我们试想想那些为排满革命而死的许多志士，那些为民十五六年的国民革命而死的无数青年，那些前两年中在上海在长城一带为抗日卫国而死的无数青年——他们慷慨献身去经营的目标比起东林诸君子的目标来，其伟大真不可比例了。

比之孔子、岳飞、文天祥与东林党人，胡适更倾情赞颂今人革命的业绩，赞颂辛亥革命、北伐、抗日战争等等，认为当今这些革命者之伟大，远较那些帝制时代忠君赴死的文人武将，更具现实意义，也更为伟大。

如果认为上述种种论调，尚属借题发挥，普通民众还勉强能理解与接受的话；那么，1936年2月17日胡适在北平兄弟会（一个基督教团体）上的演讲，则再一次明确地"贬岳尊秦"，彻底击穿了普罗大众的常识底线。在这一演讲中，胡适对当时的中日关系进行了分析，做出了中日战争不可避免的预测。不过，其人内心深处并不希望中日开战，这一点也说得很明白：

"这并不意味着我赞成与日本开战，也不意味着我相信我们将取得最终的胜利。"

胡适对中国抗战终将获胜并没有多大信心，因为他认为战争不是空喊口号，而是敌对双方综合实力的较量。通过认真考察与比较研究，并曾面见蒋介石等军政要人商谈国事的胡适，判定无论是武器装备、人员素质还是战斗力等方面，中国军队要远远落后于日本。为此，他曾力主通过外交手段解决争端，但残酷的现实又将中日关系逐渐拖向战争的深渊。在此次演讲中，他感慨万千地再次提到秦桧，认为秦桧"与金人和谈成功，给国家带来了一百年的和平"，但是秦桧仍被看作叛徒，因为"他与敌人达成了屈辱的和平"。言下之意，为秦桧身后的历代评价感到不公与不平。为此，还发出了这样的慨叹：

中国没有一个政治家伟大到足以承担对日和谈的重任，没有一个政治家的才能伟大到足以与日本进行堪称体面的和谈。

那么，在取缔吕著的训令已颁的情势之下，胡适仍敢于在并非学术研讨的场域中再次公开提到秦桧，并再次表达其"贬岳尊秦"与"非战主和"的政治主张，为何却没有受到当局的追究与惩办呢？

究其原因，一方面固然是因为此属小范围内的内部演讲，并无文字付诸公开发表；另一方面，胡适多年经营的社交人脉与社会地位，足以规避种种不必要的政治风险。也正因为如此，使之可以长期借助学术观点对公共文化加以渗透与影响，变被动为主动，进而实现多年来跨界影响社会风气，直至实现"中国文艺复兴"式的强国热望。

◎ "诋毁岳飞"古已有之

话归正题，反过来再看一看，胡适与吕思勉的交道，究竟若何，有没有达到本文前述《大学程度的时局观》一文中所形容的那种程度，两人有没有可能在学术观点上相互借鉴，或者说至少有所默契呢？

仅就笔者翻检到的史料文献而言，二人交集似乎并不多，也谈不上特别深厚的交谊，更没有特别契合的治学观念。仅据黄永年所撰《回忆我的老师吕诚之先生》一文可知：

胡适想请他到北京大学去，但吕先生拒绝了，理由是光华的文学院长钱子泉（基博）先生是我多年的老朋友，我离开光华大学等于拆他的台，我不能这么做。

这一简要记述表明，胡适曾有意聘吕氏赴北大任教，但遭到拒绝。现存的胡适日记、书信及相关文献中，也未见与吕氏交往的记载，唯有一份国民党政府教育部关于取缔吕思勉著《白话本国史》的训令（抄件），曾被胡适收藏过。胡适之所以藏有这份抄件，恐怕也只是一种对知名学者近况的关注使然；据此可以揣测，欲聘吕氏赴北大任教，可能也就是在训令颁布之后不久罢。又查胡适藏书，尚有三种吕著：《苏秦张仪》《中国民族史》《白话本国史》，足证当年关注有加。

值得一提的是，胡适藏书中的这一部《白话本国史》，为1927年再版本，乃友人于1928年10月购得之后转赠。这也间接说明，胡适于1924年撰发《南宋初年的军费》一文，文中的"贬岳尊秦"之论，可能并不是在看到《白话本国史》之后才有所借鉴，而是通过自己探研相关史料，逐渐形成并自行得出的一个学术论点。因此，基本可以判定，胡、吕二人的论点皆是各自得出，各自发表，彼此间并无借鉴关系。

诚如曹聚仁所撰《关于岳飞与秦桧》一文中所称：

曹聚仁

说岳飞是专横的军阀，乃是南宋的叶水心、朱熹、马端临，并非胡适之的创见；现代人这样如实叙述的，《白话本国史》而外，有邓之诚的《中华二千年史》，有周作人先生的《岳飞与秦桧》，也不能算在胡适的账上。

的确，在纯粹的史学研究领域里，持"贬岳尊秦"之论的学者，古已有之，今亦不乏其人——胡、吕二人的学术观点，并非是什么破天荒的惊世之论。自南宋以来，拥有同样论点的学者文士并不在少数。

◎ "诋毁岳飞"公案之启示

综上所述，反观这桩八十余年前的"诋毁岳飞"公案，公共媒体报道至少覆盖过南京、北京、上海三地，社会影响不可谓不广。从知名报人（资深媒体人士）公开批判开始，从纯粹的观点与言论"互怼"，到媒体"互掐"导致诉讼，终于招致南京市政府呈请教育部要求取缔；复由学者自己修改涉案章节，印行"订正版"，最终教育部颁布取缔"订正版"之前的旧版书之训令。

这一历程之中，学术研究、社会舆论、意识形态三大圈层的交叠影响，呈现出烦琐纷杂却又主线清晰、趋势明显的情态——作为共同构筑公共文化的三大圈层，代表着理性与智识的学术研究圈层，竟然被动得几无招架之力。从中不难领悟，知识分子群体在公共文化中的话语权，纯是依附性质的，要么顺应"民意"，要么趋附权势，远远没有达到胡适等人所切盼的所谓"学术独立"之地位。

《关于岳飞与秦桧》，曹聚仁撰，称吕著观点并非源自胡适，且对岳飞之评价自古就有分歧，原载上海《立报》，1937年4月19日。

这桩"诋毁岳飞"公案，昭示着在特定历史语境及其伴生而来的社会环境之中，学术立场如何变形变质乃至终被管控压制的情态；从中所反映出来的中国现代知识分子群体岌岌可危的生存境遇，都值得后世读者反思与自省。

◎ 取缔《白话本国史》之前一年，"乡贤曹操"又引争议

作为东汉末年与三国时代杰出的政治家、军事家、文学家和诗人，作为一直备受争议，评价各异，但却始终受到世人关注的历史人物，曹操在中国历史上可谓家喻户晓，妇孺皆知。近两千年的毁誉参半，近两千年的戏说正说，曹操的历史形象，在取缔《白话本国史》之前一年，突然出现了重大"历史机遇"。

时为1934年夏，面对日寇大肆侵略，主战呼声高涨的国内局势，为顺应民意，有所作为，国民党政府内部几经商讨，决定在振奋民族精神、追怀中华前贤方面开展全国性的文化活动，以此为民众树立文化榜样，坚定保家卫国之决心。

于是，当局特意筹划了国内各省评选乡贤的活动。此次活动提出，"以中国为东亚古国，历代不乏立功立言之士，为后世矜式，兹为表扬先烈，激发民族情感起见，特通令各省，调查各省历代乡贤及清末有功于民族国家者"，要求各省从中"选出三十人，摭拾其生平事略，立为乡贤，做人民楷模"。

各省接到当局甄选历代乡贤的通令之后，即刻投入了调查、考证、提名与评选工作。其中，安徽省的乡贤评选，评委阵容相当强大，评选结果也相当富于戏剧性。时至1935年5月10日，也即取缔《白话本国史》之训令颁布一周之后，北平《世界日报》公布了安徽省乡贤评选盛况，随之公布了皖籍乡贤

名单。其中，曹操落选，其子曹植却当选，一时成为民众热议话题。报道原文如下：

皖乡贤圈定管仲李鸿章等三十人
曹操落选

【安庆通讯】皖省政府于去年夏间，奉国民政府军事委员会蒋委员长通令，饬将有益于国家民族与人伦、政治、经济之历代乡贤事略，照中学教科书体裁，择要编辑，以彰先哲芳烈，而为青年矜式。省府当即指定省立图书馆及安徽通志馆会同选择编辑。该两馆奉令后，以兹事体大，为慎重起见，先就本省历代先贤列举六十六人，草拟备选目录，函请国内各名流学者：陈果夫、陈立夫、张治中、胡适、梁漱溟、柳翼谋、苗培成、王印川、李应生、程演生、吴忠信、王揖唐、许世英、姚永璞等七十余人分别圈选，并请酌量增列，以凭去取。经各人圈选结果，决定管仲等三十人，皆系本省历代德业学行足为矜式者，印刷小册，搜罗相片，寄送原圈选人校订。该两馆已于昨日（六日）会呈省府，请予核阅转报中央及武昌行营。兹将三十先贤名单开列如下：管仲、文翁、周瑜、鲁肃、华佗、曹植、包拯、李公麟、朱熹、朱元璋、徐达、常遇春、李文忠、沐英、左光斗、金声、方以智、梅文鼎、戴名兴、江永、戴震、方苞、姚鼐、姚莹、邓琰、李鸿章、吴汝纶、吴越、吴旸谷、倪映典。至预选时，曾列有曹操，但阅定结果，终于落选云。（七日）

上述四百余字的报道内容，源自从安徽安庆发回北平的通讯稿，其所列评选数据及相关细节，应当比较准确。七十余人的评委阵容，几乎囊括了当时国

《皖乡贤圈定》，原载北平《世界日报》，1935 年 5 月 10 日。

内军政学文各界名流精英代表人物，不可谓不强大。这七十余人的"时贤"评委，去评选那六十六位名单上的"前贤"，再从中甄选出三十位"乡贤"，此次评选工作不可谓不慎重。

只是在报道中，将"曹操落选"作为标题，显然是觉得入选名单中前有其子诗人曹植，后有晚清名臣李鸿章等（这些人物是否能为乡贤，当时就有不少争议），却终让著名历史人物、号称一代"奸雄"的曹操落选，还是多少有些令人感到意外罢。

这一份意外，不仅仅出自"乡贤榜"中还有不少知名度与影响力都不及曹操的历史人物，还在于当时的小学、初中、高中国文课本，均选入了曹操诗文及相关故事，曹操其人其事渐渐以历史本来面目为新一代国民所周知了。

与此同时，著名学者、新史学派代表人物吕思勉所著《三国史话》，著名学者、疑古学派代表人物顾颉刚所著《两汉州制考》，知名学者、文史通俗读物作家王钟麒所著《三国之鼎峙》等著述之中，对曹操的历史地位及影响均予以了正面评价，甚至表达了高度赞赏之意。

可以说，当时的文化教育界人士及手捧国文课本的中小学生，大多已经开始扭转世俗偏见与传说迷信，大多已能够从历史真实的一面，去重新认识与评价曹操这一历史人物了。且评委中大多也是接受并认同现代教育理念，大多也是能够抛开偏见成见去尊重历史的"时贤"，为何就让曹操落选了呢?

◎ 那一场曹操落选复又当选，终究不了了之的乡贤评选

姑且不论曹操落选之后的社会反响究竟如何，可以说还来不及待到社会反响充分释放，令人更感意外的事件，接踵而至。

原来，到了当年年底，曹操的大名却又忽然列入皖籍乡贤榜中了，并且明确载入了《各省历代乡贤选定表》的官方正式文件。

定居上海的著名小说家包天笑（1876—1973），看到了曹操入选的正式文件，不禁感慨万千，写了一篇《皖乡贤曹操》，发表在1935年12月30日的上海《立报》之上。

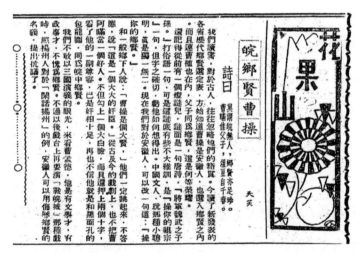

包天笑《皖乡贤曹操》，原载上海《立报》，1935年12月30日。

当时，包天笑刚刚从张恨水手中接过了《立报》副刊"花果山"主编的职位，就径直以此自撰文作为版面头条文章，算是"履新"开笔宣言，足见其对曹操参选乡贤之事的关注之切。文章开篇，包氏首先吟诗一首，诗云：

莫谓皖无人，乡贤亦足珍。

曹瞒佳父子，俎豆自千春。

紧接着，文中又感叹道：

今读了新发表的各省历代乡贤选定表，方始知道曹操是安徽人，也选入乡贤之内。而且连曹植也在内，父子同为乡贤，这是何等荣耀。

不过，文中对公众是否接受曹操入选乡贤榜，也表示了怀疑，并用其一贯的海派雅谑腔调写道：

和一般乡下人说："曹操是个大贤"，他们一定跳起来，不答应，说"这是一个大大的奸臣"。从古及今的戏剧上，也不把曹阿瞒当一个好人。不但勾上一个大白脸，而且还押上两个十字，看了他的一副尊容，已是奸相十足，再也不信他就是和黑面孔的包龙图，同为皖中乡贤。

调侃归调侃，包氏本人当然是能把《三国演义》与《三国志》分得清楚的；但凡明白文学作品与历史史实之区别的一般读者与学者，应当都不会觉得曹操入选皖籍乡贤有何不妥罢。

然而，官方组织活动的本意是振奋民心，团结民众，因此，这评选乡贤之举，就不得不考虑国民大众对久已败坏的曹操形象的接受度。包天笑的怀疑与担心并非凭空杜撰而来，都是确实存在的社会现实。恐怕正是出于与包氏相似的疑虑，七十余位评委之前的评选结果中没有曹操，便是从民众接受度方面考虑的罢。

早在评选刚刚开始不久，1934年7月30日的杭州《东南日报》之上，曾刊发过一张"曹操脸谱"的图文介绍，乃是将民众对曹操的传统"奸臣"印象再度宣传了一番。介绍文字颇简略，却实在是言简意赅，原文如下：

曹操脸谱

白色所以表示其人全无血性，不顾情理。浓眉表示其奸雄，额上蛇纹，示其人毒如蛇蝎，斜纹即所以示其人品性不正也。

短短五十余字，将传统戏曲中的曹操脸谱与曹操这一历史人物的个体人格，完全对应了起来；在通俗小说与民间传说中，"人设"早已崩塌的曹操，再次被强调其人格卑污，可谓"永世不得翻身"。

那么，一份都市大报之上，刊发人所共知的一张戏曲脸谱，究竟意欲何为？不难揣测，此举不过是隔空向评委们示意，明确表示曹操早已没有入选乡贤的资格，明确表示这乃是历代公认的，早已达成共

《曹操脸谱》，原载杭州《东南日报》，1934年7月30日。

识的，不容评委们漠视的民意罢。

至于后来为什么曹操又当选了，究竟何种力量最终影响了评选结果，虽已不可确考，但当年势必再次引发争议，也是可以预见的。且说曹操落选，不符合熟知史实的知识分子之评判标准；曹操当选，又不符合普通民众根深蒂固的传统印象，这的确是一个令当局两难的公共文化命题。

只是随后不久，"七七"事变旋即爆发，中国全民族统一抗战正式拉开序幕，评选乡贤活动也因战局突开而不了了之，曹操曾落选又当选乡贤的轶事，也就逐渐淡出了公众的视野。

值得一提的是，当年作为评委之一，也是皖籍"时贤"之一的胡适，早在1922年5月，曾为白话标点本《三国志演义》作序，对曹操这一历史人物已颇有一些与众不同的评判；其后更在多篇学术论文中，或以专题评述，或以捎带提及的方式，多次为曹操"翻案"。

当年，胡适在与陈独秀、钱玄同等研讨《三国演义》时，就明确指出："平心而论，《三国演义》之褒刘而贬曹，不过是承习凿齿[①]、朱熹的议论，替他推波助澜，并非独抒己见"，又称"……曹操人品实高于刘备百倍。曹操用人之明，御将之能，皆远过于刘备、诸葛亮"。[②]

此次评选八年之后，胡适已身在美国，从事国民外交、争取美援工作。百忙之中，仍于1943年6月，撰写了《曹操创立的"校事"制》《曹魏外官的

---

①　习凿齿（约317—384），湖北襄阳人，东晋史学家、文学家。所著《汉晋春秋》中以蜀汉为正统，以曹魏为篡逆，并认为晋虽受魏禅（公元265年晋武帝司马炎代魏称帝），但应继承汉祚，否则晋朝国统不正。临终前又作《晋承汉统论》上疏晋帝，系统阐述了关于晋承汉统的思想，形成了一种新的封建正统史观。

②信文录自胡适于1917年11月20日致钱玄同的信，曾收入《胡适文存》卷一。

"任子"制》等论文，仍孜孜以求地从史料考证的角度为曹操"翻案"。当然，所有这些基于史实上的学术考证，其评判标准及研究结论都并不为国内民众所周知，更谈不上公共文化层面上的全面渗透与普遍接受了。

总而言之，不得不承认的是，曹操在中国公众心目中的形象，要么"奸臣"，要么"奸雄"，始终摆脱不了一个饱含贬义的"奸"字。这一贬义明确、污名恒久的形象，虽历经文史研究领域内的为其"正名"与"去污名化"的多年努力，却依旧没有大的改观。

陈寅恪：治眼北归，卖书买煤
——以《燕大通讯》《华北日报》等相关报道为线索

◎ 1945 年治眼行程：成都—昆明—印度—英国

时为 1945 年 8 月，抗战胜利之后，陈寅恪应英国皇家学会及牛津大学之邀，赴伦敦诊治眼疾。这一史事，近年来研究者多有记述，在此无须多作赘言。不过，笔者近来翻检故纸，于 1945 年 10 月与 12 月的《燕大通讯》上觅得两条简讯报道，或可为这一史事补充一点细节信息。为便于后文考述，转录这两条简讯原文如下：

（一）

陈寅恪教授飞英医眼　可能就任牛津正教授

本校历史系教授陈寅恪先生之飞英消息，曾载各报，而传闻失实，竟有谓其尚未启程者，兹特披露真象于次：

陈教授于九月十四日早七时离蓉飞昆，小住十日，即于二十三日离昆飞印，然后由印转飞英伦。

此次陈教授之飞英，最大目的在医治目疾，故国内各方面关系并未断绝，陈夫人及其女公子三人仍留本校，对本校仅请假耳。

陈教授启程时，曾收到英国方面两电。第一电告牛津大学于一九三九年，即聘陈先生为该校东方哲学系正教授，虚位以待以迄于今，顷大战胜利结束，故亟盼即刻往就。陈先生复电，告半年内目疾稍佳，可能一往。英方知陈先生有往就意，故第二次来电极表欢迎，且谓不论陈先生就任正教授与否，可先作该校顾问，协助一切进行。面对陈先生治眼方面，当予以种种便利云。又我驻英大使顾维钧氏亦来电，从旁敦促，谓宜即去，不得使各方失望。同时陈先生因此次清华尚有邵循正、孙毓棠、沈有鼎、洪谦四君亦赴牛津，邵孙二君，均为陈先生之高足，可获同行照料，于是急骤间乃决定飞英。唯陈先生临行有云，如此去能治好目疾，当就牛津之聘，否则即迅速买棹言旋云。

（二）
陈寅恪教授病目无问题

陈寅恪教授十月廿三日自伦敦来函，致此间友人称"安抵伦敦，已就名医诊视，目病可以治好，但须开刀二次"。又云："养病期内暂缓接任牛津大学教授职，仅备顾问，本学年仍为燕京大学教授"。至陈氏在蓉所著《陶渊明之思想与清谈之关系》一书，今已出版。

又十一月十三日陈教授致家中函，谓于三日入医院（即发明盘尼西林之医院），于五日施行手术。经过良好，昔日不能见之部分兹已能见。住院调养恐至少需两三月之久，方能出院云。

《陈寅恪教授飞英医眼》，原载《燕大通讯》。

《陈寅恪教授病目无问题》，原载《燕大通讯》。

上述第一条简讯，刊发于《燕大通讯》第一卷第四期，时为1945年10月10日。第二条简讯，刊发于《燕大通讯》第一卷第六期，时为1945年12月8日。两个月间，《燕大通讯》两次刊发简讯，向校内师生报告陈寅恪行踪及近况，足见关切之情。

通过第二条简讯可知，陈寅恪于 1945 年 11 月 3 日正式入院，11 月 5 日，即施行了第一次手术。至于所入医院名称，简讯中以"发明盘尼西林之医院"加以注释，显系全球知名的医院。据查，盘尼西林（即青霉素）的发明者，英国著名细菌学家亚历山大·弗莱明（Alexander Fleming，1881—1955），曾在伦敦圣马利亚医院（St. Mary's Hospital）医科学校就读并供职，故陈寅恪所入医院，应即在此处。

据陈流求、陈美延的忆述[①]，陈寅恪赴英治眼事的经过，与上述两条简讯的内容大致吻合。但她们的忆述细节，尚不及这两条简讯确切。譬如，陈寅恪赴英线路，乃是先从成都飞往昆明，再从昆明飞往印度，复从印度飞往英国，其间还曾在昆明"小住十日"。再如，陈寅恪赴英入医院的确切名称，以及确切入院时间与手术时间等。又如，"驻英大使顾维钧氏亦来电，从旁敦促，谓宜即去，不得使各方失望"，"陈寅恪教授十月廿三日自伦敦来函，致此间友人"，"十一月十三日陈教授致家中函"，这些赴英期间的往还函电，都值得进一步探究。

◎ 1946 年重返北平，首度接受专访

1946 年 10 月 26 日，因抗战转徙西南，阔别北平已九年的陈寅恪，在英国伦敦治疗眼疾未果之后，终于重返故都，返归清华大学任教。闻此著名学者返国北归之讯，《华北日报》记者迅即出访，叩开了陈宅大门，为后世读者留下了一份弥足珍贵的陈寅恪北归专访记。

---

① 相关忆述参见《永远的清华园——清华子弟眼中的父辈》，北京出版社，2000 年。

1946年11月6日，《华北日报》刊发了这篇陈寅恪专访记，或为目前已知的、公开发表的唯一一篇陈氏重返故都之际的专访报道，自然独具历史与研究价值。或因年代久远，这份距今已七十余年的旧报难以寻获，这篇专访记，至今还鲜为人知，未见研究者有所披露。为此，笔者仍不揣谫陋，酌加整理，转录全文如下：

南渡自应思往事，北归端恐待来生！
陈寅恪重返故都

中国史学界权威陈寅恪先生，终于在十月二十六日重回故都，并任教于清华大学，这真是学术界值得庆幸的事。为了多数关怀陈先生健康情形的人，记者特驱车清华园新南园拜访。

将近黄昏，记者在尚未完工的清华宿舍见到陈夫人，她亲切的回答了记者的询问。她说陈先生这次到伦敦去疗治目疾，并没有得到多大的效果，仅仅把眼前一片黑影除去，最初医生尚希望把已破坏的视神经换掉，使新的眼神经和网膜长到一起，可是新神经终不能生长，所以双目依然模糊。医生说假若休养得好，两年以内无变化，就不致更严重。

陈先生是直接由伦敦回到南京，陈夫人带着三位女公子由成都经过七个月的长途旅行才到南京。提起交通工具的困难，陈夫人担心两箱贵重书籍的遗失，就说陈先生亲笔加批的书籍，就始终随身携带。衣物和其他的书籍，由轮船运输，听说那船在宜昌附近触礁沉没，东西捞起来又被匪人抢去。"衣物遗失无关重要，书籍遗失实在可惜。"陈夫人惋惜着说。

陈先生刚刚午睡醒来，一位燕大的同学在为他读报，陈先生每天以听读报为消遣。

陈先生说本年度他在清华继任四门功课，历史系是中古史和专题研究，国文系是白香山诗与唐诗研究，其中只两门功课需要上讲堂。陈先生行动不方便，假若选课的同学不多，希望能在宿舍里讲书或研究。

陈先生正准备写《白诗集注》和《唐代文化》《唐代社会》等著作。陈先生撰述完全凭着以往的记忆，并且他打算自己在黑暗中摸索着写出来。

提起诗来，忆及先生于抗战军兴、政府南迁以后的诗句"南渡自应思往事，北归端恐待来生"。记者问他，此次终于再归故土作何感想？"我已双目失明，等于再生"，语调极悲怆。

日寇初降，举国欢腾，先生赋诗有"念往忧来无限感，喜心题句又成悲"之句。记者问他是否当时已料到国事之堪忧？他加以否认的说："本人一向是个悲剧论者。"陈先生对日前国家政治问题，认为是属于国际性的。

陈先生作学问的态度极为严肃，他尝对学生说："假若是不证实的让我说出一个字来，勿宁死。"所以陈先生绝不参与政治，更不公开发表政治的论著，因为他认为政治多少是带夸大性的。然而，陈先生却极关心国内外政治问题，他每天自己的第一样功课就是请别人给他讲新闻，一张有价值的报纸他决不肯放松一个字的听下去。在政治理论上，他有独到的见解和正确的推断。不过这些高论，除去他亲近的朋友们以外，别人是无缘聆教的。

论到考据问题，他谈得津津有味，记者问他有人诋毁考据之学为细微末节，先生如何主张？他说："细微末节不是考据之病，只要是有系统的东西就合乎科学，譬如生物学要在显微镜下观察东西，这不是更细微吗？"他说，持这种论调的人反而是无科学头脑。

《陈寅恪重返故都》，原载《华北日报》，1946年11月6日。

日影西沉，暮色苍茫，记者才同陈先生道别。

上述一千三百余字的专访记，为《华北日报》记者对刚刚从伦敦飞返北平的陈寅恪之专访。据此研读，不难发现，本着对陈氏的尊重与关心，以及对此次专访的郑重之意，为达成访谈，记者曾两次造访陈宅。一次可能为当年11月初某日傍晚，首先探访了陈夫人唐筼（1898—1969），向其探询陈氏健康状况及身体近况。第二次则为之后某日午后，记者是等候陈氏午睡醒后，方才进行采访的。记者的这些举动，都足以表明陈氏当时声名之隆，以及时人对其个人的格外敬重。

记者与陈寅恪的谈话中，曾两次提及陈氏所赋诗句。首先提及的"南渡自应思往事，北归端恐待来生"之句，甚至被记者拈提出来，径直作了专访报道的标题。这一诗句出自陈氏《南湖即景》一诗，原诗如下：

风物居然似旧京，荷花海子忆升平。

桥边鬒影还明灭，楼外歌声杂醉醒。

南渡自应思往事，北归端恐待来生。

黄河难塞黄金尽，日暮人间几万程。

此诗写于1938年夏，当时陈寅恪几经辗转，终于抵达云南蒙自南湖畔的西南联大分校。《南湖即景》一诗，赋予蒙自南湖独特的时代况味，将家国沧桑与世途苍凉融于诗句之中，颇令时人感恸。诗中的"南渡北归"之句，更是传诵一时，至今未绝。

专访中，记者还提及"念往忧来无限感，喜心题句又成悲"之句，乃出自陈氏《乙酉八月十一日晨起闻日本乞降喜赋》一诗，原诗如下：

降书夕到醒方知，何幸今生见此时。

闻讯杜陵欢至泣，还家贺监病弥衰。

国仇已雪南迁耻，家祭难忘北定诗。

念往忧来无限感，喜心题句又成悲。

此诗写于1945年8月11日，即所谓"乙酉八月十一日"。据诗文可知，8月10日晚，日本宣布将投降的消息传至中国西南后方，当时尚在搬迁至四川成都的燕京大学分校任教的陈寅恪，于次日晨起后得知了这一消息，即所谓

"降书夕到醒方知"。不难发现，对于如今的一般读者而言，陈诗中所涉日本宣布投降的时间信息，似乎有些出入。

众所周知，日本宣布无条件投降的时间为 1945 年 8 月 15 日正午。当时，日本裕仁天皇向全日本广播，接受《波茨坦公告》，无条件投降，结束战争。1945 年 8 月 21 日，今井武夫飞抵芷江洽降。1945 年 9 月 2 日上午 9 时，标志着"二战"结束的日本投降签字仪式，在停泊于东京湾的密苏里号主甲板上举行。仅就上述一般历史常识而言，陈诗于 1945 年 8 月 11 日即"提前"写成，恍若"预言诗"，实在不可思议。

事实上，早在 1945 年 8 月 10 日，日本政府即已分别电请中立国瑞典、瑞士，将其投降意愿转达中、美、英、苏四国，"日本政府决定无条件投降"的消息于此日通过无线电波传遍世界。当时，陈寅恪通过何种渠道获知此讯，尚无从确考，但其初得此讯的激奋之情及其复杂心态，在特定的历史背景之下，还是表现得相当强烈。此诗即是见证。

诗中"何幸今生见此时"与"国仇已雪南迁耻"之句，恰与七年前所作《南湖即景》诗中的"北归端恐待来生"与"南渡自应思往事"之句相对应，本来抗战意志坚决但对抗战结局尚持悲观态度的陈寅恪，此时忽见国仇家恨已雪，家国重归完聚，自然颇有"念往忧来无限感"。当然，时局动荡、兵戈未息的国内政治现状，又让一向敏感且惯持悲观论调的陈氏思虑重重，难免"喜心题句又成悲"了。

陈寅恪的这两首诗，在当时广为流传，颇为时人推崇。专访中，记者也不失时机地向其请教诗中意蕴及其真实态度——"记者问他是否当时已料到国事之堪忧？他加以否认的说：'本人一向是个悲剧论者。'陈先生对日前国家政治问题，认为是属于国际性的。"当时，陈氏这样简单作答，似乎意犹未尽。然而，记者也并未深入追问下去，只因记者也深知："陈先生绝不参与政治，更不公开发表政治的论著，因为他认为政治多少是带夸大性的。"

◎1947年冬，卖书买煤，终又买书

时至1947年冬，或因天寒地冻，无钱买煤取暖之故，陈寅恪曾将其个人藏书，一批东方语文学专业书籍卖给北京大学。蒋天枢《陈寅恪先生编年事辑》在本年事辑中说到此事：

是岁寒甚。清华各院住宅本装有水汀，经费绌，无力供暖气，需住户自理。先生生活窘苦，不能生炉火。斥去所藏巴利文藏经及东方语文各书，如蒙古文蒙古国志、突厥文字典等等，卖与北京大学东方语文系。（此师昔年所告）用以买煤。闻仅一室装火炉而已。

这一则记述之下，又引陈氏在"文革"中的《第七次交代稿》云：

复员重返清华。天气很冷，常发心脏病。将所藏最好的东方语言学书籍全数卖与北京大学东方语言学系，以买煤取暖。

1947年，陈寅恪在清华大学新林院52号院内大阳台。

1947年冬的这一卖书买煤事件，在近半个世纪之后，于季羡林（1911—2009）所撰《回忆陈寅恪先生》一文中再次提及，并补充说明了一些细节。文中这样写道：

还有一件事，也给我留下了毕生难忘的回忆。在解放前夕，政府经济实已完全崩溃。从法币改为银元券，又从银元券改为金元券，越改越乱，到了后来，到粮店买几斤粮食，携带的这币那券的重量有时要超过粮食本身。学术界的泰斗、德高望重、被著名的史学家郑天挺先生称为"教授的教授"的陈寅恪先生也不能例外。到了冬天，他连买煤取暖的钱都没有，我把这情况告诉了已经回国的北大校长胡适之先生。胡先生最尊重最爱护确有成就的知识分子。当年他介绍王静庵先生到清华国学研究院去任教，一时传为佳话。寅恪先生在《王观堂先生挽词》中有几句诗："鲁连黄鹞绩溪胡，独为神州惜大儒。学院遂闻传绝业，园林差喜适幽居。"讲的就是这一件事。现在却轮到适之先生再一次"独为神州惜大儒"了，而这个"大儒"不是别人，竟是寅恪先生本人。适之先生想赠寅恪先生一笔数目颇大的美元。但是，寅恪先生却拒不接受。最后寅恪先生决定用卖掉藏书的办法来取得适之先生的美元，于是适之先生就派他自己的汽车——顺便说一句，当时北京汽车极为罕见，北大只有校长的一辆——让我到清华陈先生家装了一车西文关于佛教和中亚古代语言的极为珍贵的书。陈先生只收二千美元。这个数目在当时虽不算少，然而同书比起来，还是微不足道的。在这一批书中，仅一部《圣彼得堡梵德大词典》市价就远远超过这个数目了。这一批书实际上带有捐赠的性质。

季文写于1995年12月，五年后，陈寅恪的后人陈流求等撰《我们的父亲陈寅恪》一文①，再次提及1947年的卖书买煤事件，与季羡林的忆述基本吻合。文中这样写道：

北平的冬天寒冷，室内需要生煤炉取暖，学校恢复后经费支绌，各家自行筹措解决取暖。时任北大校长的胡适得知我家经济困窘，而父亲又最畏寒，购煤款无从筹措，便想法帮助老友渡此难关，于是商定，父亲将自己所有西文关于佛教和中亚古代语言方面极为珍贵的书籍，如《圣彼德堡梵德大词典》"巴利文藏经、蒙古文蒙古图志、突厥文字典"等"最好的东方语言学书籍，全数卖与北京大学东方语言学系，以买煤取暖"。胡适伯父要北大以美金支付书款，免得我们拿到法币，瞬间贬值。这笔钱除买煤外，还贴补了家用。母亲对我们讲过：父亲在国外省吃俭用购回的这批珍贵书籍，目盲后无法再阅读，而父亲以前的一位学生，当时已可以自立门户，就把有关内容的书籍交付给他了。北大复员后新成立东方语言学系，有研究东方语言的青年学者，能让这些书发挥作用，所以并不计较书款多少，售价是否抵值。

综上所述，陈寅恪1947年卖书买煤之事的来龙去脉基本清楚，无非是学者生活拮据，不得已卖书自给；但文人风骨依然，带有半捐半售性质。

查阅抗战胜利后的北平文教界历史文献，可知当时由于国民党政府滥发法币，导致物价飞涨，币值剧贬；此时北大教授的经济状况普遍堪忧，临危受命

---

① 此文原载《南方周末》，2010年4月15日。

的北大校长胡适曾多次出席北大教授会，商讨解决北大教授的薪资保值办法。这不仅仅是北大教授的经济危机，也是北平各大院校教职员工都面临的经济危机，更是整个北平文教界的经济危机，陈寅恪当然也不例外。

从这一历史背景来看，北大购买陈寅恪藏书以美元支付，在当时可以视作一种"特殊待遇"，这当然也与胡适的努力争取有关。查阅1947年的《胡适日记》，虽然没有具体记载北大购买陈寅恪藏书之事，但当年3月14日日记中提到，胡适在中基会年会中以董事身份提议，"北大向中基会借美金三十万元，分两年支用，为购买图书设备之用。"北大购买这批藏书所支付的二千美元之款，应当就来自这笔中基会借款罢。

陈寅恪卖书买煤，依然有着学者风范的矜持，半捐半售，毫无斤斤计较之态；胡适爱才惜才，争取到美元保值支付，也可谓"雪中送炭"——这桩1947年的学者卖书事件，倒不失为一桩可圈可点的学林掌故了。殊不知，陈寅恪不但于此年有过大宗卖书之事，还有过大宗买书的事迹，这又为此学林掌故平添另一新的脚注了。

新近发现的一通商务印书馆上海总馆经理史久芸于1947年9月4日，致北平分馆经理伊见思的信札，透露了陈寅恪曾于当年购置《四部丛刊》初集两千册的历史信息，据此可管窥陈氏复员清华之后的学术生活细节。在此，酌加整理，转录信文如下：

收信人：北平分馆

见思先生台鉴，清华大学陈寅恪君前在贵分馆预定之丛书集成初编定单A字2027号登记手续，业已办妥。第一二三期书计贰千册，于日前交邮局作普通邮包裹挂号径寄陈君。惟溢收邮费拾柒万元应予退还。前开第30492号收据一纸，请凭敝处寄交。陈君收书收据将该款照付，连同收款据一并，寄下存卷是荷。即颂大安。

36/9/4

久芸36/9/4

　　首先，这里需要略加说明的是，落款时间中出现的"36"，实指民国时代通用的所谓"国历"，即为民国三十六年，非为公历1936年的缩写；故此信写作时间可确定为1947年9月4日。而信中提到的"溢收邮费拾柒万元"，也说明是指抗战胜利后恶性通货膨胀之下的法币币值，更从侧面印证了该信的书写时间。

　　那么，陈寅恪在此时购买《丛书集成》，是出于什么样的考虑，或者说是在什么样的生活背景之下，非得在并不宽裕的经济状况下，做出这购置大宗丛书之举呢？

　　原来，1937年"七七"事变之后，离平南迁途中，陈寅恪藏书曾大量散佚毁损；至抗战胜利复员清华之后，可供学术参考用书也大量缺失，急需补备。本文前述那次专访中，就提到过陈氏北归途中，因货船沉没，

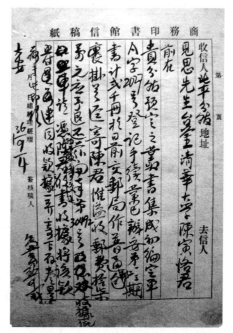

史久芸信札，有关陈寅恪购置《丛书集成》初集事宜。

《丛书集成初编目录》，商务印书馆 1935 年印行。

导致船上运载的书籍全部遗失之事。据《陈寅恪先生编年事辑》丁丑（1937）条云：

　　按：先生逃难出京后损失藏书甚多。第一次交代底稿（即陈寅恪"文革"初期的交代稿）中谈及此事："抗日战争开始时清华大学迁往长沙。我携家也迁往长沙。当时曾将应用书籍包好托人寄往长沙。当时交通不便，我到长沙书尚未到。不久我又随校迁云南，书籍慢慢寄到长沙堆在亲戚家中。后来亲戚也逃难去了，长沙大火时，亲戚的房子和我的很多书一起烧光。书的册数，比现在广州的书还多。"

　　另一方面，在"七七"事变之前，由商务印书馆编印的《丛书集成》，已印成三千余册之多的规模。这套丛书一直以史料内容丰富，价格相对低廉的特点，颇受国内学者青睐。抗战胜利之后，自然也列入了一些战后复员学者的购书计划。

　　这套《丛书集成》收录的范围非常广泛，原编分十大类：总类、哲学类、宗教类、社会科学类、语文学类、自然科学类、应用科学类、艺术类、文学类、史地类；举凡需常备做参考的古籍，大致已经包罗在内。据商务印书馆原书目凡例介绍，"初编丛书百部之选择标准，以实用与罕见为主；前者为适应要需，后者为流传孤本"；该书收录历代百部著名丛书，还有不少不易找到的笔记杂说。该书对于研究我国古代文化遗产，确实是既实用又方便。

由此可见，为满足基本的学术研究所需，《丛书集成》（初编）成为陈寅恪1947年大宗购书的首选，可谓顺理成章之事。

据上海商务印书馆总馆在1935年印行的《丛书集成初编目录》，1935年该书预约价，一次性付清全款的预订者（1935年5月内），需支付国币四百六十元；若分期付款（1935年7月内），则需支付国币五百六十元。这部书的邮费在预约样张上也有明确规定，"各行省及日本"的邮费是国币五十元。当然，这是战前未贬值的，与银圆几可等值兑换的国币售价，十余年后的飞速贬值的法币价格则远远不止这个数额了。

在金圆券即将取代法币前夕的北平，市面上的物价早已暴涨难控，呈"日新月异"之态，每天的报纸上都有所谓的行情报道。北平《世界日报》1947年的版面上，就每天开辟有"经济天地"栏目，从中可以清楚地看到物价直线上升、法币直线下降的轨迹。可以看到，银圆始终是市面上的"硬通货"，对法币的交换比价全年都在1∶21000到1∶30000之间，平均下来，大约一块银圆可以兑换法币两万五千元。

也即是说，战前印制的《丛书集成（初编）》在1947年的售价，一次性付清价格折合法币约为一千一百五十万元；至于商务印书馆当时按何种物价指数定价及收款，对知名学者购书是否有折扣优惠，尚无法确考，但大致应不会低于法币一千万元之数。

言及至此，不妨再来看一看1947的美元汇率。仍据北平《世界日报》的行情报道分析，美元兑法币汇率约为1：45000。之前陈寅恪卖书所得两千美元，折合法币约为九亿元之巨。由此可以揣想，1947年中下旬曾花费至少法币上千万元购书，颇有重振学术生涯之志的陈寅恪，到年底时也渐不宽裕，买煤御寒也成问题，于是只能又通过卖书之举来暂解困局了。没曾想，陈寅恪的卖书买煤之举，迅即得到了胡适的"雪中送炭"，在其直接授意之下，北大为之支付的书款不是每天都在贬值的法币，而是比银圆还硬通的美金两千元。

七十余年之后，回首这段陈寅恪先买书复又卖书的往事，真是可谓：豪掷千万为购丛书，卖书买煤竟得九亿。在这看似令人啧啧称奇的学界逸闻之中，又蕴含着几多时代沧桑与人生无奈。

最后，还有值得探究的是，陈寅恪于1945年不幸双目失明，1945年秋至1946年春赴英治疗眼疾，两次手术，仍未治好，只得辞去牛津教职绕道美国，返归中国。至1947年，陈寅恪应当已无法自行研读任何书籍了，那么，此时所购置的两千册《丛书集成（初编）》，要么是在家人帮助下有选择性地略加听读，要么只能搁置一旁备查而已。

时至2014年5月18日，北大中国古代史研究中心举办的《田余庆先生九十华诞颂寿论文集》出版茶话会上，历史学家田余庆（1924—2014）曾忆述称，他在1949年之后至陈寅恪家中进行学术交流时，曾看到过陈家书架上确有这么一部《丛书集成》。他称当时"提了几个隋唐史的问题"，"陈先生就让助手到书架上找书"；"陈家的书不过是一套《丛书集成》，版本并不好"，然而令人吃惊的是，"陈可以说出页码，然后大段地讲"。

可见，这套《丛书集成》在陈寅恪失明之后的治学生涯中，虽无法成为随时翻检查阅的学术藏书，但通过家人或助手的帮助（或以听读记忆的方式，或以纯粹忆文追查的方式），早年博闻多识、记忆力超群的陈氏，仍然能令这套后世学者认为"版本并不好"的普通丛书，发挥出极为重要的学术参考作用。据田氏的年岁及其忆述推测，这套丛书应当与陈氏相伴终生，成为陈家书架上的大宗常备用书。

李季伟：化工专家与传奇剧本

◎ "传奇"消亡时代之"传奇"突现

清末民初以来的近现代学者群体中，但凡有喜好并擅长词曲者，往往会兴之所至，发意构思，依照古典戏曲格律来创作出一两部所谓"传奇"的剧本。

所谓"传奇"，概而言之，是以南方地区流行的古典戏曲的腔调来加以演唱的剧本。这样的剧本一般篇幅较长，结构较为规整严谨，有着极为讲究的文本格式与创作规律。在明清两代的传奇创作传统之下，已然形成了以文人创作为主体，文学与音乐上均有一定规范与要求的戏曲剧本创作模式。基本遵循并承续这一模式的近现代学者群体，既有倾心专研于此者，如吴梅、许之衡、王季烈等；亦有寄情古典文学，有意在此领域尝试创作，以资生涯纪念者，如冒广生、夏仁虎、卢冀野等；更有只是套用古典格式，致力于借古讽今抒发情怀者，如梁启超、林纾、吴宓等。

随着时间的推移，古典戏曲剧本创作已然式微，传奇创作自然也随之衰落。现代学者群体中，喜好且擅长此道者日渐稀少，传奇新作亦不多见。时至抗战爆发，国运维艰，有此"雅好"者已属凤毛麟角，能创写传奇且将剧本付诸舞台者，更属天方夜谭。可以说，这样不可思议之事，本身即是传奇了。

然而，偏偏就有这么一部《玉庵恨传奇》，在那个传奇已趋消亡的时代，突然诞临于世，悄然抒写出了那个时代的传奇，且作者竟还是一位化工专家。

◎ 《玉庵恨传奇》及其作者之考索

关于《玉庵恨传奇》及其作者，著名学者庄一拂所著《古典戏曲存目汇考》[1]中专列"李奇伟，玉庵恨"条目。是书记载称：

玉庵恨传奇。排印本。亦名《冲冠怒》，演陈圆圆事。作者在抗战时，执教昆明云南大学，以吴三桂开藩云南，另娶正妃，圆圆入道，称邢夫人。三藩平，连樯入官，名独不见于籍，以出家故也。李于云大附近商山寺，访得邢夫人之墓，盖圆圆殁在三桂之前，因而撰《冲冠怒》传奇，亦撷梅村诗意云。

关于该剧本作者，书中则称为"李奇伟"，有简略介绍称：

云南大学教授，字里未详，未知是否即《桴鼓记》《当垆记》[2]之作者李季伟。

---

[1]　《古典戏曲存目汇考》，上海古籍出版社，1982年。
[2]　当为《当垆艳》。

　　庄著出版二十年后，台湾昆剧专家、学者洪惟助主编的《昆曲辞典》①亦列出"玉庵恨"条，称其为"传奇剧本，近人劫余生作"，"有民国二十七年（1938）排印本"。对该剧本内容的介绍，与庄氏所言相近，称：

　　剧作以陈圆圆为经，以吴三桂为纬，谱三桂引狼入室，及明亡，乃有鸟尽弓藏之惧，铤而走险，终不免夷族。圆圆于三桂蓄异谋前，早识危机，请为女道士，得免于难。圆圆皈依后，名寂静，字玉庵。

　　关于该剧本作者，认定为笔名"劫余生"者，没有考证出作者真实姓名，却又声称：

　　云南大学教授李奇伟于抗战期间亦曾据陈圆圆事撰有《玉庵恨》一剧，非此本。

　　上述对《玉庵恨传奇》及其作者的考证均存疑点，难以得出确切结论。之所以出现这种状况，实因这部可能印行于抗战期间的传奇剧本，由于存世稀少，流通罕见，令后世众多研究者根本无从获见，自然也就无法确考详究了。

　　近现代戏曲史研究专家左鹏军，在其积十五年研究之功所成的专著《晚清民国传奇杂剧文献与史实研究》②中，亦称尚未获见此剧，将其列入待访剧目。书中也专列章节探讨《玉庵恨传奇》及其作者，通过对其所获见的《桴鼓记》

---

① 《昆曲辞典》，台北"国立传统艺术中心"，2002年。
② 《晚清民国传奇杂剧文献与史实研究》，人民文学出版社，2011年。

《当垆艳》两部传奇剧本及其他相关资料的分析，确定这两部传奇剧本的作者"李季伟"就是《玉庵恨传奇》作者，"劫余生"乃是李季伟的笔名，并非另有其人；而"李奇伟"亦属"李季伟"的笔误，并非另有其人。

这一考证及研究成果，基本解决了《古典戏曲存目汇考》与《昆曲辞典》两书中关于该剧本作者真实姓名的存疑，对进一步研究《玉庵恨传奇》剧本本身及其作者生平，奠定了良好基础。

◎四川彭州人李季伟的海外留学事迹

据笔者查证，该剧作者李季伟（1899—1972），名嘉秀，号子蔚，四川省彭州市竹瓦乡高桥村人。1911年，就读于四川省立第一中学校，后转入成属联立中学校。1919年8月，自费赴法国勤工俭学八年；在格累诺布尔大学工业学院、里昂大学理学院、里昂市立工业学校、巴黎大学就读，重点攻读造纸、电机制造与安装专业，取得造纸工程师、电机工程师资格。

李季伟（嘉秀）赴法留学之报道，原载上海《民国日报》。

　　李季伟在法国格累诺布尔大学工业学院任助教，及在盖朵化学厂任化学技师期间，曾应德累斯顿①万国纸品展览会②之聘，特为大会筹办中国纸业展览馆，在中国造纸术发明者蔡伦像两侧拟联："功冠古今，竹帛书文，鼎盘铭识，东汉以各成陈迹；名扬中外，骨皮传经，草板记史，西欧于此纪新元"，横额为"文化之母"。

　　在留学期间，其人积极参与留法勤工俭学会学生发动的"争生存权、争求学权"的"二二八"运动，以及占领里昂中法大学的斗争；撰有《留法勤工俭学亲历》《为留法勤工俭学学生会上四川省政府书》③等文章忆述这段重要经历。

　　仅据笔者所知所见，关于李氏早期留学经历，除了由其本人晚年忆述或提供的一些相关史料，曾付诸川内文史机构内部刊物发表的，应当还有为数不少的、已鲜为后人所知的相关史料可以继续发掘。

　　譬如，李氏之名最早见诸国内公共媒体者，实以其原名"李嘉秀"而非后用名"李季伟"。时为1919年8月9日，上海《时事新报》曾刊发一篇题为《欢送出洋学生》的简讯，公布了一份四川留法勤工俭学会赴法学生名单，其中就载有"李嘉秀"之名。同日，上海《民国日报》也刊发了一篇题为《欢送出洋学生大会》的同主题报道，内容也与《时事新报》报道基本一致，同样也公布了这份名单。

　　细观这份名单，可见其中有后来成为天文学家的刘子华，工程专家罗世菜、罗世襄，翻译家金满城等，更有后来成为中国人民解放军创建人和领导人

---

　　① 德累斯顿（Dresden），又译作德兰斯登，即德国萨克森州首府和第一大城市，德国十大主要城市之一，德国东部仅次于首都柏林的第二大城市。

　　② 万国纸品展览会，当时又称"万国纸业赛会"。

　　③ 关于留学经历之李氏忆述及相关史料，曾载《四川文史资料选辑》第23辑，1980年。

之一，共和国十大元帅之一的陈毅。

稍后，李氏以"李季伟"之名，在《寰球中国学生会周刊》上撰发《四川留法勤工俭学学生由沪赴欧六十日船中旅行谭》，从该刊1919年第13期，一直连载至该刊1920年第20期。之后不久，"李嘉秀"之名，又出现在了1920年的《实业旬报》之上，该报刊发了李氏所撰《旅行欧洲沿途实业谭》《我之工厂中一月工作谭》两篇文章。不过，这两份刊物，皆属于上海协会团体的内部刊物，读者也均为团体内部或相关人员，其传播范围及公共影响力并不算特别广泛。

时至1923年12月7日，李氏以"李季伟"之名，在北京《晨报副镌》第四版"杂感"栏目，撰发了《中国邮票之特色》一文。《晨报副镌》乃北京《晨报》的副刊，是五四时期著名的"四大副刊"之一，是《新青年》之外传播马克思主义思想，介绍俄国革命的社会舆论与思想的重要阵地，李大钊、鲁迅、瞿秋白等都在此撰发文章与作品。因此，《中国邮票之特色》一文在《晨报副镌》上的发表，可以视作李氏在国内主流公共媒体上发表个人言论之始。

据此文落款"十二年，十月，十三日，巴黎"，可知为李氏于1923年10月13日写于法国巴黎，寄回国内近两个月后，始获发表。文章的总体内容，看似一位集邮爱好者对中国邮票设计的不满与建言，实则包蕴着对中国主权、政治局势、文化传承、国际交流等诸多宏观层面上的洞察与反思。文章开篇即以一连串的发问开始：

中国无文字乎？为什么要用外国文？中国为某国之属地乎？为什么要用某国文？为便利起见乎？为什么不用世界语？

接下来，李氏以一位业余集邮者的视角，坦陈对中国邮票设计方面的疑惑与不满，文中这样写道：

我有一件怀疑的事，郁结已久，几次要想质之高明，总为冗事所阻，不能如愿。现在暑假又将完了，若再不动手，恐怕没有时候了。所以赶紧写出寄回，这事感觉虽小，然我的主张大，请读者稍为忍耐，给我数分钟的工夫，容我慢慢的说。

鄙人存万国邮票，至七百余张之多，每于暇时检阅，颇觉有趣。然每次检阅，每次令人不快——什么事使我不快？就是中国邮票的特征，什么是中国邮票的特征？吾人直接可以名为亡国的特征！换言之即亡国的预兆！

如何得出了这样的评判，李氏"略举一二"称：

世界各国邮票，除同文国（如美、英……）及属地（安南用法文，印度用英文……）与夫无文字诸国（非洲之新共和国……）外，从无一国邮票如中国邮票之用英文者。中国并非他国属地，又不与他国同文，又不是无文字的国家，为什么要用外国文，这不是想亡国是什么？这不是亡国的预兆吗？

寥寥数语，竟连发数问。字里行间可见，虽远赴异国求学，可始终心怀赤诚报国之心的李氏，以小小的中国邮票为例，对刚刚摆脱千年腐朽帝制，逐步从西方列强手中收回与行使国家主权的国内政府当局，本有着殷切的寄望，却终归深切的失望。尤为可贵的是，作为一向投身实验室，埋首科研的理工科留学生而言，时年不过24岁的李氏，虽远在法国，仍然密切关注国内局势，利用闲暇时间参与国内公共文化层面上的建言，以实际行动参与五四之后的国内新思潮运动。

当然，李氏在法国留学期间，主要精力还是投注在造纸专业的深造上。毕业归国前夕，李氏赴德国参加万国纸品展览会的事迹，在国内一度成为有着一定影响力的公共文化事件。关于这一事迹，当年就有上海《东方杂志》《学生杂志》，以及北京《晨报·星期画报》共计三种国内主流刊物，几乎同时刊发了李氏在展会现场的照片。

时为1927年11月10日，李氏学成归国前夕，《东方杂志》第24卷第21号隆重推出了介绍"德兰斯堡①万国纸业赛会"的图文报道，以六张照片为一整版图版，并在当期杂志"新语林"栏目里配发一专文的方式，首次将参与此次赛会的李氏，呈现在了国内广大读者面前。专文相关内容摘录如下：

今年德国德兰斯登（Dresden）地方，设开万国纸业赛会，不惜竭全国之力，大事经营。该赛会于六月一号开幕，至九月底闭幕。规模宏大，陈列世界各国所造之纸张，造纸原料，新旧造纸机械，纸制用具，书籍报章与印刷术等等。该会以中国为造纸之鼻祖，特为中国设一嵩部，至法国聘李嘉秀君主持一切。可谓饮水思源，不忘所本矣。中国纸业部共为二室……第二室为中国造纸部，第五图是也。图中有×者及第六图之造纸者为李君。所有器具，悉德国仿造，并请中国工人二人，随时造纸，以示游人，俾知中国造纸法。

---

① 杂志图版部分总名为"德兰斯堡万国纸业赛会"，内文题为"德国德兰斯登万国纸业赛会"，前者"堡"字当为"登"字之误印。

　　李君法国克伦罗卜大学理科造纸工程师也。已毕业两年余，实习十余工厂。本拟客腊东旋，以应该赛会之聘，故至今尚留德国。李君除造纸为其嵩技外，尚精研电机及化学，均得有工程师学位。此次赛会，中国部系德人代办，所有来物，均系托人，深不满人望。然经李君之惨澹经营，亦颇有可观。不惟勉强敷衍，且大受舆论界之欢迎。李君又将纸之重要与其由中国而欧美之经过历史，以及中国造纸法用中法德三国文字作为说明书，参考宏富，由该赛会印单行本以供留心纸业者之索取，尤为一般纸业界所注意。早已有洛阳纸贵，供不应求之势。该会曾坚留李君继续维持至九月底，而君则以去国日久，急欲速归，仅允将所请之中国工人教至能完全造纸后，即行离德。拟绕道瑞士，捷

"德兰斯堡万国纸业赛会"图版照片之一：会场之一隅，原载《东方杂志》。

"德兰斯堡万国纸业赛会"图版照片之一：会场之正面，原载《东方杂志》。

"德兰斯堡万国纸业赛会"图版照片之一：中国造纸部（箭头所指者为李季伟），原载《东方杂志》。

"德兰斯堡万国纸业赛会"图版照片之一：中国造纸部之李嘉秀（季伟）君，原载《东方杂志》。

克，奥地利，芬兰等国，便中调查纸业，以便为国发展。吾知君归国后，将来中国纸业前途，定有一番新起色也。

李君品学兼优，学有心得，故此次能转劣为优，成绩昭著，得德政府及该赛会之特等褒奖状。虽不是为李君荣，而曹邱之责，仆不敏，不敢缄默也。李君虽不欲此，然仆既知之矣，而不为国人告可乎？谨志其颠末如是。

上述六百余字的专文介绍，一方面将此次在德国举办的万国纸业赛会专设有中国馆的情况，向国内读者披露与说明；另一方面，也将此次赛会中国政府并未组团参会，而是由德国赛会举办方出面，力邀当时在法国留学的李季伟（嘉秀）赴德全权主持的情况，做了较为细致与详实的交代。

应当说，时年仅仅28岁的李氏，不但对以造纸术为代表的中国传统工艺有着得天独厚的禀赋，更因其八年的海外留学经历之历练与涉外经验之积淀，令其在精通法、德、英多国语言的基础上，对参与国际工艺与工程交流性质的赛会，崭露出得心应手的实务操作能力。如青年李氏这般在海外多国参与的专业赛会之中，以一己之力独当一面，脱颖而出，为国争光扬威，这对于刚刚摆脱腐朽封建统治，尚处于积贫积弱、积弊深重的国内混乱政局之中的广大读者而言，可谓眼前为之一亮，精神为之一振。

正因如此，与《东方杂志》同为商务印书馆主办的《学生杂志》，几乎与之同时，在1927年第14卷第8期刊物之上，迅即刊发了简要图文介绍。只不过，为了突出宣传海外留学经历之下的李氏业绩，《东方杂志》上那一张题为"德兰斯堡万国纸业赛会：中国部之李嘉秀君"的照片被改题为"李嘉秀君在德国学校实验制纸摄影"。如果不太了解李氏曾在德国参加赛会事迹的读者，会据此照片的说明，以为李氏还曾赴德国某校展示造纸法技艺，实则是同一张照片。

除了上海的主流刊物予以高度关注之外，同年北京《晨报·星期画报》第2卷第91期，也以"德国德兰斯登万国纸业赛会中国纸业部之写真"为题，刊发了《东方杂志》原刊图版中的三张照片，李氏现场制纸的那张照片，也在其中。可以说，即将学成归国的李氏，通过主持此次赛会中国纸业部的优异表现，令其在国内文教界已产生一定影响力，为其日后在国内任教从事研学工作，业已奠定了良好基础。

值得一提的是，《东方杂志》所刊李氏现场制纸的两张照片，或为李氏在国内公共媒体上首次刊发的个人照片，乃是研究其人早期生涯的弥足珍贵的历史影像。

时至1928年1月15日，上海《时事新报》的"书报春秋"栏目里，刊发了一篇题为《造纸原料？》的短文，署名为"李嘉秀"，此文或为李氏以"李嘉秀"之名，在国内刊发的最后一篇文章。在此之后，李氏皆署"李季伟"之名，李氏归国任教之后，国内文教界所知悉，公共文化界所闻见的，作为化学教授、工程师、教务长，乃至本文后边将着力考述的，为陈圆圆立传编剧的李氏，皆以"李季伟"之名行世。

◎抗战期间，李季伟在云南研发人造汽油

对李氏生平事迹的查探与考证过程中，除了其人早期在法国留学的那段经历颇富传奇色彩之外，归国任教后，于抗战期间在云南研发人造汽油的事迹，同样令人追怀不已。

事实上，李氏研发人造汽油之事，仍然可以追溯至其留学法国期间。继《东方杂志》报道李氏在德国参与赛会工作的事迹两周之后，时为1927年11月25日，《东方杂志》第24卷第22号紧接着就又刊发了李氏的一篇题为《人造汽油》的论文。这一年夏季即将学成归国，只因参与赛会尚滞留于德国的李氏，与当时在德国留学，后来成为知名化学家的姚万年，两人同时都对西方国家正在研制开发的人造汽油项目颇感兴趣，遂各自撰成一篇同主题论文，在本期杂志上同时刊发了出来。李氏在文末兴奋地声称：

上述用锯木屑及糖渣滓造人造汽油法，这个人造汽油的法子，既能利用废物，补救天然原料的穷荒，同时除能制造人造汽油外，又可制造工业用途至广之酰酸及酰醛（此物为制造化妆香料事业最重要原素）。所以现在法国方面正设法竭力扩张，以期达到最完满，最优美的成功，谋人类的幸福，此本人乐为读者介绍的本意。

因为当时国外相关研发尚处于起始阶段，故李氏兴奋之余，在文

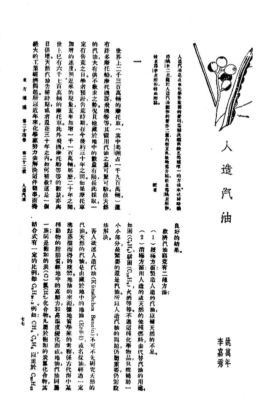

李季伟（嘉秀）、姚万年分撰《人造汽油》一文，原载《东方杂志》。

李季伟发明"人造汽油"之报道，原载《华光日报》。

末也向国内读者坦诚相告，人造汽油在国内的研制，尚需假以时日。事实上，此文刊发十三年后，也即1940年前后，时任云南大学教务长的李氏，确实研制出了人造汽油，为抗战期间能源物资均极度匮乏的中国军队做出了贡献。

1940年5月31日的《申报》，刊发了题为《李季伟发明汽油代用品》的新闻报道；同日的江西《华光日报》，也刊发了同主题报道。二者内容基本相同，皆源自5月29日的"中央社昆明二十九日电"，属于官方"通稿"报道性质。在此，谨据《华光日报》报道原文，转录如下：

滇大教长李季伟发明代汽油
功效与普通汽油完全相同
价格每加伦约值国币五元

【中央社昆明二十九日电】云南大学教务长李季伟，以战时所需汽油，仰给舶来品，漏卮①甚钜，经年余研究，现已发明代汽油一种。除颜色微黄绿外，效能完全与普通汽油相同，所发热能，且较普通汽油为富，可作飞机之燃料。

---

① 漏卮：本意是指底上有孔的酒器，用于比喻利权外溢。

据李氏谈：该项代汽油，所用原料，完全为本国农产物，及其他废物，且制造设备，亦极简单，故其成本，以时价计之，每加伦约国币五元云。

关于李季伟研发人造汽油事，除却国内各大报刊多有简讯报道之外，尚有1940年8月31日的《东南日报》刊有《"代汽油"发明趣史》一文，对李氏在云南大学任教期间的研发历程及生活状况等细节信息，均有较为生动详实的记述。对李氏这一事迹感兴趣的读者及研究者，不妨细读此文。因本文主题及篇幅所限，在此不赘。

◎ 抗战期间，李季伟在重庆任职西南建设协会

据查证，李季伟于1927年冬学成归国，先后在上海国立劳动大学、国立成都师范大学、国立四川大学、四川省立工学院、云南大学和国立东北大学等学校任教授，讲授普通化学、纤维化学、电化学和国防化学等课程，并曾任云南大学代理教务长、东北大学理学院院长等职。1942年夏，返回家乡四川彭州，创办瓷厂等实业。1944年，出任四川临时参议会参议员。1948年，出任国立自贡工业专科学校校长。[①]

值得注意的是，抗战期间，李季伟的教研工作始终紧密围绕着抗战大局开展，充分展现了一位化工专家与教育家的爱国情怀。

早在1936年3月29日，西南建设协会在重庆正式成立，李季伟即出任该会理事兼研究部主任，期间该会印行的纪念专刊之上，刊有李氏照片，并随之

---

① 关于李氏归国任教职事，载于《四川省政府公报》1944年第234期，《国立自贡工专校刊》1948年创刊号。

西南建设协会研究部主任李季伟先生照片　　　　西南建设协会成立纪念专刊

刊发李氏所撰《西南建设协会之意义及其价值》。时值国内全面抗战爆发前夕，此文简明扼要地表述了李氏对于西南资源开发与国防建设重要性的个人见解，对于理解日后李氏扎根西南，始终以一位化工学家的学养与良知，为抗战不遗余力地从事相关教研工作提供了一份言简意赅的"预告书"。对于当时内忧外患、积弊深重的国内及西南时局，文中有这样的忧患警策之言：

我国事事后人，尤以吾西南各省为最……坐令黄金般似的省区，民穷财乏，且手工式的生产量，又不能供给现有民众的消耗量，于是外货充斥市场，金融外溢于他国！西南僻处边陲，密迩安南、印度为法英邻邦，英法觊觎之心，已不自今日始，较之关东三省，不遑多让，苟建设事业不乘时自动，将来越俎代庖，噬脐无及，则此黄金般似的中华领土，不沦为印度安南之继，吾人不得而知之矣。

文末一语道破成立西南建设协会的价值与意义，俨然也为李氏自己的后半生事业指明了方向，其文有云：

西南建设协会其用意在促成一般人及政府之注意西南建设事业，努力经营，设法创办，必使货勿弃于地，利勿散于野，使西南富源发展，巩固我国西南国防，解决人类重大问题，负提倡指导之责任，努力促成而其成功不必为西南建设协会，此西南建设协会所以成立之意义及其价值也。

当然，西南建设事业之远景展望虽然宏伟远大，但是西南地区各方面基础极其薄弱，也是建设者必得面对的客观实情，更兼国内全面抗战大局已现，尽快适应并应对已然出现的各类军事战争活动之需，又是李季伟等协会中人必得着手解决的当务之急了。

除了前述在1940年前后在云南研制人造汽油的事迹之外，早在1937年初，李氏即在成都撰成《军阵毒气学》一书，是专门针对日军实施惨无人道的毒气战而编撰的，力求"一书而兼制备、治疗与防御俱备"。简言之，李氏希望通过此书，能令中国军队及民众都能掌握克服与防御毒气战的基本常识，将人员伤亡降至最低。此外，还于1942年1月撰发《军用化学》一文①，继续广为介绍与研讨军事战争中的化学知识，以期为更多的国内军民提供切实的知识服务。

---

① 此文刊发表于《科学教学季刊》第二卷第一期，四川省立教育科学馆主编，1942年1月1日出版。

◎ 抗战期间，李季伟在云南创作《玉庵恨传奇》

除了以自己多年专攻的化学科研能力，切实为抗战大局服务之外，李季伟还于教学闲暇之际，就在其任教的云南昆明，寄情于当地风物文史，为安葬于此的明末名妓陈圆圆立传编剧，以昆腔与皮黄相结合的创新谱曲填词之法，创作出了一部《玉庵恨传奇》剧本，并付诸搬演活动，尝试用公共文化传播的方式，来为全民族统一抗战鼓吹助威。

这部剧本的基本情况，本文开篇已略有表述，经国内专家学者多年探研，对此剧内容梗概已有大致介绍，但仍不免语焉不详，予人以过于简略之感。

笔者有幸获见该剧本的初版与再版本两册，终于获悉更多该剧本内容及印行方面的诸多信息。该剧本白纸线装，铅活字排印，在云南昆明印制；初版于1938年春，牌记页上印有"民国廿七年戊寅岁春日"字样；再版于1939年秋，牌记页上印有"民国廿八年己卯秋再版"字样。值得一提的是，笔者获见的该剧初版本，还是作者签赠本，书名页左上角有作者亲笔题字"梦麟吾兄教正，季伟敬赠"，并钤名章一枚，落款时间为"廿七，三，十五日"，即1938年3月15日。

西南建设协会理事名录之一页，李季伟在列。

李季伟《玉庵恨传奇》初版本，
内页有作者签赠云南大学教授
徐嘉瑞之笔迹。

李季伟《玉庵恨传奇》初版本

李季伟《玉庵恨传奇》再版本，内页
有作者亲笔补录的诸家题辞。

李季伟《玉庵恨传奇》再版本，
作者自题书名。

李季伟《玉庵恨传奇》再版本　　　　李季伟《玉庵恨传奇》之"缘起"，
　　　　　　　　　　　　　　　　　　即作者自序。

　　根据前述李氏归国任教之后的生平履历来考察，《玉庵恨传奇》的创作时间，应当就在李季伟任云南大学代理教务长期间。

　　另据查证，作者签赠手迹中提到的"梦麟吾兄"，乃是云南大学教授徐嘉瑞（号梦麟，1895—1977）。徐嘉瑞是云南大理邓川人，抗战前曾任昆明《民众日报》社长、云南大学教授等职。抗战时期，任中华全国抗敌协会云南分会主席，主编诗刊《战歌》，曾在华中大学、暨南大学任教。后参加云南艺术界联合会，任《云南论坛》编委。

　　据考，《玉庵恨传奇》曾由中华戏剧界抗敌协会在武汉排演过，该剧之所以能够异地付排，极有可能源于徐嘉瑞的关注与支持。且徐、李二人又同在云南大学任教，他们的交谊应当比较深厚。二人年龄相近，徐也确实长李四岁，李称徐为"吾兄"是合适的。此外，略微翻检这一册签赠本，即可发现因印制仓促留下的一些印刷错误，以及李季伟本人检阅时还不甚满意的词句，在所有这些初版本付印之后的"瑕疵"，均留下了李氏亲笔修改的毛笔字迹，也足见其对该剧本及所赠之人的重视。另据左鹏军考证，李季伟另一作品《桴鼓记传奇》卷首印有徐嘉瑞"介绍词"一篇，足见二人交谊非同一般。①

反观全书内容，"目次"依次为：题辞、缘起、出目、传奇、参考书籍、考证事实、附录。全书内容之基本框架，初版、再版完全相同，除题辞有新增之外，剧本内容基本没有改动。

该书"缘起"部分实为作者自序性质，从中可以探知这部剧本的创作主旨与历史背景。作者开篇即云：

或问于余曰："玉庵恨传奇何为而作也？"余应之曰："作此以似今之汉奸耳。"当夫明之末造，内有流寇，外有夷患，倚为东北长城者，仅一吴三桂耳；特拔于裨末之中，寄以阃外之权，乃吴三桂既不能见危授命，迅即返师勤王；反开门揖盗，引入无餍胡寇。原其心迹，置君父之仇于不顾，而谆谆正为歌伎是争，岂非丧心病狂，与今之汉奸惟个人之权利是顾者相类乎！及乎明社既屋，乃有鸟尽弓藏之惧，铤而走险，终不免夷族，岂非出尔反尔，与今之汉奸以不胜压迫乃反正卫国者相类乎！

仅据这一段开篇语即可获知，这部剧本乃是以写吴三桂史事影射抗战时

---

① 关于李、徐二人交谊相关史实，左鹏军所撰《花部戏曲的兴起与传奇杂剧的创变》，原载《文化遗产》，2009年第2期；左鹏军所著《晚清民国传奇杂剧文献与史实研究》第二章第五十五条"李季伟与《桴鼓记传奇》"均有考述。

事，痛斥汉奸卖国为主旨的。

随后，作者还提到，早有将吴三桂史事编撰为剧本的夙愿，曾拟作一部《延陵恨传奇》。不过，因相关资料及手稿等未携至云南，编撰多有不便，因之感慨道：

其事已久失旧观，自知难免，不过传奇之作，固不必与正史全符也。前因拟以吴三桂为经，以陈圆圆为纬而谱延陵恨，今则缩小范围，而以陈圆圆为经，以吴三桂为纬，仅至香消而止，为名实相符计，改前定之《延陵恨传奇》为《玉庵恨传奇》焉。

据这一段作者自述可知，《玉庵恨传奇》的创制早有宿因，在作者未迁徙至云南之前，即已有《延陵恨传奇》的构思了。后来因作者在云南任教期间，偶然发现陈圆圆的坟墓，再次触景生情，重拟前构，终于撰成了这部剧本。同时，这也说明《古典戏曲存目汇考》中所称该剧"亦名《冲冠怒》"一说不确，该剧原拟名应为《延陵恨》。

关于这部剧本的"体制"问题，即究竟是要编制为以古典曲牌填词作剧的传统昆剧剧本，还是径直编制为当时民众基层颇为流行的皮簧俗剧剧本，作者在"缘起"中，也给出了自己的观点与解释。文中这样写道：

向来传奇之文，多为词曲，然自皮簧兴后，昆调渐亡，知之者，固早已寥若晨星，能歌者，更不可多得，于是所谓传奇诸剧，遂有辞无声矣。此作虽仍用传奇之名，然已非昔时传奇之旧观矣。其中有能以皮簧歌唱者，有能以昆曲缓度者，期其雅俗共识，时伶能歌耳。若夫非驴非马之讥，南腔北调之诮，自知不免，知我罪我，又何辞焉！至若词句之俚俗，与不能韵唱之字眼，则尚有待于知音者之订正也。

　　据此可知，这部剧本并非传统意义上标准严格的昆曲剧本，亦非纯粹的俗曲唱本，而是一部分可以用昆曲曲牌来度曲清唱，另一部分又可辅之以京剧的西皮、二黄（簧）来演唱的剧本。这是一部融会雅声俗曲，创设出昆腔与皮簧同台演唱的独特剧本。虽然作者的这个创想从传统曲学角度而言实属异想天开，在实际搬演中要想做到这样的雅俗共赏也有相当难度，但此剧创制于特殊的历史背景之下，体现出了与时俱进、勇于创新的时代风貌，如此这般在编排"体制"上的创举，确实不可忽视。

　　最后，作者在"缘起"的末尾记述称，"初稿方成，爰记其缘起如此。中华民国二十六年，长至①后二日，劫余生识于昆明寄寓"。由此可知，这篇"缘起"写于1937年6月24日。也即是说，《玉庵恨传奇》应当完稿于1937年入夏前后，当时寄寓于云南昆明的该剧作者李季伟自号"劫余生"，这一首次署用的别号，也可视作其人于全面抗战爆发前夕，为避战火辗转流徙暂寓于此的个人境遇之自况。

　　在"缘起"之前，还印有大量师友"题辞"，对该剧主旨与内容也多有概括。题辞者大多为川渝及西南地区人士，皆为作者同学、师友等，姓名前皆冠有字、号，如"云查奎垣何鲁"②"和笙张永宽"③"雨霖江润""为明周辅善""晴

---

① 落款"长至"即指"夏至"。
② 何鲁（1894—1973），字奎垣，笔名云查，四川广安人。
③ 张永宽（1892—1963），原名和笙，重庆合川人。

初杜少昕"等等。这些题辞者不但于该剧初版时题辞，有的还在该剧再版时再次题辞，应当与作者交谊颇深。

该剧再版时，题辞者较初版时更多；值得注意的是，当时该剧已经有过搬演，故再版题辞中有描述该剧演出事迹者。如其中有一组两首署名为"汉皋周郎"的《观演玉庵恨传奇偶成》题诗，就很能反映该剧初次搬演时观众的心态。诗云：

事旧词新扮演精，自同凡响判途庭，

知他寓劝婆心苦，多少奸邪梦赖醒。

以铜为鉴正衣冠，得失须从古历探，

串演休讥无用意，替人写照耐人看。

该剧再版之后，为之题辞者络绎不绝；这些题辞虽未及付印，但有作者颇为重视者，还以毛笔抄录的方式记录了下来。在该剧再版本"题辞"卷末空白处，就有作者亲笔抄录的题辞四首，原文如下：

不恨玉庵吾不见，恨他一怒为红颜，

谪仙才调春秋笔，莫作寻常粉墨看。

钵愁丁山拜题

家国兴亡换绮罗，五华吊古按清歌，

尊前漫奏梅村曲，艳影沧桑一刹那。

金坡路朝銮上稿

儿女情多玉茗堂，何如一曲管兴亡，

美人心事才人笔，付与歌喉锁绕梁。

　　　　　　石禅潘重规拜题

作歌早有梅村叟，纪事应推钮玉樵，

剩以兹编号三纪，挑灯盥诵度寒宵。

　　　　　　静厂金毓黻拜上

　　上述四位题辞者，"钵愁丁山"可能是时任中央研究院历史语言所专任研究员的丁山（1901—1952），安徽和县人，史学家、古文字学家。路朝銮（1879—？），贵州毕节人，蜀中名士，与吴梅、冒广生等多有交谊，词曲诗书皆擅，还曾为张充和成都曲会题辞。潘重规（1907—2003），安徽徽州婺源（今属江西）人，文史学家，著名学者黄侃之婿。金毓黻（1887—1962），辽宁辽阳人，史学家。这些题辞者，可能并非李季伟知交故友，但当时皆已因抗战之故内迁西南地区任教，曾经阅读过该剧剧本或观看过该剧的搬演，有感而发，遂赠题辞。

　　值得一提的是，金毓黻《静晤室日记》有载，"《玉庵恨传奇》，李季伟撰。1942年1月7日李季伟赠"。①据此可知，金毓黻为《玉庵恨传奇》题辞时间当在此作者赠书时间之后；那么，大致可以推定李季伟在该剧再版上抄录这组

---

① 详参该书第4873页，辽沈书社，1993年。

题辞时间，亦当是1942年1月7日之后了。此时，李季伟任东北大学理学院院长，金毓黻则任东北大学史学教授兼文科教研所主任，二人是同事关系，赠书题辞正当时。①

诚如前述庄一拂、洪惟助、左鹏军等学者的概述，《玉庵恨传奇》全剧内容，确实是以吴三桂史事为中心来敷演的。剧中主要人物陈圆圆，乃常州武进（今属江苏）人，本姓邢，名沅，字畹芬。其人本为苏州名妓，善歌舞；初为田畹歌妓，后吴三桂纳为妾。吴出镇山海关，李自成农民起义军攻克北京时，陈圆圆曾被俘。后吴降清，清军攻陷北京，随之救出陈，从至云南。顺治中，吴晋爵云南王，欲将陈立为正妃，陈托故辞退，遂别娶。陈从此独居，后于五华山华国寺长斋绣佛，改名寂静，字玉庵。不久，吴三桂反清，康熙帝出兵云南，1681年冬昆明城破，陈亦自沉于寺外莲花池，死后葬于池侧。直至清末，寺中还藏有陈氏小影二帧，池畔留有刻诗。

值得注意的是，与清代以来其他以吴三桂史事为题材来编撰的戏曲剧本不同，上述这些史事与史迹，《玉庵恨传奇》作者李季伟均有实地考察与专案研究——正是因其在徙居云南昆明之际，意外发现所谓"邢夫人墓"（即陈圆圆之墓冢），方才触景生情，感兴而发，且又联系到抗战时局，意在借古讽今，遂编成剧本。

纵观全剧，演绎史事并不拘泥于史事，而是要通过寄托史事来影射时事，才是这部剧本创作的主旨所在。所以在剧本演绎过程中，始终暗含着痛斥汉奸、抒写兴亡的情绪与情结。该剧再版本中，在全剧将终之际，更于剧中安插

① 因"九一八"事变爆发，东北大学由原址沈阳，先后迁徙至北平、开封、西安等地，又于1938年3月辗转入川；李、金二人任职的东北大学所在地，当时在四川省绵阳市三台县。

了一段吴三桂等丑角对白，实是宣读汉奸名单的"尾声"，发人深省，耐人寻味。剧中人对白原文如下：

诸如：郑孝胥、张景惠、殷汝耕、王克敏、王揖唐、齐燮元、汤尔和、董康、叶尔衡、刘永谦、梁鸿志、任援道、苏锡文等等诸贼，引倭夷岛贼为护符，组傀儡政府充丑角色，不知人世间有羞耻事在，又值得我们唾骂吗?！至如甘为儿皇帝的溥仪，做傀儡的汪精卫，简直是粉墨登场，与我们的扮演无异，比石敬瑭、张邦昌、刘豫等还不如，更值不得我们唾骂！

最后，作者直接明确地道出创作该剧主旨与用意，并向出演该剧的诸演员及观众致意，既可谓作者独白与"画外音"，亦可视作该剧剧终时的"闭幕辞"。文中这样写道：

古语说得好："以铜为鉴，可正衣冠；以人为鉴，可见得失。"此劫余生不惜牺牲宝贵光阴来写此传奇，敝社艺员不惜牺牲清白身体来扮演汉奸。其用意不过想使观众诸君以人为鉴，知其失而不作，引汉奸遗臭为耻，自去作复兴民族的标准英雄，留芳于万万世！则作者、演者，均与有荣焉！

◎ 李季伟剧本体制创新之可贵

据左鹏军对该剧作者的另一作品《桴鼓记传奇》的考证，可知《玉庵恨传奇》完稿之后不久，即由中华戏剧界抗敌协会用平剧在武汉上演过。且1939年于重庆印行的《桴鼓记传奇》，也正是因《玉庵恨传奇》演出获空前成功之后才应运而生的。

《桴鼓记传奇》卷首有徐嘉瑞所作"介绍词",曾述及作者在剧本体制上的创新与两部剧本的因果关系。文中这样评述道:

高腔的改革的尝试,是李季伟先生的一种新的庞大的工作。他是一个科学家,专门研究理化的,素来无其他的嗜好,欢喜作曲。不过他认为南北曲,已经是死了的东西,多做也无意义,所以他就创作高腔剧本。曾试作过一本,叫《玉庵恨传奇》,先交中华戏剧界抗敌协会用平剧在武汉上演,一时座为之满;后又在成都用高腔排演,更为精彩;于是同业竞争,托人介绍,请代再编他剧,以期利益均沾,所以才又编此《桴鼓记传奇》。

《桴鼓记传奇》作者自序也提道:

从前曾作过一剧,叫做《玉庵恨》,乃叙述吴三桂之误国,经中华戏剧界抗敌协会在汉排演,甚是精彩,唤起同胞的抗敌情绪非常紧张,后来该会又请另编新剧,所以才有此剧。[①]

另据笔者新近发现,1943年8月在四川三台印行的《艺苑丛刊》第2期第11页之上,有李季伟诗作一组四首,总题为《题苏宏骏同学改编玉庵恨剧

---

① 此"介绍词"及《桴鼓记传奇》作者自序内容,左鹏军所撰《花部戏曲的兴起与传奇杂剧的创变》,原载《文化遗产》,2009年第2期;左鹏军所著《晚清民国传奇杂剧文献与史实研究》第二章第五十五条"李季伟与《桴鼓记传奇》"均有载录。

本》。这组诗作的时代背景表明，可能于1943年仍有往昔李氏曾任教的云南大学或东北大学的学生，如苏宏骏等在改编《玉庵恨》剧本，用于场上搬演，足见此剧本持续广泛的影响力。而此时的李氏，可能仍在因抗战爆发迁址至四川三台的东北大学任教。

为披露与共享文献计，为充分研讨李氏生平及剧作计，笔者仍不揣谫陋，酌加整理，将这一组李氏诗作转录如下：

题苏宏骏同学改编玉庵恨剧本

李季伟

其一

一代兴亡梦里过，五华宫阙竟如何。

美人绝色原妖物，累得情痴涕泪多。

其二

昆明四载总荒唐，漫拟芜词吊败亡。

更有嗜痴痴过我，强将俚句饰新腔。

其三

漫说青原出自蓝，由来我是不云昙。

委劳吾弟新排串，再版如今又断三。

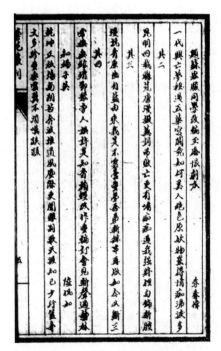

李季伟《题苏宏骏同学改编玉庵恨剧本》，
刊于《艺苑丛刊》，1943 年第 2 期。

其四

常抚无弦靖节琴，旁人误许是知音。

赖经改作重编订，会见新声遍艺林。

综上所述，可知《玉庵恨传奇》乃是一部由化工专家所撰的传奇剧本，该剧借吴三桂误国、陈圆圆殉节的史事来影射抗战时事，痛斥汉奸卖国，是一部创作于抗战初期的救亡剧。

试想，一位终日与化学实验及工程设计打交道的化工专家，工作之余又以其中国古典文学的个人修养，发意去创作一部传奇剧本，此举已足令世人"拍案惊奇"。更何况，这位化工专家在剧本体制上还突发奇想，一举融会了昆腔曲牌与高腔唱词，将一雅一俗，原本泾渭分明的两种地方曲种及其唱腔，统统"归化"于同一部剧本之中，这又不得不再令世人为之啧啧称奇了。非但如此，这样的一部体制创新剧本，还不仅仅是停留在纸上神通、案头逞奇的文本形态，还确曾将之搬演至舞台之上，确曾付诸过平剧、川剧地方剧种的实地演出，确曾有过相当程度的社会反响，则实在是堪称"旷古奇闻"了。

沈宗瀚：农业专家与传记文学

◎ 1954 年：大洋两岸的鸿燕往还

1954 年 9 月，身在美国纽约的胡适，收到一封来自台湾的邮件。寄来的一册《克难苦学记》，乃是寄信人沈宗瀚[①]的自传。

书的扉页上，用毛笔工整地写着一段赠言，文曰：

适之学长：

不揣冒昧，试写自传。深感记载忠实而文艺拙陋，先生提倡传记文，谨此

[①] 沈宗瀚（1895—1980），字海槎，号克难居士，浙江宁波余姚人。北平农业专门学校毕业，美国乔治亚州州立大学农学硕士，康奈尔大学农业博士，哈特佛特大学荣誉人文科学博士。曾培育"金大2905小麦良种"等，为抗战期间后方粮食增产做出了杰出贡献。截止1997年的统计数据，长江流域产量最丰富的小麦品种，还是当年沈氏研发的"金大2905"。

沈宗瀚，1951年存照。

教正。

弟宗瀚谨于"四三"，九，二十，台北。①

当年，沈宗瀚从台北寄出的这封信，五天后（9月25日）即抵达美国纽约。胡适虽与寄信人几无交往（《胡适日记》中仅有1935年6月7日二人面晤一次的记载），但对这部大洋彼岸寄来的自传很感兴趣。收到邮件当天下午，即一口气读完。即刻于当晚，写成了一封热情洋溢的回信。

此信于2018年前后，与一批沈氏家藏信札文档现身拍卖会。据查，《胡适全集》《胡适文集》《胡适书信集》均未收录此札，即便新近由台北胡适纪念馆编印的，于2018年正式出版的《胡适全集·胡适中文书信集》中也未收录，确为佚信，是为集外文，颇具研究价值。

在此，为披露与分享这一稀见文献，也为了便于后文考述，笔者酌加整理，转录信件全文如下：

---

① 赠书及赠言事，见于《胡适藏书目录》，广西师范大学出版社，2013年。

宗瀚兄：

今天上午收到你寄的《克难苦学记》，下午没有客来，我一口气读完了！

你这本"自述"，写的很好，很动人，是近几十年中最有价值的一本自传，我读了非常感动。

这本书的中心题材，当然是你的克服一切困难，不顾老父的劝止，毅然

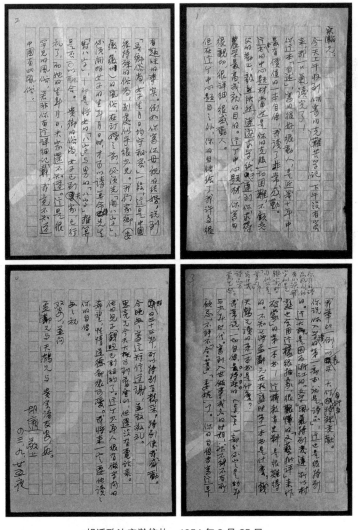

胡适致沈宗瀚信札，1954 年 9 月 25 日。

胡适，1954 年存照。

决然，远游求学，终于达到你求得农学最高成就的自传。这个中心题材，你写得很亲切，很详细，很感动人。

但在这个中心题目之外，你的自传给了我许多很有趣味的事实。例如你写你母亲的结婚，说到"吾乡俗尚，女子生月日均守秘密"一段，这是中国很特殊的俗尚，别处似乎很少见。我们家乡（安徽，徽州）的风俗，在订婚之前，必须先"开八字"，必须开明女子的生年月日时，才可以请算命先生"对八字"——即是将女的"八字"与男的"八字"推算是否可以配合。贵乡的俗尚，女子已到夫家，已行礼了，而她的生年月日，夫家还不知道。这是很罕见的风俗，若非你有这详细记载，我竟不知道中国有此风俗。

我举此一例，以表示大作有许多特殊贡献。

你说你入学读的第一部书是《诗品》，这也是很特别的。这大概是因为浙江的"文学"风气特别发达，所以村塾也会用这样很抽象，很难懂的"文艺批评"来作"破蒙"的第一本书！这种教育史料，是很难得的。不知蒋孟邻兄在私塾时第一本书是什么？钱天鹤兄读的第一本书是什么？

你引的《诗品》两句，似有小误。"飞"字似是"腓"字？此二句似不是

"首二句"？客中无《诗品》可查，乞恕。

我常说，一切自传，最特殊的（unique）部分必定是幼年与少年时代。写到入世做事成名的时期，就不能不有所顾忌，不能不"含蓄""委婉"了。你的自传专写这早期的三十三年，所以特别有精采，特别使我感动。

今晚匆匆写这短信道谢，并致敬礼。

思亮兄今天大概可到旧金山，但还没有电话来。

他的儿子钱煦已到纽约了。这个少年人很有做学问的希望，性情道德都很可爱。我将来一定要他读你的自传。

匆匆祝

双安，并问

孟邻兄与天鹤兄与贵会诸友安好。

胡适　敬上

"四三"，九，廿五夜

上述这一封近八百字的"短信"，乃胡适用钢笔写于稿纸之上，亦有整整四页之多。应当说，胡适的复信篇幅并不"短"，行文语气也颇亲切，这对于几无交往、首次赠书的彼岸故人而言，并不多见。须知，当年向胡适赠书通问、请益求教者络绎不绝，如过江之鲫，可胡适只对其感兴趣，并且读后确实认定不错的赠书者予以回复，且少有如此信篇幅者。

胡适在信中不但肯定了沈氏自传的主题与写法，还饶有兴致地研讨起沈著所涉及的诸如"破蒙"与"开八字"方面的民俗史料，又于信末向沈氏告知了钱思亮父子行踪，并请沈氏代向蒋孟邻（即蒋梦麟）与钱天鹤（钱理群之父）

致意问好，这一切都颇似老友重晤畅叙般亲切，毫无隔海通问的疏离与陌生感。而胡适所谓"贵会诸友"云云，这里提到的"贵会"，乃是指中国农业复兴会，简称"农复会"。

农复会创建于抗战胜利之际，应美国计划支持中国农业发展的机缘，在蒋梦麟、晏阳初等人的策动下成立。1948年，随着国民党军队的节节败退，国民党政权退守台湾，农复会随之赴台运行。蒋、钱、沈三人皆为农复会骨干，故胡适有请沈代向蒋、钱及"贵会诸友"致意问好之举。

◎ 沈宗瀚致信胡适研讨民俗与自传

1954年10月7日，沈宗瀚致信胡适研讨民俗史料与传记文学，就胡适自纽约发来的那一封热情洋溢的信中所提到的问题，倾心笔谈，展卷畅叙。此信留底抄件新近亦出现于拍卖会上，使得后世读者可以一览其详。转录信文如下：

适之学长：

前日接读手教，奖誉备至，感愧俱深。先生奖励传记文，可谓至矣极矣。

承询二点，奉复如下：

（1）"吾乡俗尚女子生日均守秘密"。经先生称赞，反使弟自愧文字误了。弟的真意为"……女子不自言生月日"。吾乡风俗亦在订婚前"开八字"。祖父问生辰的原因，似恐时辰误报也。待此书再版时，弟拟改正如下：（原书五页十三行至六页一行）"……即遣大姑母确询吾母生辰，母初不答，盖思时辰早于订婚前告知，此刻再问，怀疑前言耶？抑时辰不吉利耶？若生辰不吉，万一

沈宗瀚致胡适的两通信，留底抄件。

夫不起……继思以为夫君果死……大吉，确大吉……"

据孟邻先生言：余姚多数于订婚前开八字，亦有少数以卜卦定婚配者。雪屏兄（杭州）言："女子时辰不可全信，我与现在的夫人是民十九年结婚，她因属虎，时辰不好，她的父母代她少报一岁，婚后一年我始确知她的生辰。"我近数日询悉其他朋友的女眷（南京及福州）亦有谎报生辰者。

（2）"大雄外飞"（第十七页三四行）是印错了，应如尊教，改为"大用外腓，真体内充"。昨日台大借得《诗品》，查明此二句确为首二句。我父、伯父及兄长辈多以《诗品》开蒙，取其音韵好读而已。孟邻、天鹤、雪屏诸兄以《三字经》开蒙，惟雪屏读第二本亦为《诗品》。

《苦学记》付印前，弟原拟奉上稿本请求教正。继思先生公务极忙，对于文字又极认真，不敢烦渎清神作罢。今读来教，鼓弟勇气，恭请先生于此书再版时，赐写一篇序言，并斧正为祷。此书出版不过一月，而本岛与香港读者已有来信不少。初版一千册可能于年内销完也。待再版有了确期，当再奉闻。

再奉《苦学记》一册，以备斧正后寄还。

今送祖望夫妇一册，并示手教。其夫人对"南京一农"当特有兴趣，她父该时与弟同事也。

弟沈宗瀚敬上　"民四三年"十月七夜台北

上述沈宗瀚致胡适的复信，除了对"开八字"的说法予以明确解释之外，还向胡适提出了赐序的请求；并再次寄呈《克难苦学记》初版本两册，一册仍请胡适斧正，另一册则赠予胡适之子胡祖望夫妇。

一个月之后，沈氏再致信胡适，仍是以请求赐序之事为主题，间有叙旧闲聊数语。特别有意味的是，沈氏在信中称读到过胡适为司徒雷登《在华五十年》一书所撰序言，称此序结论"将为历史名论"；言下之意，也颇期待胡适为其《克难苦学记》撰序，此序或亦"将为历史名论"。

原信（留底抄件）全文，转录如下：

适之先生：

十月七日奉上一函及《苦学记》修改本，谅均台收。该书初版一千本几已售罄，正中书局拟即再版，弟拟趁此机会恭请先生拨冗赐写一篇再版序言为祷。如蒙赐教应予修改之处，更为感祷。雪屏兄（正中董事长）允将尊序摄影制版印刷也。

尊序中希勿过奖本书销售快速，出版二个月来销售尚好，而大批购买则由马保之、蒋彦士等数十人用以赠送台湾各中学，希能激励学生志气。

台湾香港人士来信劝我续写教书做事，藉以明瞭苦学的功效，我因如来教所云"不能不有所顾忌"，而犹豫未敢续写。

思亮兄回台已晤谈数次。California 大学合作合约已签字。该校农学院长定本月十一日莅台，勾留数日，教授亦将陆续来台。

前数夜自友人处借读司徒先生"Fifty years in China"颇感兴趣，而对先生所写的序言，兴趣更浓，结论"Because of the betray of China at Yalta, ……the United States was not 'innocent of the blood' of fallen China."将为历史名论矣。

致请

道安

弟沈宗瀚谨上

"四三"、十一、八

◎ 胡适为沈宗瀚"找回"生日并任"编辑"

事实上，出于对《克难苦学记》的浓厚兴趣与深切关注，以及沈宗瀚的多次来信敦请，胡适随后不但为沈著撰写了长序，还义务为之出任"编辑"，做了相当多的文字校订工作。

与其致沈宗瀚的第一封信，提出沈著所引《诗品》诗句有误的情况相类似，胡适在后来的仔细校阅中，还发现了沈著第一行就写错了。对于这个"发现"，后来还成为与秘书胡颂平谈校勘工作之不易的一个例证。时为1961年3月26日，胡适曾向秘书胡颂平提及：

以前我看沈宗瀚的《克难苦学记》，在第一页第一行上，就看出他把阴历生日和阳历生日算错了十天。我替他校正之后告诉他，宗瀚还很怀疑，直到他再次查明之后，才相信了。

胡适的这次纠错，早在1954年12月《克难苦学记》再版时，即得到了响应，沈氏不但修订了这一错误，还郑重地在再版附言中申明：

特别是胡适之先生对于我的生辰西历日期，来信中说应该是十二月十五日，要我加以改正。这西历日期，前版记为一八九五年十二月五日，是民国十九年托人查的，现查陈垣先生编的中西回史日历，果应改为十二月十五日，特为附记于此。

在此申明之前，再版附言中沈氏还提道：

胡适之先生于十月初自美来信，谓这本自传记载忠实，对于民情风俗的考证具有价值，尤给我很多鼓励。故于此次再版时请胡先生赐写序言，承他在百忙中写了六千字的长序，费去许多宝贵的时间和精神，感愧之余，更敬佩他倡导传记文学的热忱。

需要说明的是，沈氏再版附言中所谓胡适"十月初自美来信"，就是前述胡适于9月25日所写的那一封，只不过此信抵达台北时可能已经是十月初，故有此语。而胡适指出沈氏生日时间换算有误的那一封信，应当是在此之后的另一封。可以推测，这封信应当即是在胡适所撰六千字长序前后寄至沈处的罢。

无独有偶，这封信近日也现身拍场。这就使得《克难苦学记》再版附言中的"公案"，得以完整印证了。只是此信被分作两宗，且分送至两家拍卖公司上拍，笔者屡加考察，终于判定两宗拍件实为一分为二之物：其一为胡适致沈氏的信文，其二为信文附件，乃胡适校订沈著的逐条列举；这一正一附，本为一函，被人为分拆了。与前述那一通胡适信札的情况相仿，同样是目前前所未见的胡适信札。

在此，为便于考述，转录信件正文及附件全文如下：

宗瀚兄：

序文今天写成了，约有六千字。已交王纪五兄（雪艇之子）去抄一副本，明天可以付航空邮上，大概比此信迟到一二日。寄上的是原稿。副本我想交《自由中国》发表，改题作《介绍一本最值得读的自传》，不知老兄可以同意否？（如老兄不愿如此发表，或须改动，请向雷儆寰先生接洽。）老兄要我的"斧正稿本"，其实没有多大改动处。今寄上三纸，是我随时记的，请斟酌。其中有第一页第一行老兄的生日计算错误，想已早改正了。

匆匆敬祝

新年大吉祥，并乞代贺

蒋、钱两学兄年禧。

弟胡适

"四十三"，十二，十三夜

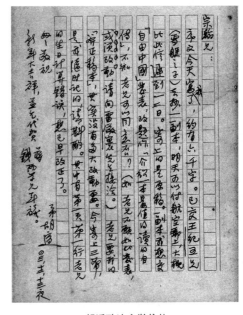

胡适致沈宗瀚信札

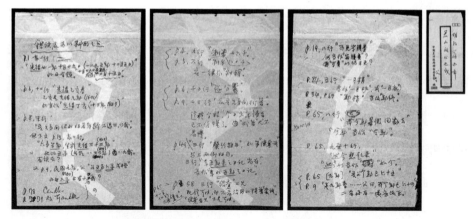

胡适致沈宗瀚信札（附件），1954 年 12 月 13 日。

据此信可知，胡适对自己所撰沈著序言颇感满意，完稿当夜又拟将序言送到《自由中国》发表。为慎重起见，迅即将序言录副，并致信沈氏告知这一想法。录副者王纪五（1927—1991），乃王世杰（1891—1981，字雪艇，赴台后曾任"总统府秘书长"）之子，当时也是《自由中国》编辑。信中提到的雷儆寰，即雷震（1897—1979，字儆寰），时任《自由中国》社长。由王纪五录副的胡适序言，应当直接就交投至刊社了，所以，胡适在信中告知沈氏，如对序言发表别有意见，直接联系雷震即可。随信附上的三纸"斧正稿本"。

上述二百余字的信文与五百余字的"斧正稿本"，足见胡适对《克难苦学记》的关注之切，虽海天两隔，却为之做起了编辑校订的工作。通过查阅此书再版本，可知沈氏对胡适提到的上述修订意见全部接受，并逐一付诸校订。

值得一提的是，被分拆上拍的五百余字的"斧正稿本"，装在一枚"中国农村复兴联合委员会"的专用信封中，信封上还有沈宗瀚亲笔所写的题字，曰"胡致蒋函希君山阅后还我。父，廿四。""君山"，即沈宗瀚之子沈君山；"胡致蒋函"，可能是指胡适致蒋梦麟的信函，具体情况不可确考。残信上，还留有"好心细"的三字红笔批注，可能出自沈君山手笔。

◎ 胡适纽约疾书六千字长序

1954年12月13日夜，年逾花甲的胡适，在纽约寓所中伏案疾书，为《克难苦学记》草撰序文。胡适序中盛赞这部自传，予以了极高评价：

沈宗瀚先生的《克难苦学记》是近二十年来出版的许多自传之中最有趣味，最能说老实话，最可以鼓励青年人立志向上的一本自传。

此后，赞扬的重点就直接落在了"肯说老实话"上，胡适强调称：

这本自传的最大长处是肯说老实话。说老实话是不容易的事，叙述自己的家庭，父母，兄弟，亲戚，说老实话是更不容易的事。

序言末尾，胡适更为之总结说：

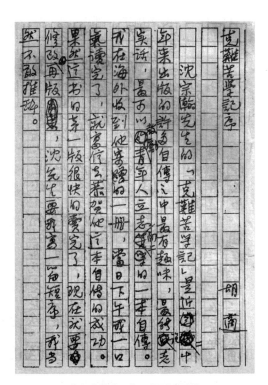

《克难苦学记》，胡适序手迹。

总而言之，这本自传的最大贡献在于肯说老实话。平平实实的老实话，写一个人，写一个农村家庭，写一个农村社会，写几个学校，就都成了社会史料，社会学史料，经济史料，教育史料。

应当说，胡适从史料学角度鼓励并倡导个人传记的撰写，最需要的就是老实话，只有老实话才能成为真史料。《克难苦学记》此时被当作了"标准范本"，胡适为之赞赏褒扬，正是出于史料评判的角度，而并非是为了什么私谊去捧场的。

翻看这部自传，沈氏的确没有为祖宗讳，没有为家族讳，没有为亲友讳。家境的贫困，学业的艰难；青年时代持续的经济困境，捉襟见肘的窘迫生涯，在自传中一一展露出来。其人在自序中坦言：

这是我三十三岁（民国十六年）得美国康乃尔大学博士学位以前的自述，这时期是中国新旧教育的过渡时期，旧教育是私塾制，学生花钱少，新教育是学校制，学生花钱多。我父清寒，我的大哥、二哥、三哥，读了私塾后就教书、业商、务农了。我是行四，在乡村读了私塾数年，因目击农民苦况，即立定"学以济世"的志愿，乃刻苦自励，进修学业，并且历尽艰辛，筹借学费，来追求新教育。

事实上，自传的主体内容就是围绕沈氏自序中的上述这段话展开的，是不折不扣地依据其青年时代的日记转写而成，的确是一部"可信且可读"的个人求学经历之记录。胡适的赞赏与褒扬，不是随口一说，的确是实至名归的。

值得一提的是，胡适于1958年6月5日在台湾大学法学院的演说《大学的生活——学生选择科系的标准》[①]中，向在座的台湾大学生提及《克难苦学记》，并对沈宗瀚的注重实践、学以致用的精神再致表彰。他说：

农复会的沈宗瀚先生写一本《克难苦学记》，要我为他作一篇序，我也就替他做一篇很长的序。我们那时学农的人很多，但只有沈宗瀚先生赤过脚下过田，是唯一确实有农场经验的人。

◎ 胡适与沈宗瀚"前缘"与"今谊"

那么，作为比胡适小四岁的沈氏，除了二人有康奈尔校友的关联之外，当年沈氏北上求学时，会不会与胡适还有一丁半点的交集呢？从未有过交谊的二人，胡适亲撰六千字序文激赞，难道仅仅是因为传记本身的品质，而没有任何私人情谊的成分？

带着这个疑问，翻阅过沈氏自传的读者，无论是在当年，还是在如今，恐怕都不在少数。遗憾的是，通过胡适日记、书信、晚年口述自传等相关文献，均未能找到二人在《克难苦学记》成书之前的任何交往记录。但仔细研读《克难苦学记》，其中有"五四时代之感慨"一篇，或可看作二人神交之始，冥冥中还是有一段"前缘"存在的。

原来，在民国七年（1918），已从北京农业专门学校毕业的沈宗瀚归乡谋职，正四处求职未果之际，收到其师来信，告知目前就有一个工作机会——给

---

① 讲演内容详见《胡适全集》第20卷第316页。

章縠生先生之子做家教，他即刻离家北上。有了这份月薪四十银圆的工作，沈氏可以在章宅一面做家教，一面上夜校，算是暂得安生。

章縠生是章宗祥（1879—1962）的叔叔，家中政客名流时有往来，沈氏也曾目睹章家有李思浩、张弧、曹汝霖等满座高朋。在这样的环境之中，沈氏对政客们的升官发财之高论并无兴趣，甚至从内心里感到厌恶，深感政客误国之深重；也正因为如此，后来五四运动爆发，沈氏还为之感到由衷的赞同与支持。与此同时，沈氏也曾为被抓捕的学生忧心如焚，思考过如何援助学生运动，甚至还为此与章縠生辩论，"然终觉个人目前能力太小，不能大有益于国家"，"故辄虔诚为国家为学生祷告，并益自努力用功，养精蓄锐，以备来日大任"。

在这段激奋与理智反复权衡的岁月中，沈氏最终仍以学业为重，没有参加任何激进的学生运动与社会活动。五四运动之后，1919年12月至1920年2月，沈氏接连听了美国哲学家杜威的几次演讲，深深为其哲学理念与治学方法所折服，而现场担任演讲译述的正是当时已声名大噪的胡适。关于这段经历，沈氏后来忆述称：

余在北京教学年余，时听名人演讲，获益良多，尤以杜威（John Dewey）在教育部演讲，胡适先生译述，得益匪浅，殊可纪念。

此后不久，在1919年12月23日，沈氏还有过一次与胡适面对面的机遇，可惜的是，因不善交际，只是一面之缘罢了。他在当天日记中写道：

傍午往胡宅，余因不善讲官话，缺乏交际手腕，经济又不充裕，与人结伴，深感乏味。他人嬉笑作乐，余反觉愁闷，在人群热闹中尚不如斗室开卷之有益。回章宅后，沉思良久……

反过来看胡适当天的日记，则根本没有记录这次"人群"中的应酬，只把到杜威家吃饭，作为中午的事项记录了下来。看来，沈氏与众人在"傍午"的造访，根本没有给胡适留下任何值得记录的印象。

在此之后的岁月，沈氏除了发奋求学与四处谋职之外，在职业生涯与科研成就上终于渐有起色。《克难苦学记》的记录，也到他33岁为止。这部以求学生涯为主要内容的沈氏前半生自传，在二十世纪五十年代的台湾青少年读者中，迅即成为励志宝典式的畅销书。

时至1959年1月，已经就任"中研院院长"，就此定居台北的胡适，陪同"副总统"陈诚等参观石门水库，与胡适一道陪同者中除了梅贻琦、蒋梦麟等老友之外，还有沈宗瀚。参观当天留下的集体合影，可能即是胡、沈二人已知的存世唯一合影。这张合影，见证着自五四运动以来，胡、沈二人长达四十年并不密切，但却一直在精神上保持着某种默契的"前缘"与"今谊"。

此次集体参观与合影两个月之后，时为1959年3月16日，沈氏给胡适送去了"一大篓的台东改良甜橙"，还附信请胡适为其题字。两天之后，3月18日，胡适复信，一来表示感谢，二来表示将抽空为其题字。这一通复信，也是《胡适全集》①所收录的唯一一封胡、沈通信。

---

① 详见《胡适全集》第26卷第246页。

　　且说胡、沈二人的这一张合影，后来于1974年7月1日刊发于台北印制的画报《美哉中华》第六十九期。此时为沈氏退休次年，为宣传其在农业振兴与农村复兴方面的卓越贡献，画报为其专辟了四个页面，以"图说"的方式，回顾其工作生涯。与胡适等陪同陈诚参观石门水库，亦视作其工作生涯中的重要事件，被采用发表。

Visiting the Shihmen Reservoir in January 1959. First row from left: Hu Shih, Vice President Chen Cheng, Chiang Mon-lin, Mei Yi-chi. Second row from left: Chen Shueh-ping, Wang Shih-chieh, R. H. Davis, T. H. Shen.

胡适、沈宗瀚等陪同陈诚一行参观石门水库合影，1959 年 1 月摄。

　　沈氏与胡适在石门水库同行的那一年，《克难苦学记》已印行第四版。第五版发行时，乃1962年10月；胡适已于当年2月逝世，为了表示缅怀之意，沈氏特意将胡适曾经为此书的题签印于封面之上，并将那篇六千字长序的手迹全部影印于正文之前。到1970年11月，《克难苦学记》竟然已经发行第十版了。

◎ 胡适纽约再撰五千字长序

　　或许，正是因胡适为《克难苦学记》亲撰并手书长序的激励，沈氏再接再厉，接下来又完成了《中年自述》。这部中年自传，记录了他33岁至51岁的生活与工作。这一次，在出版之前，沈氏就把稿本寄给胡适，请他过目指正。1956年8月29日凌晨4点，身在美国纽约寓所的胡适，又颇为郑重地为此书亲撰并手书了五千字的长序，并为此书题签。

　　胡适在序言中，特别赞赏沈氏在自传中详细记录了抗战八年中的生活细节；最后，他更为之呼吁：

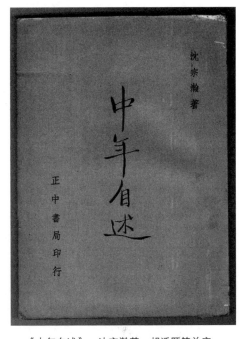

《中年自述》，沈宗瀚著，胡适题签并序。

　　抗战的八年应该有许多值得回忆，值得详细写出的事实。沈先生给我们做了前导，教我们不要太谦虚，教我们各人放大胆子，各自写出那八年里我们认为值得回想的一些事实。这也就是我当年提倡写自述、自传的一点用意了。

　　如果说，胡适上一次对《克难苦学记》的激赞，是因为作者"肯说老实话"，那还只是敢于坦白私人生活、家族背景的实情；那么，这一次对《中年自述》的赞赏，则是因为作者更进一步"放大胆子"说话，这是敢于对国家政

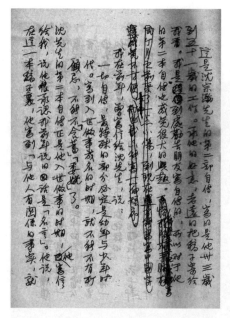

《中年自述》，胡适序手迹。

治、社会生活的具体细节加以充分记录与展示。

可以说，沈氏的两部自传，正好印证了胡适对传记的两大基本要求，一是愿意说真话，愿意袒露自己的人生经历与生活实情；二是敢于说真话，敢于在充分记录的基础之上说真话。无怪乎后来胡适自己也很看重这两篇为沈氏自传所撰的长序，在他逝世之前不到一年时，1961年3月26日，他还要求秘书胡颂平，把这两篇长序"设法录下来，将来可以收在《文存》里"。

值得一提的是，从后来沈氏公布的胡适这篇长序手迹来看，其字迹略显潦草，涂改也很多，似乎思路有些凌乱，书写也有些力不从心。胡适逝世后，沈氏撰有《悼念适之先生》一文[1]，细诉了这篇长序的个中细节。

原来，他从序文手迹第一页中涂去

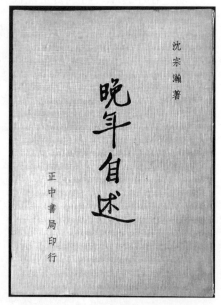

《晚年自述》，沈宗瀚著，胡适题签。

---

[1]　此文首次发表于《自由谈》第十三卷第五期，后于《中年自述》再版附言中有引用。

的字迹中，看到这样的字句：

> 可惜我的右手腕在两个月之前受了一点小伤，到现在写中国字还感觉不方便，所以我只能写一篇短序。

在序文末页末行"'民国四十五年'八月二十九日晨"，还发现胡适涂去了"四时"两字。为此，沈氏恍然大悟，深表自责地感叹道：

胡适题赠沈宗瀚手迹

> 先生手痛写字不便，原想写短序，而竟写了五千余字的长序，且写到次晨四时，使我深受感动，悔不该如此烦劳先生。

1975年5月，沈氏自传"三部曲"的最后一部《晚年自述》，由台北正中书局初版。是书封面题签者仍为胡适，可胡适早已于十三年前（1962）逝世，这一题签，应当是胡适逝世之前不久，由沈氏向其"预约"题写之遗墨。

胡适为沈氏自传三次题签，多次通信研讨校订，两次撰写长序的事迹，皆已经静伫于这"三部曲"的出版物之中，后世读者尽可品味与体悟其中的历史信息种种。不过，需要注意的是，《克难苦学记》自1962年10月第五版始，《中年自述》自1962年11月再版始，方才印出胡适题签与长序手迹；这当然是沈氏特意安排的，以此来纪念他的康奈尔大学学长、亦师亦友的胡适先生。

　　时至沈氏逝世后次年，1981年8月，《沈宗瀚先生年谱》由台湾东昇出版事业公司出版，书中有若干历史图片。其中还有一张胡适题赠手书的影印件，仍是胡适晚年在台湾颇喜题赠友人的"名句"，即"从今后，要怎么收获，先怎么栽"。胡适这一题句，较之送赠别的友人而言，用于赠予作为农学家的沈氏，实在是再适宜不过了。

　　综上所述，可知胡适作为传记文学的倡导者，除了自己曾撰写《四十自述》之外，对后来的传记写作者，也的确是以身作则，全力支持而不遗余力的。胡适与沈宗瀚这段迟来的晚年交谊，正因传记文学在台湾结缘，也因传记文学在台湾留下见证。